월호 스님과 함께하는 즐거운 참선 ____
당신이 주인공 입니다

머 . 리 . 글 .

어떤 분이 물었습니다. "다른 종교에서는 믿기만 하면 신이 다 알아서 해 준다고 하는데, 불교는 왜 그렇게 설하지 않습니까?" "그래요? 믿기만 하면 뭐든 다 알아서 해 준다고요?"

"예, 그렇지요."

"그렇다면, 질문을 드리겠습니다. 대신 밥도 먹어 줍니까?"

"아닙니다."

"대신 잠도 자 줍니까? 대신 공부도 해 줍니까? 대신 돈도 벌어 줍니까?"

"아니지요."

"무얼 다 알아서 해 준다는 말입니까?"

생·노·병·사는 아무도 대신해 줄 수 없습니다. 내 몸뚱이가 더러운데, 누군가가 내 대신 목욕을 했다고 해서 내 몸이 개운해질 리가 없는 것입니다. 스스로 닦아야 청정해 집니다. 마음도 마찬가지입니다. 수시로 닦지 않으면 탐·진·치에 물들기 십상입니다.

그러므로 몸과 마음은 꾸준히 닦아 주어야 합니다. 하지만 성품은 제대로 보기만 하면 됩니다. 불생불멸(不生不滅)이며 불구부정(不垢不淨)의 자리이기 때문입니다. 한마디로 이렇게 표현할 수가 있습니다.

"성품은 디지털식으로 단박에 보아야 하며, 몸과 마음은 아날로그식으로 꾸준히 닦아야 한다."

참선은 주로 자신의 성품을 즉각적으로 돌이켜 보는 견성(見性) 도리에 대해서 설하고 있습니다. 그래서 몸과 마음에만 익숙한 현대인에게 어렵게 느껴지는 것이지요.

"내 법을 받아랏!"

3년간이나 시봉했지만, 아무런 가르침을 받지 못하고 떠나가는 벽송지엄(1464-1534)에게 벽계정심은 이렇게 소리쳤다고 합니다.

이와 같이 참선에는 구체적 방법이 없습니다. 대도는 무문이라고 하지요. 문이 없다는 것은 아무 곳으로나 들어갈 수 있다는 말도 됩니다. 성품을 돌이켜 보는 데도 일정한 방법이 없기 때문에, 어떠한 방법도 가능한 것이지요.

부처님의 제자인 16나한 가운데 발타라 존자는 목욕을 좋아해서 하루에도 수십 번씩 목욕을 즐겼다고 합니다. 심지어는 목욕 때문에 공양이나 법문시간에 늦는 일까지 있을 정도였다니 목욕 마니아라고 할 수 있지요. 마침내 이러한 사실이 부처님의 귀에까지 들어가게 되었지요. 부처님께서 발타라 존자를 불렀습니다.

"그대가 목욕을 좋아한다는데 그게 사실인가?"

"예, 그렇습니다."

"왜 그렇게 목욕을 즐기는가?"

"목욕을 하면 몸이 개운해지기 때문입니다."

"그렇군. 앞으로는 목욕을 할 때마다 이런 생각을 하면서 몸을 씻어야 한다. '내 마음은 늘 욕심과 자만과 질투와 분노 등 수많은 번뇌로 가득 차 시달리고 있다. 그래서 나는 이 맑은 물로 그 모든 더러움을 씻어버리려 한다.'라고."

발타라 존자는 그날부터 부처님의 가르침대로 하였고, 얼마 되지 않아 진리를 깨우치고 아라한이 되었습니다. 목욕을 수행법으로 하여 깨우친 것입니다. 또한 주리반특가 존자는 빗자루를 들고 청소를 하면서 깨우치기도 하였습니다. 이와 같이 목욕이나 청소를 하면서도 깨우침을 얻을 수 있는 것입니다. 선에서는 특히 선지식의 한마디에 깨우치는 언하대오(言下大悟)를 중시여깁니다. 그래서 선지식의 법문을 무엇보다 소중히 여기는 것입니다.

이 책의 도입부인 첫 번째 '당신이 주인공입니다'는 본래 우리나라에 출가한 외국인 스님들에게 한국불교의 참선에 대해서 설명하고자 만든 교안입니다. 이 내용을 먼저 설명한 후, 선문답을 시행하여 좋은 호응을 얻은 바 있습니다.

두 번째는 근세선의 중흥조인 경허 선사의「참선곡」에 대해서 풀이하고 있습니다.「참선곡」이야말로 참선의 의미와 방법을 명쾌하게 제시하고 있기 때문이지요.

세 번째는 필자 자신의 선방체험 가운데 일부를 수행한담 형식으로 드러낸 것입니다. 선방에서의 대중생활의 모습이 잘 나타나 있습니다.

네 번째는 불교방송「참선 백문백답」시간을 통해서 실제로 애청자들과 주고받은 문답입니다. 그 가운데 백 가지를 추려서 정리해 놓았습니다.

다섯 번째는 한국불교의 수행체계에 관한 논문입니다. 참선이 불교의 핵심이긴 하지만 전부는 아닙니다. 달걀노른자만 있으면 노른자 역할을 할 수 없습니다. 흰자도 필요하고 껍질도 필요합니다. 그런 의미에서 한국불교의 수행전통인 참회·발원·기도·참선·행불의 다섯 핵심수행법을 체계적으로 엮었습니다.

이와 같이 이 책은 가능한 쉽고 충실한 참선입문서로서의 역할을 할 수 있도록 배려하였습니다. 웰빙과 웰다잉의 지름길을 제시하는 참선을 통하여 많은 분들이 생사일대사를 해결하시길 바라는 마음 간절합니다.

아울러 미흡한 원고를 훌륭한 책으로 엮어주신 불광출판사 측에 감사드리며, 특히「참선곡」풀이와「참선 백문백답」부분을 녹취해 주신 각문 거사님, 청정행 님, 보리광 님께 이 자리를 통하여 감사의 말씀을 전합니다.

거룩하신 불보살님과 존경하는 은사스님, 주변의 선지식 여러분께 항상 감사드립니다. 불교방송「당신이 주인공입니다」애청자 여러분, 행불 카페 회원 여러분, 사랑합니다. 법륜을 굴리겠습니다.

마하반야바라밀.

지리산 국사암 염화실에서

월호 화남

목 . 차 .

월호 스님의 참선 이야기 첫 번째
당 신 이 .
주 인 공 .
입 니 다 .

- 영화 「밀양」 012
- 신본주의 시대에서 심본주의 시대로 014
- 자기야말로 자신의 주인 016
- 소리를 듣는 성품은 어떤 걸까? 020
- 좌선은 안락의 법문 022

월호 스님의 참선 이야기 두 번째
참선수행의 나침반 **경 허 스 님 .**
참 선 곡 .

- 바람 앞의 등불 같은 절박한 심정이어야 034
- 공부하기 제일 좋은 까닭 042
- 고양이가 쥐잡듯이 056
- 잠 자기 전부터 깨어날 때까지 059
- 선지식을 찾아가 점검 받아야 065
- 계행은 참선 수행의 주춧돌 074
- 업생에서 벗어나 원생을 살라 087
- 영계의 프리패스, 석가세존의 제자 097
- 돌장승이 어떻게 아이를 낳을 수 있을까? 102

월호 스님의 참선 이야기 세 번째
수 행 . 한 담 .

- 서로를 부처님으로 섬기는 선방 풍경 110
- 대중생활, 살아있는 공부 113
- '쌓는 공부' 와 '놓는공부' 116
- 그립다, 해인사 용맹 정진 119
- 문 밖의 수행, 문 안의 수행 122
- 어디에서 따로 신통변화를 구할 것인가? 126
- 수좌의, 수좌를 위한, 수좌에 의한 봉암사 선방 129
- 팽팽하지도 느슨하지도 않게 136
- 마음의 준비만큼 느끼는 차 맛 139
- 간호사가 환자 챙기듯이 화두를 챙겨라 142

곧은 마음이 곧 도량 145
수행을 잘 하면 지혜로워 진다 148
구석기 시대의 수행자가 그립다 151
수행, '나, 나의, 나를' 희석하기 154
잘났으면 잘난 대로 못났으면 못난 대로 157

월호 스님의 참선 이야기 네 번째
지 금 은 .
참 선 수 행 의 .
시 대 .

안심하셨습니까? 164
주인공으로 사는 법 166
인생을 밝게, 의미 있게 살아가는 법 172
참선도 즐기면서 하라 176
참선과 좌선의 차이점 180
참선은 공으로부터 출발하는 수행 186
화두란 무엇인가? 190
화두를 잘 챙기는 법 192
참선수행한 이들이 겪은 체험담 몇 가지 196

참선 백문백답, 공감하며 공부하며 204

월호 스님의 참선 이야기 다섯 번째
그 릇 이 론 에 . 의 한 .
불 교 수 행 체 계 .

머리말 262
하나, 그릇 비우기: 참회를 통한 자기 정화 263
둘, 그릇 채우기: 발원을 통한 자기 전환 267
셋, 그릇 키우기: 기도에 의한 자기 확장 272
넷, 그릇 없애기: 참선을 통한 자기 확인 277
다섯, 그릇 만들기: 행불을 통한 자기 창조 284
맺음말 292

월호 스님의 참선 이야기 첫 번째 당신이.
주인공.
입니다.

주위를 둘러보면 재물을 주인으로 섬기거나
신이나 권세를 주인으로 섬기는 경우가 비일비재합니다.
그러다 보면 나는 그것들의 종이 됩니다.
나의 주인은 반드시 나 자신이 되어야 합니다.
항상 바로 지금 여기에서 주인공으로 사는 것,
이것이야말로 참선 수행의 목적이자 열매입니다.

영화 「밀양」

● ● ● 최근 칸영화제에서 우리나라 영화 「밀양」이 여우주연상을 받았습니다. 반가운 일이 아닐 수 없습니다. 영화의 내용은 대략 이렇습니다.

교통사고로 남편을 잃은 신애(전도연 분)는 어린 아들과 함께 밀양으로 갑니다. 자신을 알아보는 사람이 없는 이곳에서 정착하고자 했던 것입니다. 그러나 신애에게 감당하기 어려운 시련이 닥칩니다. 아들이 유괴당해 처참하게 살해당한 것입니다. 울음조차 나오지 않는 고통에 힘겨워하던 신애는 교회를 다니면서 마음의 위안을 얻게 됩니다. 마침내 하나님으로부터 구원을 받았다고 생각한 신애는 아들의 살인범을 용서하기 위해 교도소로 면회를 갑니다. 원수를 사랑하라는 예수님의 가르침을 실천하기 위해서. 하지만 고통에 몸부림치고 있어야 할 범인의 얼굴은 너무나도 태연자약하고 근엄하기까지 합니다. 그의 말인즉, 이미 교도소에서 하나님께 눈물로써 회개하고 용서를 받았다는 것입니다. 이미 구원을 받았기 때문에 하루하루를 평온한 마음으로 기도하면서 지낸다는 것입니다.

이미 용서받고 구원을 받았다고? 신애는 도저히 납득이 가지 않았습니다. "내가 용서하지 않았는데, 어떻게 하나님이 먼저 용서를 해요?"

피해당사자인 내가 괴로움에서 겨우 벗어나 어렵사리 용서해 주고자 큰맘 먹고 왔는데, 이미 하나님과 계산이 끝나버렸다고? 어떻게 피해당사자인 나를 제쳐놓고 하나님과 죄인 간에 용서를 주고받을 수가 있을까? 그렇다면 나는 무엇인가? 꼬물거리는 벌레만도 못한 존재인가?

모든 것이 하나님의 뜻이라면, 남편이 교통사고로 죽은 것도 하나님의 뜻이요,
아들이 유괴당해 처참히 살해당한 것도 하나님의 뜻이며,
그 죄인을 용서해 주는 것도 하나님의 뜻이다.
그렇다면 진정 나는 무엇인가? 나의 자유의지란 없는 것인가?

신본주의 (神本主義) 시대에서
심본주의 (心本主義) 시대로

● ● ● 이 영화가 상을 받게 된 연유는, 물론 전도연이라는 뛰어난 여배우의 연기력이 인정받았던 까닭입니다. 하지만 이 영화가 주목받게 된 것은 이 영화에서 제기한 문제점이야말로 현대유럽사회가 당면하고 있는 문제점이기 때문입니다. 이른바 공감대가 형성된 것입니다.

역사상 중세유럽은 신본주의(神本主義) 시대였습니다. 신이 모든 가치의 중심이 되고 주인이 되는 사회입니다. 신을 주인님으로 섬기다 보니 인간은 자연 종노릇을 면할 수가 없었습니다. 인간은 어디까지나 살아서도 신의 충실한 종으로 신을 섬기며 살다가 죽어서도 하늘나라에서 신의 종으로 평화롭게 사는 것이 목표인 것입니다. 종은 제 맘대로 할 수 있는 것이 없습니다. 모든 것은 주인님의 뜻대로 해야 하는 것이지요. 잘 되는 것도 주인님의 뜻이요, 못 되는 것도 주인님의 뜻입니다. 결국 인간의 역사는 암흑시대로서 기록될 수밖에 없었던 것입니다.

산업이 발달하면서 재화가 근본이 되는 자본주의(資本主義) 시대가 도래하였습니다. 이제 모든 가치의 중심에는 신 대신 돈이 자리 잡게 되었고, 돈을 주인으로 섬기면서 인간은 돈의 종노릇을 자처하게 된 것입니다. 이른바 황금만능주의시대가 도래하면서 돈 앞에서 인간성은 여지없이 설 자리를 잃게 되었습니다.

이제 곰곰이 생각해볼 필요가 있습니다. 과연 인간을 위해서 신이나 돈이 존재합니까, 신이나 돈을 위해서 인간이 존재합니까? 분명히 인간이 돈을 위해서, 그리고 인간이 신을 위해서 존재하는 것은 아닙니다.

앞으로는 인간이 근본이 되는 인본주의(人本主義), 그리고 모든 생명이 근본이 되는 생본주의(生本主義), 더 나아가 본마음 참나가 주인이 되는 심본주의(心本主義) 시대가 도래해야 할 것입니다.

자기야말로
자신의 주인

● ● ● 불교에서는 모든 것이 부처님의 뜻이라거나, 신의 뜻이라고 표현하지 않습니다. 그리고 부처님이나 신을 주인으로 섬기지도 않습니다. 어디까지나 자신의 주인은 자신일 뿐입니다.

> 자기야말로 자신의 주인, 어떤 주인이 따로 있으랴?
> 자기를 잘 다룰 때, 얻기 힘든 주인을 얻은 것이다.

부처님은 위대한 스승이자, 후원자일 따름입니다. 스승이나 후원자는 가르치고 도와줄 수는 있지만 나를 대신할 수는 없습니다. 아무도 내 대신 밥먹어주고 대신 잠자줄 수는 없는 법이지요. 심지어 부모 자식 간이라 해도 대신 행복해하고 대신 불행해할 수 없습니다. 이것은 신이라 해도 마찬가지가 아닐까요?

　　나를 제외한 외부적 존재는 그 아무리 가깝거나 위대한 존재라 할지라도 나를 도와줄 수 있을 뿐입니다. "하늘은 스스로 돕는 자를 돕는다."는 속담이 있습니다. 이야말로 불교의 인연설과 잘 맞아떨어지는 속담입니다. 불교에서는 인연설을 주장합니다.

$$인(因) \times 연(緣) = 과(果)$$

여기서의 인은 직접적 원인이며, 연은 간접적 원인입니다. 인은 주관적 요인이며, 연은 객관적 요인입니다. 예컨대 인은 나 자신의 마음가짐이나 노력을 말합니다. 연은 주변의 상황이나 배경, 불보살님의 가피 등을 말합니다.

　　예컨대, 현재 나 자신의 노력이 100만큼이고, 주변상황도 100만큼 충실하다면, 결과는 $100 \times 100 = 10,000$점이 됩니다. 나 자신의 노력이 100만큼이라 해도 상황이나 배경이 50만큼밖에 안 된다면 $100 \times 50 = 5,000$점밖에 안 되는 것입니다. 또한 주변조건이 100만큼이라 해도 나 자신의 노력이 50만큼이라면 이것도 $50 \times 100 = 5,000$점이 됩니다.

　　박수로 예를 들어볼까요? 왼손은 인, 오른손은 연이라고 치지요. 왼손과 오른손을 모두 활짝 펴서 박수를 치면 온전한 박수소리가 크게 납니다. 하지만 왼손이나 오른손 한쪽만이라고 손바닥의 일부만을 사용한다면 박수소리는 작아집니다. 충실한 결과를 기대할 수 없는 것이지요.

　　결국 충실한 결과를 기대하기 위해서는 인과 연이 모두 충실해야만 하는 것입니다. 그런데, 지금의 연은 사실상 과거의 인에서 비롯된 것입니다. 과거의 나의 마음가짐이나 노력 등에 의해서 현재의 주변상황이나 배경 등이 결정된 것입니다. 결국 현재의 연이 마음에 맞지 않는다면, 그래서 미래에는 다른 연을 만나고 싶다면, 무엇보다 현재의 인을 바꾸어야 합니다. 현재의 연을 탓해봐야 소용없는 일이지요. 결국 모든 것은 자신의 작품인 것입니다.

나는 내가 창조합니다. 지금 이 모습도 나의 작품일 뿐!

지금 이 모습이 부처님 작품이라면 부처님이 고칠 수 있으며, 신의 작품이라고 하면 신이 고칠 수 있습니다. 이럴 경우 나는 속수무책이 되고 말지요. 그저 관대한 처분만을 기다리며 눈치나 보고 있을 수밖에 없으며, 결국 구걸형 기도나 할 수 밖에 없습니다.

'부자가 되게 해주세요.' '건강하게 해주세요.'
'시험에 합격하게 해주세요.' '재수가 좋게 해주세요.'

이런 식으로 계속해서 '해달라고' 만 빌어대니 구걸형 기도인 것입니다. 잘 되었건 못 되었건 일단 내 작품이라고 인정해야 내가 고칠 수 있습니다. 이렇게 되어야 비로소 발원형 기도를 할 수 있습니다.

'적당히 먹고, 규칙적으로 운동하며, 마음 닦겠습니다.'
'열심히 벌어서 알뜰히 쓰겠습니다.'
'공부 열심히 해서 실력 발휘하겠습니다.'
'나는 억세게 재수 좋은 사람입니다.'

이렇게 스스로 '하겠다'는 다짐을 해나가면서 '지켜보아 주시고, 도와주십시오'라고 하는 것이야말로 인연법을 제대로 아는 사람이라 할 수 있을 것입니다.

앞에서 예를 들었듯이, 박수소리는 분명 내 작품입니다. 부처님이 친 것도 아니요, 신이 만든 것도 아닙니다. 내 스스로 왼손바닥과 오른손바닥을 부딪쳐 소리를 낸 것입니다. 작게 치면 작게 나고, 크게 치면 크게 납니다. 소리는 왼손바닥과 오른손바닥이 만나서 생겨나며, 또한 손바닥이 떨어지면 사라집니다. 인과 연이 만나서 과가 이루어지고, 인과 연이 다하면 과도 사라집니다.

결국 소리 그 자체는 있는 것도 아니고 없는 것도 아닙니다. 인연이 닿으면 홀연히 생겨났다가, 인연이 다하면 홀연히 사라지는 것입니다. 영원히 있는 것(有)도 아니고 영원히 없는 것(無)도 아닙니다, 있기는 있지만 찰나찰나 변해가며 있는 것이지요. 이것을 공(空)이라고도 하고 중도(中道)라고도 하는 것입니다.

소리를 듣는 성품은 어떤 걸까?

● ● ● 지금까지의 설명은 교가적(敎家的) 해석이라고 말할 수 있습니다. 하지만 선(禪)에서는 이렇게 설명하지 않습니다. 곧바로 들이댑니다.

    양손바닥을 마주치면 손뼉 소리가 난다.
    이 소리를 듣는 성품(性品)은 어떤 건가, 어떻게 생겼을까?

소리는 귀로 듣는 것이 아닙니다. 예컨대, 고요한 방안에 시계가 움직이고 그 소리가 지속적으로 난다고 하지요. '째깍 째깍 째깍 째깍' 소리는 쉬지 않고 나올 것입니다. 하지만 이러한 시계소리를 계속해서 듣고 있는 것은 아님에 유념해야 합니다. 다른 일에 몰두한다거나 상념에 빠져 있으면 시계소리는 더 이상 들리지 않습니다. 시계소리가 나는지 안 나는지조차 염두에 없게 됩니다.

　　어째서 귀는 항상 열려 있고, 시계소리는 쉬지 않고 나는데, 그 소리가 들렸다 안 들렸다 할까요? 흔히 생각하듯이 다만 귀로 듣는 것이라면 시계소리가 24시간 내내 들려야 할 것입니다.

　　또한 잠자는 동안에 눈과 귀는 잠시 그 역할을 멈추고 있습니다. 하지만 꿈속에서도 보거나 듣는 데는 전혀 지장이 없습니다. 어째서 그럴까요?

　　귀는 다만 매개체 역할을 할 뿐이지 실제로 듣는 것은 바로 성품이라고 하는 것입니다. 그렇다면 실제로 보고 듣는 이 성품은 도대체 어떤 걸까, 어떻게 생겼을까? 이것을 제대로 알아야 비로소 몸뚱이 착(着)을 쉬고 육도윤회를 벗어날 수 있으려니와, 그렇지 못하다면 죽어서도 여전히 몸뚱이를 받고 또 받아 해탈(解脫)을 기약할 수 없을 것입니다.

　　소리를 듣고 있는 이 성품은 어떤 걸까, 어떻게 생겼을까?
　　이 문제에 대해서 깊이 참구하고, 답변을 주시기 바랍니다.

좌선은
안락의 법문

● ● ● 참선을 하면서 가장 유의할 것은, 즐거운 참선을 해야 한다는 점입니다. 참선은 수단과 목적이 이원화되지 않은 수행입니다. 그러므로 참선수행이라는 수단을 통해서 깨달음이라는 목적을 얻고자 마음 써서는 안 되는 것입니다. 이러한 마음가짐은 스스로를 중생지견(衆生知見)에 묶어버리는 것이 되기 때문입니다. 스스로를 못 깨친 중생이라 단정하고, 각고의 수행을 통해서 언젠가는 깨친 부처가 되려고 바라는 것입니다. 이처럼 스스로를 못 깨친 중생이라 묶어버리는 한, 그 누구도 풀어줄 수가 없습니다.

지금 비록 여러 가지로 미흡하고 부족한 점이 있다 하더라도, 나는 본래 부처라고 확신해야 합니다. 10만원 짜리 수표는 비록 구겨지고 더럽혀지더라도 여전히 10만원 짜리 수표인 것입니다. 구겨지거나 더럽혀졌다 해서 10만원의 가치가 사라지는 것은 아닙니다. 이와 마찬가지로 부처로서의 성품은 항상 온전한 것입니다. 번뇌 망상으로 오염되고 찌들은 것 같지만, 본래 부처로서의 성품자리는 조금의 변화도 없다고 확신하여야 합니다. 이것이 바로 불지견(佛知見)을 여는 것입니다.

이러한 불지견에 바탕한 수행이 바로 참선입니다. 이것은 불오염(不汚染)의 수행, 청정 본연한 자성자리에 입각한 수행인 것입니다. 그러므로 바로 지금 여기에서 화두를 참구하는 자체로서 더 이상 바랄 것이 없어야 합니다.

"가부좌하고 화두를 잡고 있는 이 순간이야말로 최상의 순간이다. 극락에 간다고 한들 이보다 더 즐거울 수 있으랴?"

이러한 마음가짐을 갖고 수행하다 보면 표정은 자연히 편안해지고 몸과 마음의 긴장도 해소됩니다. 그래야 큰 부작용 없이 참선을 오래도록 즐길 수 있게 되는 것입니다. 예컨대 운동을 한다고 하지요. 미래에 건강해지기 위해서만 운동을 하는 것일까요? 물론 이러한 점도 무시할 수는 없겠지만 운동하고 있는 그 자체가 즐거워야 하는 것 아닐까요? 운동을 하고 있는 이 순간 조금 힘은 들겠지만, 몸은 개운해짐을 느끼게 됩니다. 그때그때 이러한 즐거움을 느껴야 지속적으로 운동을 할 수 있으며, 결국 건강해지게 될 것입니다.

화두 참구도 마찬가지입니다. 미래의 깨침에만 마음이 가 있어서, 억지로 용을 써서 하는 참선은 옳지 않습니다. 조급한 마음이 생겨 부작용이 생길 수밖에 없습니다. 인상을 찌푸리고 용을 써서 앉아 있으면, 오던 깨달음도 달아납니다. 깨달음의 세계는 밝고 즐겁고 청정한 세계이기 때문이지요. 바로 지금 여기에서 밝고 즐겁게 수행할 때, 밝고 즐거운 깨달음이 훨씬 다가오는 것이 아닐까요? 바로 지금 여기에서 즐거운 마음을 연습해야 즐거운 일이 생깁니다. 인생은 즐길 줄 아는 사람에게만 즐겁게 다가서는 것입니다.

이제부터 경허 스님의 참선곡을 중심으로 참선의 의의와 방법에 대하여 자세히 살펴보기로 하겠습니다.

《 0.2.6 》

월호 스님의 참선 이야기 두 번째

참선수행의 나침반 # 경허 스님.
참선곡.

지금 비록 여러 가지로 미흡하고 부족한 점이 있다 하더라도, 나는 본래 부처라고 확신해야 합니다.

10만원 짜리 수표는 비록 구겨지고 더럽혀지더라도 여전히 10만원 짜리 수표인 것입니다. 구겨지거나 더럽혀졌다 해서 10만원의 가치가 사라지는 것은 아닙니다.

부처로서의 성품은 항상 온전한 것임을 확신하여야 합니다.

당신이 주인공입니다.

경허(鏡虛) 스님 참선곡(參禪曲)

홀연히 생각하니 도시 몽중이로다.
천만고 영웅 호걸 북망산 무덤이요

부귀 문장 쓸 데 없다. 황천객을 면할소냐
오호라, 나의 몸이 풀끝의 이슬이요 바람 속의 등불이라.

삼계대사 부처님이 정녕히 이르시되 마음 깨쳐 성불하여 생사윤회 영단하고
불생불멸 저 국토에 상락아정 무위도를 사람마다 다 할 줄로 팔만장경 유전하니

사람 되어 못 닦으면 다시 공부 어려우니 나도 어서 닦아보세.
닦는 길을 말하려면 허다히 많건마는 대강 추려 적어보세.

앉고 서고 보고 듣고 착의끽반(着衣喫飯) 대인접어(對人接語)
일체 처 일체 시에 소소영령(昭昭靈靈) 지각(知覺)하는 이것이 무엇인가?

몸뚱이는 송장이요 망상번뇌 본공(本空)하고 천진면목(天眞面目) 나의 부처
보고 듣고 앉고 서고, 잠도 자고 일도 하고

눈 한번 깜짝할 제 천 리 만 리 다녀오고 허다한
신통묘용(神通妙用) 분명한 나의 마음 어떻게 생겼는가?.....

의심하고 의심하되 고양이가 쥐 잡듯이
주린 사람 밥 찾듯이 목마른 이 물 찾듯이
육칠십 늙은 과부 외자식을 잃은 후에 자식 생각 간절듯이

생각 생각 잊지 말고 깊이 궁구하여가되 일념만년(一念萬年) 되게 하여
폐침망찬(廢寢忘饌) 할 지경에 대오(大悟)하기 가깝도다.

홀연히 깨달으면 본래 생긴 나의 부처, 천진면목 절묘하다.
아미타불 이 아니며 석가여래 이 아닌가

젊도 않고 늙도 않고 크도 않고 작도 않고
본래 생긴 자기 영광(自己靈光)

개천개지(蓋天蓋地) 이러하고 열반진락 가이없다.
지옥천당 본공하고 생사윤회 본래 없다.

선지식을 찾아가서 요연(了然)히 인가 받아
다시 의심 없앤 후에 세상만사 망각하고

수연방광(隨緣放曠) 지나가되 빈 배같이 떠 놀면서
유연중생(有緣衆生) 제도하면 보불은덕(報佛恩德) 이 아닌가

일체 계행 지켜 가면 천상 인간 수복(壽福)하고
대원력을 발하여서 항수불학(恒隨佛學) 생각하고

동체대비(同體大悲) 마음먹어 빈병걸인(貧病乞人) 괄시 말고
오온색신(五蘊色身) 생각하되 거품같이 관(觀)을 하고

바깥으로 역순경계(逆順境界) 몽중으로 생각하여 희로심을 내지 말고
허령한 나의 마음 허공과 같은 줄로 진실히 생각하여
팔풍 오욕 일체 경계 부동한 이 마음을 태산같이 써나가세.

허튼 소리 우스개로 이 날 저 날 헛 보내고
늙는 줄을 망각하니 무슨 공부하여 볼까.

죽을 제 고통 중에 후회한들 무엇 하리.
사지백절 오려내어 머릿골을 쪼개는 듯

오장육부 찢는 중에 앞길이 캄캄하니
한심 참혹 내 노릇이 이럴 줄을 뉘가 알고?

저 지옥과 저 축생에 나의 신세 참혹하다
백천만겁 차타하여 다시 인신 망연하다.

참선 잘한 저 도인은 서서 죽고 앉아 죽고 앓도 않고 선탈하며,
오래 살고 곧 죽기를 마음대로 자재하며,

항하사수 신통묘용 임의쾌락 소요하니
아무쪼록 이 세상에 눈코를 쥐어뜯고 부지런히 하여 보세.

오늘 내일 가는 것이 죽을 날이 당도하니
푸줏간에 가는 소가 자욱자욱 사지로세.

예전 사람 참선할 제 마디 그늘 아꼈거늘 나는 어이 방일하며
예전 사람 참선할 제 잠 오는 것 성화하여 송곳으로 찔렀거늘 나는 어이 방일하며
예전 사람 참선할 제 하루해가 가게 되면 다리 뻗고 울었거늘 나는 어이 방일한고.

무명(無明) 업식(業識) 독한 술에 혼혼불각 지나가니 오호라, 슬프도다.
타일러도 아니 듣고 꾸짖어도 조심 않고 심상히 지나가니
혼미(昏迷)한 이 마음을 어이하여 인도할고.

쓸 데 없는 탐심(貪心) 진심(嗔心) 공연히 일으키고
쓸 데 없는 허다 분별 날마다 분요(紛擾)하니.

우습도다. 나의 지혜 누구를 한란할고.
지각 없는 저 나비가 불빛을 탐하여서 저 죽을 줄 모르도다.

내 마음을 못 닦으면 여간계행(如干戒行) 소분복덕(小分福德) 도무지 허사로세.
오호라 한심하다. 이 글을 자세 보아 부지런히 공부하소.

이 노래를 깊이 믿어 책상 위에 펴놓고 시시때때 경책하소.
할 말을 다하려면 해묵사이부진(海墨寫而不盡)이라.

이만 적고 그치오니 부디 부디 깊이 아소.
다시 할 말 있사오니 돌장승이 아이 낳으면 그때에 말하리라.

바람 앞의 등불 같은
절박한 심정이어야...

● ● ● 경허 스님의 참선곡은 참선의 핵심을 간결하고 명쾌하게 정리한 것입니다. 참선곡의 내용만 알고 있어도 참선의 의미와 방법, 참선을 왜 해야 되는지에 대해 확실하게 알 수 있습니다. 먼저 경허 스님께서 직접 만드신 참선곡을 앞부분부터 말씀드리면서 수행하는 방법에 대해 일러드리겠습니다.

홀연히 생각하니 도시 몽중이로다.
천만고 영웅 호걸 북망산 무덤이요
부귀 문장 쓸 데 없다. 황천객을 면할소냐?
오호라, 나의 몸이 풀끝의 이슬이요 바람 속의 등불이라.

'홀연히' 생각한다는 말에 대해서는 잘 알고 계시죠. 우리가 이 세상에 왔을 때도 홀연히 왔고, 또 우리가 어떤 일을 하게 되는 것도 홀연히 한 생각 일으켜서 하는 것입니다. '홀연히'라는 말은 의미심장합니다. 중생이 되는 것도 '홀연히', 부처가 되는 것도 '홀연히' 이루어지는 것입니다.

  참선에 대해서도 마찬가지입니다. 참선에 대해서는 생각조차 하지 않다가 어느 날 홀연히 '참선이라는 게 있다던데, 참선을 해야겠다. 그것이 무엇일까?' 이런 생각을 하게 됩니다. 어떤 분이 제게 이런 질문을 한 적이 있었습니다. 그분은 불교에 대해서 잘 모르시는 분이었습니다. "선은 불교가 아니지요?"라는 질문을 하시기에, "아닙니다. 선이야말로 불교의 핵심입니다."라고 대답을 해드린 적이 있었어요. 참선에 대해서 알지 못한다면 불교의 가장 핵심인 노른자위를 모른다고 할 수 있습니다. 참선 공부를 하는 것이야말로 불교의 근본을 공부하는 것입니다. 물론 그렇다고 해서 참선만 해야 하느냐? 그건 아닙니다. 참선을 핵심으로 하되 다른 신행을 겸해서 할 수 있는 방법을 모색해 보도록 하겠습니다.

  홀연히 생각해 보면 이 모두가 도무지 꿈과 같습니다. 꿈이라는 것은 고정된 실체가 없는 것입니다. 한바탕 꾸고 깨보면 실체가 없이 지나가버린 기억이 꿈입니다. 우리가 사는 모든 것이 실체가 없다는 것입니다. 인생살이가 한바탕 멋진 꿈을 꾸는 것과 같다고 해서 인생사 일장춘몽(一場春夢)이라는 말을 합니다.

  제가 아주 잘 알던 스님이 계셨습니다. 그 스님은 건강할 뿐만 아니라 몸매가 조각 같은 분이었습니다. 한 번은 화개 목욕탕에서 그 스님을 만났는데, 남자도 반할 정도의 아름다운 몸매와 건강을 지닌 분이셨습니다.

그런데 목욕탕에서 만난 지 한 달도 안 됐을 땐데, 어느 날 홀연히 스님께서 입적하셨다는 말이 들리는 겁니다. 내가 본 지 며칠 되지도 않았는데 얼마나 황당하고 충격적이었는지 모릅니다. 그렇게 건강해 보이셨던 분이 입적하셨다니, 도무지 믿어지지가 않아서 그 분의 측근을 통해서 확인까지 했습니다. 그런데 사실이었습니다. 아직 나이도 많지 않고 몸도 그렇게 아름답고 건강하신 분이 어떻게 하루아침에 입적하셨을까, 얘기를 들어보니 남미의 높은 산에 등산을 가셨다가 고산증 때문에 갑자기 그런 일을 겪게 되셨다고 합니다. 바로 몇 주 전에 내가 봐도 부러울 정도로 건강했던 분이 어떻게 그리 갑작스레 가셨을까 아무도 상상하지 못했던 일입니다.

그러나 이것이 바로 우리의 삶입니다. 항상 그런 것들이 내 문제로 닥칠 수 있다는 겁니다. 대부분의 사람들은 생로병사를 남의 문제로 여기고, 강 건너 불로 보고 살다가 내 문제로 닥치게 되면 그 때서야 당황합니다. 이것을 "부귀문장 아무리 가지고 있어도 황천객은 역시 면할 수가 없다. 다 때가 되면 가지 않을 수 없다."는 말로 강조하고 있습니다. 그렇게 내 몸뚱이가 풀 끝의 이슬과 같고 바람 속의 등불과 같다는 절박한 마음가짐이 되어야 비로소 참선을 시작할 수 있다는 겁니다. 잘 먹고 잘 살고 자기 삶에 안주해 있으면 참선에 대해서 그렇게 절박한 심정이 들지 않을 것입니다. 우리 목숨이 한 호흡 사이에 있다는 마음가짐을 가지고 있을 때 참선이 시작된다고 할 수 있겠습니다.

참선은 다름 아닌 안심법문(安心法門)입니다. 마음이 편안해지는 법문이지요. 이것을 어디 하늘나라 저편에서나 먼 훗날에 달성코자 하는 것이 아니라, 바로 지금 여기에서 성취할 수 있다고 하는 것입니다. 마음 편안함, 안심은 어디에서 오느냐? 바로 이 자리에서 까치발 한 번 내려놓으면 옵니다.

    삼계대사 부처님이 정녕히 이르시되 마음 깨쳐 성불하여 생사윤회 영단하고
불생불멸 저 극토에 상락아정 무위도를 사람마다 다 할 줄로 팔만장경 유전하니
사람 되어 못 닦으면 다시 공부 어려우니 나도 어서 닦아보세.

제가 선방에 다닐 때 일입니다. 하루는 어떤 거사님이 대중공양을 오셔서 초면에 함께 차를 마시게 되었습니다. 이런저런 대화를 나누던 중 그분이 질문을 하시더군요.

    "스님, 저는 세상에 태어나서 이것저것 다 해보았습니다. 돈도 벌 만큼 벌었고, 쓸 만큼 써보았는데 도대체 이 세상에 온 의미를 모르겠습니다. 스님, 우리가 세상에 왜 온 것입니까?" 그래서 제가 되물었습니다. "아니, 아직도 모르십니까?" 하니, "스님 모르니까 여쭈었지요. 그게 제일 궁금한 점입니다."라고 답하시기에 한 마디로 제가 말씀드렸죠.

    "공부하러 왔습니다."

    우리가 이 세상에 온 것은 공부하러 온 겁니다. 다시 말해서 이 몸뚱이를 받아서 우리가 이 세상에 출현을 했죠. 그것은 완전히 실습을 위해서 몸을 받아 온 것입니다. 이 몸뚱이는 실습도구입니다. 몸뚱이 없이 하는 공부는 실감이 안 나기 때문에 실감나게 하기 위해서 몸뚱이를 받아가지고 온 것입니다.

예를 들어 어학 공부를 한다고 해도 그냥 귀로 듣기만 하는 공부와 비디오로 보면서 하는 공부, 거기에서 한 걸음 더 나아가서 외국인과 같이 하는 공부, 실제로 그 언어를 쓰는 나라에 직접 가서 몸으로 부딪혀 가면서 하는 공부가 있습니다. 어떤 게 제일 빠르겠습니까? 듣기만 하는 공부, 보고 듣고 하는 공부, 외국인과 하는 공부, 가장 좋은 것은 실지로 이 몸뚱이를 가지고 그 나라에 가서 그 나라 사람들과 같이 생활하면서 하는 공부입니다.

우리가 이 세상에 온 의미, 왜 몸뚱이를 받아서 이 세상에 왔느냐? 공부하러, 마음공부를 제대로 해서 마음을 업그레이드시키기 위해, 향상시키기 위해 온 것입니다. 그런데 몸뚱이를 받아서 이 세상에 오면서 몸뚱이에 대한 애착이 자꾸 생겨나서 나중에는 왜 왔는지를 잊어버립니다. 게다가 몸뚱이에 대한 착을 증장시키는 쪽으로 자꾸 다운그레이드, 퇴보를 하는 경우가 있게 되는 겁니다.

우리가 이 세상에 온 이유는 무엇인가 하는 질문을 받았을 때, 마음공부를 제대로 해서 이 몸을 실험, 실습에 좋은 기자재로 생각하고 실감 나는 공부를 하고자 이 세상에 왔다는 것을 정확하게 답할 수 있어야 합니다.

이 몸뚱이는 사실 영원한 것이 아닙니다. 어제 다르고 오늘 다릅니다. 특히 연세 드신 분들의 말씀을 들어보면 아침이 다르고 밤이 다르다고 합니다. 아주 젊었을 때는 잘 모르겠지만, 30대에서 40대를 넘고 50대를 넘어가면서 세월을 보내다 보면 정말 인생이 무상하다는 것을 느끼게 됩니다. 이렇듯 무상함을 느끼기 시작하면 비로소 우리가 마음공부를 할 준비가 되어간다는 것입니다.

　　마음공부를 하는데 첫째 조건이 무상함을 제대로 느끼느냐, 느끼지 않느냐라고 할 수 있습니다. 그래서 참선 공부를 제대로 하는 첫 번째 비결을 무상함을 느끼는 것이라고 합니다. "무상을 뼈저리게 느끼는 것이야 말로 진정한 출가"라고 하셨던 어떤 스님의 말씀이 떠오릅니다.

　　출가라는 것이 단순히 머리 깎고 승복을 입고 산 속에 들어가는 것이 아니고 무상함, 모든 것이 항상하지 않다는 것을 느끼는 것, 이 몸뚱이가 풀잎 끝의 이슬 같고 바람 속의 등불 같다는 것을 절감하는 것이 진정한 출가라는 말입니다. 왜냐하면 그렇게 되어야 비로소 공부할 준비가 되어 있기 때문입니다.

　　'제행무상(諸行無常)'은 불교의 가장 근본적인 가르침이라고 할 수 있습니다. 여기서 '행(行)'은 존재를 뜻하고 '상(常)'은 항상하다는 뜻이지요. 결국 '제행무상'은 모든 존재는 항상함이 없다, 곧 모든 존재는 변한다는 의미가 되겠습니다.

　　이 가르침을 어떻게 해석할 지는 생각하기에 달려 있습니다. 무상과 허무를 잘못 이해하는 분들이 있는 것 같아 좀더 자세히 말씀드리겠습니다. 모든 존재는 고정되어 있는 실체가 없으므로 허무하다는 의미로 해석할 수도 있습니다. 하지만 사실은 그 반대로 생각해야 합니다. 무상한 존재인 나는 바로 지금 이 순간을 떠나서 따로 존재하는 것이 아니므로 지금 이 순간에 충실하게 열정적으로 살아야 한다는 의미로 해석해야 하는 것이지요.

　　만약 내가 무상하지 않고 영원불변한 실체로서 고정되어 있다면 그것이야말로 허무한 것입니다. 내가 아무리 발버둥을 치더라도 나의 모든 것은 이미 결정되어 있는 것이 되니까요. 이런저런 노력을 할 필요도 없고 마음공부를 할 필요도 없는 것이 됩니다. 모든 일이 신의 뜻에 따라 정해진다고 생각하는 경우도 마찬가지이지요. 만약 그렇다면 내가 결정할 몫은 사라지게 되니 나는 노력할 필요도 없고 할 일도 없어집니다.

하지만 제행무상의 가르침에 따르면 나는 무상한 존재입니다. 이 사실을 소극적으로 해석하면 허무주의에 빠질 수도 있지만, 적극적으로 해석하면 바로 지금 이 순간의 나의 행위가 나를 창조한다는 진취적인 뜻으로 풀이할 수 있습니다. 이렇게 본다면 나는 과거에 집착할 것도 없고 아직 오지도 않은 미래를 미리 걱정할 것도 없이 오직 바로 지금 이 순간에만 충실하면 됩니다. 열심히 살면서도 집착을 하지 않을 수 있는 길이 바로 이 가르침에 있습니다.

공부하기
제일 좋은 까닭

● 　　●　　　● 공부를 하려면 선지식, 지도자가 있어야 됩니다. 삼계대사(三界大師)이신 부처님께서 고구 정녕히 이르신 말씀을 따르면 됩니다. 삼계란 욕계, 색계, 무색계를 말합니다. 욕계는 우리의 몸뚱이, 곧 몸과 마음과 욕심으로 이루어진 세계를 뜻하고, 색계는 몸과 마음의 세계, 무색계는 마음의 세계를 뜻하는데, 이 세 가지를 합해서 삼계라고 합니다. 부처님은 인간의 스승일 뿐만 아니라 몸뚱이 없이 정신만 있는 마음의 세계에서도 역시 스승이십니다. 그야말로 부처님은 인간과 천상, 축생, 지옥 중생에 이르기까지 모든 육도의 세계를 아우르는 참다운 선지식이시고 참다운 스승님이십니다.

　　부처님은 삼계의 길을 인도해주시는 스승님입니다. 도사(導師)라고 할 때의 도(導)자는 길을 인도해 준다는 뜻입니다. 우리는 이제 신들조차도 스승으로서의 예를 갖추는 부처님을 만났습니다. 부처님께서 고구 정녕히 이르시기를, "마음 깨쳐 성불하여 생사윤회를 영구히 끊고, 불생불멸의 저 국토에 나라."고 하셨습니다.

수행해서 마음을 깨치면 수없는 세월 동안 나고 죽는 생사윤회의 고통에서 벗어납니다. 여기서 잠깐, 불교 신행의 근본인 윤회와 무아에 대해서 설명해드리겠습니다.

가끔 학문적으로 불교를 공부하시는 분들에게 "생사윤회는 왜 하느냐? 왜 불교에서는 무아(無我)라고 하면서 어떻게 윤회를 하느냐?"는 질문을 받곤 합니다. 그 이유는 무아법을 통달하지 못했기 때문입니다. 무아법을 통달했다면 윤회를 하지 않는데, 무아법을 통달하지 못했기 때문에 윤회를 하는 것입니다.

'내가 있다', 고정불변의 실체로서의 내가 있다고 고집하기 때문에, 그 고집하는 마음이 주체가 되어서 윤회를 하는 겁니다. 그렇다면 이 윤회를 영구히 끊는 방법은 무엇이냐? 무아법에 통달하는 것입니다. 그렇게 되면 불생불멸한 저 국토, 상락아정(常樂我淨)의 무위도에 들 수 있습니다. 불생불멸하는, 몸이 사라지고 마음의 분별이 사라지는 자리가 어떤 것인가? 우리 본마음 참나 자리로 가는 겁니다. 그 자리는 어떤 자리냐 하면 불생불멸의 자리요, 항상하고 즐겁고 내가 있고 청정한 상락아정의 자리인 것입니다.

여기에서의 나는 불성(佛性)인 나를 얘기합니다. 경허 스님께서는 "무위도를 사람마다 다 할 수 있도록 팔만장경 유전하니, 사람 되어 못 닦으면 다시 닦기 어려우니 나도 어서 닦아보세."라고 하시면서 수행을 독려

하고 계십니다.

지금 사람 몸 받았을 때가 공부하기 제일 좋은 때입니다. 고통과 즐거움을 같이 느낄 수 있는 이런 시절에 우리가 공부하지 않는다면 무엇을 할 수 있겠습니까? 참선공부, 놓는 공부를 이 기회에 계속 밀어붙여서 공부를 하시면 좋은 결실이 있을 것입니다.

앞서 참선에 임하는 마음가짐은 무엇보다도 이 모든 것이 무상하다는 것을 인식해야 하는 것임을 말씀드렸습니다. 사람이 오는 데에는 순서가 있지만 가는 데에는 순서가 없습니다. 내일이 먼저 올지 내생이 먼저 올지 아무도 기약하지 못한다는 그런 마음가짐이 필요합니다. 저도 이 공부를 절실히 하게 된 계기가 제 주변에 무상한 일을 연거푸 당한 덕분입니다. 그로 인해서 발심을 하게 되었고, 뭣 모르고 그냥 탐진치(貪瞋癡)에 싸여서 사는 몇 십 년, 한 평생보다 내가 어디서 왔는지, 어디로 가는지, 삶과 죽음의 문제가 무엇인지 알고 사는, 또는 추구하면서 사는 단 하루가 더 소중하다는 절실한 마음이 생겼을 때 참선이 저절로 다가옵니다. 그때 비로소 공부의 진도가 팍팍 나가는 일을 실제로 체험했습니다.

지금부터는 닦는 방법에 대해서 구체적으로 설명해드리겠습니다. 경허 스님께서는 참선곡에서 다음과 같이 말씀하셨습니다.

> 닦는 길을 말하려면 허다히 많건만은 대강 추려 적어보세.
> 앉고 서고 보고 듣고 착의끽반(着衣喫飯) 대인접어(對人接語)
> 일체처 일체시에 소소영령(昭昭靈靈) 지각하는 이것이 무엇인가?

참선은 글공부를 많이 할 필요가 없습니다. 한 문장 한 줄이라도 자꾸 그것을 자기 것으로 만드는 게 중요합니다. 왜냐하면 참선 공부는 '쌓아가는 공부'가 아니라 '놓아가는 공부'이기 때문입니다. 세간공부는 지식을 쌓고 명예를 쌓고 학문을 쌓아가는 공부입니다. 살아가는 데는 도움이 될지 몰라도 생사일대사에 당해서는 거의 힘을 쓰지 못하는 공부이지요. 출세간공부는 지식과 알음알이를 놓아버리고 몸뚱이에 대한 애착을 놓아버리고 마음의 분별심을 놓아버리는 공부입니다. 참다운 지혜는 바로 놓아가는 공부에서 나오는 것입니다.

경허 스님은 위 대목에서 구체적으로 닦는 방법에 대해 말씀하십니다. 참선을 하는 방법이 무엇이냐? 닦는 길 말하려면 허다히 많습니다. 물론 간화선을 선양하는 입장이기 때문에 화두선을 가장 대표적인 수행법으로 내세우고 있습니다. 그렇다고 해서 화두 참선 한 가지만 있는 것은 아닙니다. 석존의 제자인 16대아라한 중에 여섯 번째인 발타라 존자 같은 분은 목욕을 하다가 깨달음을 얻었습니다. 이 분은 목욕을 좋아해서 하루에도 스무 번, 서른 번씩 목욕을 했습니다. 부처님께서 이것을 아시고 발타라 존자에게 물었습니다.

"네가 목욕을 할 때 어떻게 하느냐?"

"세존이시여, 깨끗한 물로 몸뚱이를 씻습니다."

이에 부처님께서는 발타라 존자에게 "몸뚱이만 씻지 말고 맑은 물로 '마음속의 번뇌를 씻어낸다'는 마음가짐으로 목욕을 하라"고 조언해 주셨습니다. 발타라 존자가 부처님 말씀대로 하니까 해탈을 속히 이루었다고 합니다. 흔히 대도무문(大道無門), 대도는 문이 없다고 합니다. 문이 없다는 것은 어느 문으로 들어가도 된다는 뜻입니다.

사실 참선은 무문(無門)입니다. 무방법의 방법입니다. 어떤 마음가짐을 가지고 하느냐가 중요한 것이지 어떤 방법으로 해야 한다고 하면, 방법을 내세우면 벌써 한 바퀴 돌아가는 것이 됩니다. 그렇다고 해서 방법을 제시하지 않으면 안 됩니다. 일반인은 또 거기에서 절벽 같은 마음을 갖기 때문에 일부러 방법을 제시한 겁니다. 본래부터 방법이 있는 것이 아니고 공부하는 방법으로서 제시했을 뿐입니다. 그렇기 때문에 꼭 어느 한 가지만을 국집할 필요는 없다는 것입니다.

"앉고 서고 보고 듣고 착의끽반 대인접어"라는 구절은 경허 스님께서 후인들에게 권장하는 방법이 되겠습니다. 착의는 옷을 입고, 끽반은 밥을 먹고, 대인접어는 '사람을 대해서 접하고 말하고' 라는 뜻입니다. 행주좌와(行住坐臥) 어묵동정(語默動靜), 우리의 행동거지 모든 것들, 모든 처소와 모든 시간에 소소영령 지각하는 이것이 어떤 것인가? 이게 바로 참선 방법입니다. 어떻게 보면 굉장히 간단합니다. 정말 이게 수행방법인가 싶을 정도입니다. 원래 방법이란 간단할수록 좋은 것입니다. 왜냐? 방법이 원래 있는 것이 아니라 했죠? 방법이란 벌써 중간에 다리를 세운 것입니다. 한 가지라도 더 생기면 그게 더 돌아가는 길, 우회로가 되기 쉽기 때문에 참선은 이렇게 간단한 겁니다.

'앉고 서고 보고 듣고 옷을 입고 밥을 먹고 사람을 대하고 말을 하고 일체처 일체시에 소소영령 지각하는 이것이 어떤 건가' 하고 참구하는, 의문을 갖고 들어가는 게 바로 참선의 방법인 겁니다. 소소영령이란 또렷또렷하고 신령스럽다는 뜻입니다. 자기가 하는 행동거지에 대해서 또렷하게 잘 알고 있다는 것입니다. 지각한다는 것은 알아차린다는 뜻입니다. 밥 먹을 때 밥 먹는 줄 알고, 말할 때 말할 줄 알고, 또 지금 제가 얘기할 때 들을 줄 아는 바로 그것이 어떤 것인가를 참구하는 것이 참선입니다.

소리를 듣는다 했을 때, 소리를 듣는 것이 귀로 듣는 것이라고 생각하기 쉽습니다. 하지만 사실 귀는 매개체 역할만 해줄 뿐입니다. 연(緣)으로서 작용하는 것이지 듣는 인(因)은 아니라는 겁니다. 예를 들어, 여러분의 거실에 괘종시계가 달려 있다고 합시다. 시계소리가 하루 종일 똑딱 똑딱 하고 끊임없이 소리가 납니다. 그러나 여러분이 하루 종일 거실에 있다고 해서 그 소리를 하루 종일 듣는 것은 아니지 않습니까. 여러분의 마음이 딴 생각을 하거나 또는 다른 데 집중하고 있거나 다른 사람과 대화를 하고 있으면 시계 소리가 안 들립니다. 그것은 뭐냐? 귀로 듣는 것이 아니라 마음으로 듣는 것이라는 겁니다.

보는 것도 마찬가지입니다. 눈으로 보는 것 같지만 실지로 눈으로 어디를 보게 됩니까? 마음의 초점을 맞춘 곳을 보게 됩니다. 예를 들어서, 길을 갈 때 '모자를 하나 사고 싶다' 하고 거리를 나가서 돌아다니면 전부 사람들 모자만 보입니다. 어떤 모자가 예쁠까? 그리고 '신발을 사고 싶다' 하고 나가면 전부 사람들 신발만 보입니다. 그것은 바로 눈으로 보는 것이 아니라 마음으로 보기 때문입니다.

그렇기 때문에 잠을 자면서도, 꿈속에서도 보고 듣고 할 수 있는 겁니다. 잘 때는 눈 감고 잡니다. 그러나 꿈속에서 보고 듣고 행하고 얼마든지 다닙니다. 그것은 왜 그러냐? 우리의 귀나 눈이 보고 듣는 것이 아니라 마음으로 보고 듣기 때문입니다.

출가라는 것이 단순히 머리 깎고 승복 입고
산속에 들어가는 것이 아니고 무상을 느끼는 것,
이 몸뚱이가 풀잎 끝의 이슬 같고 바람 속의 등불 같음을
절감하는 것이 진정한 출가입니다.

무상이라 하면 허무를 연상하는 분이 많은데,
사실은 그 반대로 지금 이 순간 충실하게,
열정적으로 완전 연소의 삶을 살아야 한다는 깨우침입니다.

우리가 이 세상에 온 이유는 무엇인가? 공부하러 왔습니다. 마음 공부를 제대로 해서 마음을 업그레이드시키기 위해, 향상시키기 위해 온 것입니다.

그런데 몸뚱이를 받아 이 세상에 오면서 몸뚱이에 대한 애착이 자꾸 생겨나서 다운레이드, 퇴보하는 것입니다.

어떤 분이 저한테 아주 오래 전에 그런 말씀을 하셨어요. 밥을 먹고 있는데, "밥 먹는 놈이 누구냐?" 하고 물었습니다. 그 말씀을 듣고 깜짝 놀랐습니다. 내가 숟가락으로 밥을 떠서 눈으로 보고 입으로 씹는 줄 알았는데, 밥 먹는 놈이 누구냐고? 가슴에 뭐가 팍 꽂히더라고요. 여러분도 한 번 생각해보시기 바랍니다. 밥 먹는 놈이 누구냐?

몸뚱이는 송장이요 망상번뇌 본공(本空)하고,
천진면목 나의 부처 보고 듣고 앉고 눕고 잠도 자고 일도 하고
눈 한 번 깜짝할 새 천 리 만 리 다녀오고,
허다한 신통묘용 분명한 나의 마음 어떻게 생겼는가?

참으로 경허 스님의 참선곡은 읽을 때마다 감동을 받습니다. 닦는 방법에 대해서 어찌 이렇듯 고구정녕하게 잘 표현해 놓았는지 무릎이 절로 쳐집니다. 몸뚱이는 결국은 송장에 불과합니다. 우리의 망상 번뇌는 곧 분별심을 말합니다. 그런 분별심이 본래 공한 것이라는 겁니다. 고통과 통증은 다릅니다. 통증은 몸으로 느끼는 것이지만 고통은 마음으로 수용하는 것입니다. 분별 때문에 더욱 고통스럽습니다. 그래서 통증은 느끼더라도 마음의 고통은 없을 수 있습니다. 그냥 아픈 것, 그게 바로 아플 땐 아플 뿐인 것입니다. 이게 바로 통증은 느끼되 고통은 느끼지 않는 것입니다. 왜냐? 이 고통은 마음의 분별에서 오는 것이고 마음의 애착에서 오는 것입니다. 내가 명예, 몸뚱이, 재물에 대한 애착을 갖기 때문에 그 애착을 놓칠까봐, 그것이 없어질까 두려워서 고통을 느끼는 것입니다.

어떤 분이 저한테 아주 오래 전에 그런 말씀을 하셨어요. 밥을 먹고 있는데, "밥 먹는 놈이 누구냐?" 하고 물었습니다. 그 말씀을 듣고 깜짝 놀랐습니다. 내가 숟가락으로 밥을 떠서 눈으로 보고 입으로 씹는 줄 알았는데, 밥 먹는 놈이 누구냐고? 가슴에 뭐가 팍 꽂히더라고요. 여러분도 한 번 생각해보시기 바랍니다. 밥 먹는 놈이 누구냐?

> 몸뚱이는 송장이요 망상번뇌 본공(本空)하고,
> 천진면목 나의 부처 보고 듣고 앉고 눕고 잠도 자고 일도 하고
> 눈 한 번 깜짝할 새 천 리 만 리 다녀오고,
> 허다한 신통묘용 분명한 나의 마음 어떻게 생겼는가?

참으로 경허 스님의 참선곡은 읽을 때마다 감동을 받습니다. 닦는 방법에 대해서 어찌 이렇듯 고구정녕하게 잘 표현해 놓았는지 무릎이 절로 쳐집니다. 몸뚱이는 결국은 송장에 불과합니다. 우리의 망상 번뇌는 곧 분별심을 말합니다. 그런 분별심이 본래 공한 것이라는 겁니다. 고통과 통증은 다릅니다. 통증은 몸으로 느끼는 것이지만 고통은 마음으로 수용하는 것입니다. 분별 때문에 더욱 고통스럽습니다. 그래서 통증은 느끼더라도 마음의 고통은 없을 수 있습니다. 그냥 아픈 것, 그게 바로 아플 땐 아플 뿐인 것입니다. 이게 바로 통증은 느끼되 고통은 느끼지 않는 것입니다. 왜냐? 이 고통은 마음의 분별에서 오는 것이고 마음의 애착에서 오는 것입니다. 내가 명예, 몸뚱이, 재물에 대한 애착을 갖기 때문에 그 애착을 놓칠까봐, 그것이 없어질까 두려워서 고통을 느끼는 것입니다.

우리가 이 세상에 온 이유는 무엇인가? 공부하러 왔습니다. 마음 공부를 제대로 해서 마음을 업그레이드시키기 위해, 향상시키기 위해 온 것입니다. 그런데 몸뚱이를 받아 이 세상에 오면서 몸뚱이에 대한 애착이 자꾸 생겨나서 다운레이드, 퇴보하는 것입니다.

망상 번뇌란 본래 공한 것, 고정된 실체가 없는 것입니다.『능엄경』에 보면 칠처징심(七處徵心)이라고 해서 일곱 곳에서 자기 마음을 찾는 부분이 나옵니다.

"네가 마음이 미혹해서 마등가녀의 주문에 걸렸다고 하는데, 그러면 너의 마음이 어디에 있느냐?"고 부처님께서 아난 존자에게 물었어요. 그래서 마음을 이리 찾고 저리 찾지만 결국 마음은 실체가 없기 때문에 어디에 있다고 얘기할 수 없다는 결론이 나옵니다. 멱심료 불가득(覓心了不可得)이라, 마음을 찾았지만 가히 얻을 수 없습니다. 마음이 없으니까 본래 공한 것입니다. 다만 인연 따라 나타나고 인연 따라 사라지는 겁니다.

그러면 보고 듣고 앉고 눕고 하는 것이 무엇이냐? 이것은 분별심이 하는 게 아니고 천진면목 나의 부처, 누구나 갖춘 천진, 타고난 면목이 하는 것입니다. 평소 '면목이 없다'는 말을 자주 사용합니다. 이 말은 본래 얼굴이라는 뜻입니다. 내가 가진 본래의 얼굴과 본래의 눈이 바로 천진면목입니다. 그것이 바로 나의 부처입니다.

이 천진면목, 나의 부처를 여러분이나 저나, 일체 중생이 다 갖추고 있기 때문에 보고 듣고 앉고 눕고 잠도 자고 일도 하고 눈 한 번 깜짝할 새, 천 리 만 리 다녀올 수 있는 것입니다. 지금 이 자리에 앉아서도 제가 얼마 전에 갔다 왔던 프랑스의 세느 강변을 거닐 수 있습니다. 앉아서 연상하면 바로 세느 강변을 걷던 그 모습이 지금도 생각납니다. 엘리베이터를 타고 에펠 탑을 오르던 그 모습, 지금 이 자리에 앉아서 갔다 올 수 있습니다. 저기 스위스의 융프라우 산맥이 지금 이 자리에 앉아서도 보입니다. 많은 사람들이 흰 눈 위에서 스키 타는 모습이 눈에 선합니다.

여러분도 마찬가지입니다. 항상 이 생각이 얼마든지 보고 듣고 앉고 눕고 잠도 자고 일도 합니다. 눈 한 번 깜짝할 사이에 천 리 만 리 다녀오는, 이렇게 신통묘용을 갖춘 나의 마음, 본마음 자리를 얘기합니다. 이 분명한 나의 마음이 과연 어떻게 생겼는지 궁금하지 않습니까? 정말 우리가 가진 분명한 이 본마음 자리가 과연 어떻게 생겼는지 한 번 알아봐야 하지 않겠습니까. 우리가 맨날 이것 가지고 살고 이것 가지고 쓰면서 정체를 모르고 살아가고 있다는 것 자체가 생각해 볼 일입니다.

이 마음 어떻게 생겼는가?

경허 스님께서는 "몸뚱이는 송장이요 망상 번뇌 본공하다"고 역설하십니다. 우리가 영원할 줄로 알고 애착을 갖고 있는 이 몸뚱이는 계속 변하는 겁니다. 어제 다르고 오늘 다릅니다. 십 년 전과 오늘은 또 말할 것도 없지요. 그러니 앞으로 십 년 후를 어찌 기약할 수 있겠습니까.

또한 항상 분별하는 망상 번뇌, '나다 남이다', '옳다 그르다', '선이다 악이다', '이익이다 손해다'라고 가르는 이 마음이 본래 공한 것입니다. 이것은 고정된 실체가 없어서 어디에 있는지 찾을 수가 없습니다. 심장? 뇌? 아닙니다. 현대 과학에서는 뇌에 있다든가 심장에 있다든가 하는 식으로 말을 합니다. 하지만 불교에서는 고정된 실체가 없다고 합니다. 이것은 마치 허깨비가 어디에 있느냐 하는 것과 똑같습니다. 번개가 장마철에 꽈당 치고 지나갑니다. 번갯불이 어디 있느냐 하는 것과 같습니다. 어디 있습니까? 번갯불이 인연에 따라서 순간적으로 일어났다가 인연에 따라서 사라지는 겁니다. 그것을 여기 있다, 저기 있다 이 하늘에 있다, 저 하늘에 있다고 할 수 없는 것과 마찬가지입니다.

몸뚱이나 마음에 대한 시비분별을 싹 놓고 '천진면목 나의 부처, 본마음, 이렇게 허다한 신통묘용 분명한 나의 마음이 어떻게 생겼는가? 과연 이 마음, 본마음 참나가 어떻게 생겼는가?' 하고 참구해 나가는 것이 바로 경허 스님께서 여러분에게 직접 내려주는 화두가 되겠습니다.

경허 스님의 참선곡에는 참선수행의 처음부터 끝까지 다 드러나 있습니다. 앞의 구절에서는 '이 마음이 어떻게 생겼는가?' 경허 스님께서 내린 화두를 살펴보았고, 다음은 화두 참구의 방법론을 말씀드리겠습니다.

고 양 이 가
쥐 잡 듯 이

● ● ● 화두는 의심이 생명이라고 합니다. 화두를 드는 데 있어서 간화선의 삼요(三要), 간화선의 가장 중요한 세 가지 요긴한 것이 있습니다. 첫째가 대신심이요, 둘째가 대분심, 셋째가 대의심입니다. "우리가 뭐 하러 의심을 합니까?"라고 하는 분들이 있습니다. '본래 부처인데 무엇 때문에 의심을 해서 사서 고생하는가'라고 생각할 수 있습니다. 하지만 우리가 이론적으로 또는 경전적으로 '내가 본래 부처다'라고 알고 있는 것으로는 부족합니다. 나의 일상생활, 또는 생사일대사에 맞닥뜨려서 정말 힘이 되는지 한 번 점검해 볼 필요가 있는 겁니다. 내 주변 사람들 또는 내가 생사일대사에 맞닥뜨렸을 때 이론적으로 깜냥으로 '본래 부처인데' 이렇게 해서 정말 그것을 넘어갈 수 있는지 한 번 생각해 볼 필요가 있습니다.

쇠로 비유를 들어볼까요? 같은 쇠라도 무쇠는 아직 약합니다. 대장장이가 무쇠를 용광로에서 불로 달구고 망치로 내려치고 단련해서 강철로 만들어야 비로소 쉽게 깨지지 않고 어느 용도에나 쓸 수 있는 강철이 될 수 있는 겁니다. 그것과 마찬가지로 이론적으로 '그냥 본래 부처인데, 일체 중생이 불성을 갖추고 있는데' 하는 식으로 알고 있어서는 생사일대사에서 강철 같은 위력을 발휘하기가 어렵다는 겁니다. 대신심을 단련하고 또 단련하는 것이 바로 대의심입니다. 그러면 의심하고 또 의심하되 어떤 방법으로 화두를 의심하는가?

> 의심하고 의심하되 고양이가 쥐 잡듯이,
> 주린 사람 밥 찾듯이, 목마른 이 물 찾듯이,
> 육칠십 늙은 과부 외자식을 잃은 후에 자식 생각 간절듯이,
> 생각 생각 잊지 말고 깊이 궁구하여 가되 일념 만년 되게 하여
> 폐침망찬할 지경에 대오하기 가깝도다.

경허 스님께서는 '고양이가 쥐 잡듯이' 하라고 하셨습니다. 고양이가 쥐를 잡을 때 지켜보신 적이 있으십니까? 고양이는 사력을 다해서 잡는다고 합니다. 쥐구멍 앞에서 아무 것도 안 하고 쥐구멍만 계속해서 노려보고 있다가 마침내 쥐가 나올 때를 기다려서 잡는 장면을 연상하면 되겠습니다. 그 다음에 '주린 사람 밥 찾듯이' 하라고 하십니다. 사흘을 굶어서 담장 안 넘는 사람 없다고 하지요. 밥을 굶으면 이것저것 아무 생각이 없습니다. 모든 것이 다 먹을 것으로 보입니다. 길거리를 다니면서도 다 음식

만 눈에 띌 겁니다. 이렇게 주린 사람 밥 찾듯이 화두를 궁구해야 됩니다. 또한 '목마른 이 물 찾듯이' 해야 합니다. 제가 몇 년 전에 인도에 배낭여행을 간 적이 있습니다. 그때 낙타를 타고 사막 사파리를 한 적이 있습니다. 사막 사파리를 하는데 주변이 온통 사막이고 덥다 보니까 그저 물 생각밖에 안 나더라고요. 오로지 물! 물! 물!

또한 '육칠십 늙은 과부 외자식을 잃은 후에 자식 생각 간절틋이' 하라고 하십니다. 얼마나 자식 생각이 간절하겠습니까? 이렇게 생각 생각 잊지 말고 깊이 궁리하고 연구하여 가되, '일념 만년 되게 하여 폐침망찬할 지경' 곧 한 생각이 만 년을 갈 정도로 계속 지속해서 폐침망찬, 자는 것도 잊어버리고 밥 먹는 것도 잊어버릴 지경에 이르러야 대오하기 가깝다는 것입니다. 이렇게 경허 스님께서는 화두를 의심하는 요령을 비유로써 곡진하게 설명해주고 있습니다.

잠 자기 전부터
깨어날 때까지

● ● ● 화두를 참구하다 보면, 처음에는 물론 어렵고 잘 안 잡히지만 시간이 점점 갈수록 잘 잡히게 됩니다. 특히 화두 들기에 제일 중요한 시간을 말씀드리자면 잠자기 전입니다. 잠자기 전에 괜히 이런 생각 저런 생각, 번뇌 망상, 내일 할 일에 대해 생각하지 말고 화두를 들면서 잠들고, 잠 깰 때 화두를 들면서 깨어나는 것이 자꾸 숙달이 되면 자는 시간이 공부하는 시간이 됩니다.

현대인들 얼마나 바쁩니까? 이 바쁜 시간에 언제 짬 내서 화두를 참구할 수 있겠습니까? 사실 1시간, 30분 자리에 앉아 있기도 쉽지 않습니다. 그렇다고 해서 포기해야 하느냐, 절대 그래서는 안 됩니다. 그러면 시간 핑계를 대지 말고 언제 화두를 드느냐? 잠자기 전부터 시작해서 잠 깨어날 때까지 들면 됩니다. 제게 있어서 자는 시간은 화두를 참구하는 시간입니다. 화두가 깊어지면 자면서도 화두를 들게 됩니다.

처음에 화두 참구를 할 때는 대부분 좌선을 하면서 공부하기 시작합니다. 처음에는 앉아서 시작하지만 공부가 익어 가면 앉으나 서나 화두참구가 되고, 거기에서 좀 더 익어 가면 오나가나 화두참구, 즉 동정일여(動靜一如)가 됩니다. 오나가나 화두참구가 되고 거기에서 더 익숙해지면 자나 깨나 화두참구, 오매일여(寤寐一如)라는 겁니다. 자나 깨나 화두참구가 될 정도가 되고, 여기서 나아가 더 익숙해지면 죽으나 사나 화두참구, 생사일여(生死一如)가 되는 것이지요. 그렇게 되면 언제 어느 때 어떤 일이 닥치더라도 당황하지 않고 그저 자기 한마음 오롯하게 지켜나갈 수 있는 힘이 생깁니다. 앉으나 서나 화두참구, 오나가나 화두참구, 자나 깨나 화두참구, 결국 죽으나 사나 화두 참구할 정도가 되면 그때는 생사 일대사가 해결되는 겁니다. 말은 쉽지만 여기까지 가기 위해서는 꾸준한 노력이 필요하겠지요.

홀연히 깨달으면 본래 생긴 나의 부처, 천진면목 절묘하다
아미타불 이 아니며 석가여래 이 아닌가?
젊도 않고 늙도 않고 크도 않고 작도 않고 본래 생긴 자기 영광
개천개지(蓋天蓋地) 이러하고 열반진락 가이없다.
지옥천당 본공하고 생사윤회 본래 없다.

이렇게 폐침망찬할 정도로 화두를 참구하다 보면 결국 대오(大悟)에 이르게 되는데, 깨닫는 것도 아주 홀연히 깨닫습니다. 경허 스님 참선곡에서도

처음에 '홀연히 생각하니 도시몽중이로다' 라고 시작하였듯이 깨닫는 것도 홀연히 깨닫게 됩니다. 우리가 번뇌 망상도 홀연히 일으키듯이 깨닫는 것도 홀연히 깨닫는다는 말입니다. '홀연히' 라는 말이 사실은 아주 멋진 표현입니다. 홀연히 한 생각 일으켜서 홀연히 중생의 업을 짓다가 홀연히 깨달아서 홀연히 부처가 되는 겁니다. 돈오(頓悟)라는 말 잘 아시죠? '단박 돈' 자에 '깨달을 오' 자를 돈오라고 하는데 여기서의 단박이란 '홀연히' 라는 뜻입니다.

어쨌든 언제 나에게 깨달음의 시간이 올는지 그것은 아무도 모릅니다. 오늘 올 수도 있고 내일 올 수도 있고 다음 생에 올 수도 있습니다. 깨달음을 굳이 기다리고 있을 건 아니지만 언젠가 나한테도 홀연히 홈런 한 방, 홀연히 깨달음이 온다는 확신은 가지고 있을 필요가 있습니다. 왜냐? 법화경에 보면, 부처님께서 우리 모두를 부처님으로 만들어 준다고 서원하셨습니다. 그렇기 때문에 홀연히 깨닫는 것은 시간문제라는 겁니다. 깨달음은 우리에게 이미 보장이 되어 있기 때문에 여러분이나 저나 다 언젠가는 홀연히 깨닫게 됩니다. 다만 시간이 빠르냐 느리냐? 고생을 조금 많이 하고 깨닫느냐 덜하고 깨닫느냐의 차이는 있습니다만 우리 모두는 다 깨달을 수 있습니다. 여러분이 이 책을 읽고 공부하다 보면 고생을 덜하고 깨닫는 방법을 터득할 수 있습니다.

'홀연히 생각하면 본래 생긴 나의 부처' 라고 경허 스님께서 참선곡을 통해 말씀하셨습니다. 나의 부처, 본마음 자리는 없었던 게 만들어지는 것이 아니고 본래 있다는 겁니다. 여러분과 제가 공부를 하고 있는데, 여러분이 모르는 것, 안 가지고 있는 것을 제가 가르쳐 주는 게 아니라 여러분이 잊어버린 것을 다만 확인시켜 줄 뿐입니다. 그리고 여러분이 간직하고 있는 것을 돌이켜보게 할 뿐입니다. 바로 이겁니다.

저도 여러분 공부시켜 주려다 보니 본의 아니게 공부를 요새 열심히 하고 있습니다. 전에 다 본 것이지만 다시 또 보고 공부하면서 새록새록 참선곡도 새롭게 마음에 와 닿고, 『선문염송』도 새롭게 보고 있습니다. 그야말로 최고의 공부는 남을 가르칠 때 된다고 하더니 정말 사실이로구나 하는 것을 요새 터득하고 있습니다. 여러분한테 감사드리고 또 감사드립니다.

'천진면목 절묘하다.' 천진이란 타고난 그대로를 뜻합니다. 면목(面目)은 얼굴과 눈, 본래 모습을 가리킵니다. 천진면목이 아주 절묘하게 생겼다는 뜻입니다. 뭐라 설명할 수가 없어요. 왜 그러냐? '아미타불 이 아니며 석가여래 이 아닌가?' 여러분들의 본래 면목은 너무 절묘해서 아미타 부처님도 될 수 있고 석가여래도 될 수 있다는 겁니다. 정하여진 모습이 없기 때문에 어떠한 모습으로도 나툴 수 있다고 하는 것이지요.

아미타 부처님이 누구십니까? '극락정토를 장엄해서 모든 사람을 데려다가 극락을 체험하게 하리라' 는 서원을 내신 분이 아미타 부처님이십니다. 여러분도 바로 지금 여기에서 '내가 내 주변 사람들을 극락정토로 장엄해 주리라. 주변 사람이 나와 함께 있을 때 극락에 사는 느낌을 갖도록 해 주리라' 하는 마음을 먹고 실제로 그 사람들의 마음을 편안하게 해주고 각종 안온함을 제공해 주면 그것이 바로 아미타 부처님의 마음가짐이고, 아미타 부처님이 시현하시는 겁니다.

또 석가여래 부처님은 누구십니까? '모든 중생을 내가 부처로 만들리라' 하는 한 가지 일대사 인연으로 이 세상에 몸 받아서 나투신 분입니다. 여러분도 '일체 중생을 제도하리라, 모든 생명을 사랑하리라' 하는 마음을 먹게 되면 바로 이 자리에서 석가여래 부처님이 나투시는 겁니다. 여러분이 지금 그런 마음을 얼마든지 먹을 수 있습니다. 여러분의 본래면목은 아미타 부처님도 될 수 있고 석가여래도 될 수 있기 때문입니다.

이렇듯 우리는 아미타불도 됐다가 석가모니불도 됐다가 중생도 됐다가 축생도 됐다가 신통묘용이 대단한, 절묘한 면목을 갖추고 있습니다. 지금 우리가 갖고 있는 이 몸뚱이, 분별심은 나의 천진면목에서 잠깐 나툰 부분적인 몸, 부분적인 마음에 불과한 것입니다. 우리의 본성은 저 바다와 같은데 우리가 마치 이 몸뚱이, 이 마음을 '나다, 이것이 내 것이다'라고 고집하는 것은 저 큰 바다에 물거품이 하나 일어났는데 그 물거품만 가지고 '이것이 바다다' 라고 하는 것과 같다는 것을 명심하시고 본래면목을 찾는 공부를 열심히 해주시기 바랍니다.

다음에 참선곡에 '젊도 않고 늙도 않고' 라는 구절이 있습니다. 젊은 거냐 하면 그것도 아니고 늙은 거냐 하면 그것도 아닙니다. 여러분이 어렸을 때 한강을 바라보던 성품이나 나이가 들어서 한강을 바라보는 성품이나 그 성품 자체는 늙지 않았다는 겁니다. 어렸을 때 여러분의 얼굴은 어땠습니까? 아주 팽팽한 얼굴에 살도 곱고 뽀얀 게 정말 보기 좋았습니다. 그러나 지금 몇 십 년이 지난 얼굴을 보세요. 주름살이 쪼글쪼글 많이 나고, 안 생기던 점이나 주근깨 반점도 생겼잖아요. 10년 20년 30년 지나면서 얼굴은 많이 늙었어요.

저도 출가할 때 처음에는 뽀얗게 생겼는데 요새는 얼굴을 보니까 잔

주름도 많이 생기고, '나이는 못 속이겠구나' 하는 느낌이 듭니다. 우리 육신의 면목은 젊기도 하고 늙기도 하고 나이도 들고 하지만 여러분이 한강, 또는 하늘을 바라보는 성품은 어렸을 때의 성품이나 지금 나이가 들었을 때의 성품이나 전혀 차이가 없다는 것을 절감하실 겁니다.

'크도 않고 작도 않고', 그렇죠. 우리 본마음 자리는 큰 하늘을 봤을 때는 커졌다가 작은 모기를 봤을 때는 작아지는 것이 아닙니다. 성품 자체는 커지지도 않고 작아지지도 않고 그저 항상 그럴 뿐, 여여하다는 표현을 잘 씁니다. '본래 생긴 자기 영광', 본래 갖추고 있는 자기의 신령스런 광명덩어리라, 여러분 누구나가 신령스런 광명을 지니고 있습니다. 절대 그 점을 잊어서는 안 됩니다.

제가 좋아하는 게송 중에 이런 게송이 있어요. "아유일권경(我有一卷經)하니 불인지묵성(不因紙墨成)이라 전개무일자(展開無一字)로되 상방대광명(常放大光明)이라"는 구절이 있습니다. 그 뜻은 "나에게 한 권의 경전이 있으니 지필과 묵으로 쓰여진 것이 아니다. 펼쳐 보면 한 글자도 없는데 항상 대광명을 뻗치고 있구나."라는 것입니다. 팔만대장경이 합천 해인사 장경각에 있는데, 실지로 해인사의 팔만대장경보다 더 귀한 참다운 대경전이 여러분 마음속에 다 갖춰져 항상 대광명을 뻗치고 있다는 겁니다.

그렇기 때문에 여러분이 보기도 하고 듣기도 하고 앉기도 하고 눕기도 하는 겁니다. 이 책을 보면서 알아차리고 고개를 끄덕끄덕하는 것이 바로 그 대광명 자리라고 하는 겁니다. 얼마나 기쁩니까? 이미 다 갖추고 있으니까 정말 기쁜 소식입니다. 개천개지 이러하고, 하늘과 땅을 덮어서 바로 이러하다는 뜻입니다.

선지식을 찾아가
점검 받아야

● ● ● 자기 나름대로 공부를 해서 뭔가 소견이 열리고 경계가 나타나게 되면 '내가 깨달음을 얻었나 보다'고 막연히 추정하지 마시고 선지식(나보다 먼저 공부를 성취하신 분, 주변의 큰스님이라든가 또는 마음에 눈을 뜬 분)을 찾아가야 합니다. 선지식에게 분명하고도 또렷하게 인가 받아야 합니다. 선지식이 정말 공부가 됐다고 인정해 주는 것을 인가라고 합니다.

선지식을 찾아가서 요연(了然)히 인가 받아
다시 의심 없앤 후에 세상만사 망각하고
수연방광(隨緣放曠) 지나가되 빈 배같이 떠 놀면서
유연중생(有緣衆生) 제도하면 보불은덕(報佛恩德)이 아닌가?

몇 년 전에 어떤 거사님 한 분이 제가 살고 있는 국사암에 찾아온 적이 있습니다. 그분이 깨달음을 얻었다는 식으로 저한테 말씀하시더라고요. 그러면서 하시는 말씀이 "텅 비었습니다. 아무 것도 없습니다."라고 말씀하시는데, 제가 보기에도 아직 진정한 경계에 이르지는 못한 것 같았습니다. 그래서 "글쎄요, 공부를 좀 더 하셔야겠습니다." 하고 말씀을 드렸는데도 스스로의 경험, 경계에 심취해서 정말 자기가 궁극적인 경계에 이른 것처럼 생각하시더라고요. 아무리 말씀해 드려도 별로 믿지 않는 눈치였습니다.

사람은 원래 자기의 경험에 충실하기 마련입니다. 자기 혼자서 어떤 경험을 했을 때 그게 어떤 궁극적인 경지인 것처럼 착각하기 쉽습니다. 그렇기 때문에 참선을 하다가 어떤 경지, 체험이 오게 되면 자기 혼자 생각해서는 안 됩니다. 반드시 선지식을 찾아가서 점검하고 확인하는 절차가 필요합니다. 텅 비고 아무 것도 없는 것은 아직 경계에 이른 게 아니고 공부해 나가는 한 과정에 겪는 일이라고 말할 수 있습니다. 참다운 공(空)은 텅 비어 아무 것도 없는 상태가 아닙니다. 진공(眞空)은 묘유(妙有)라고 하는 것입니다.

'다시 의심 없앤 후에 세상만사 망각하고', 화두에 대한 의심, 본래 불성에 대한 의심을 완전히 싹 없앤 후에, 세상만사를 다 잊어버리고 살 수 있는 경지에 들어서게 된다는 겁니다. 이것은 진흙탕에 핀 연꽃을 연상하면 되겠습니다. 세상에서 같이 살되 거기에 물들지 않는 경계입니다. 수연(隨緣), 연 따라 왔다가 연 따라 간다고 설명합니다. 예를 들어서 우리가 촛불을 하나 켰다가 껐다고 합시다. 그러면 그 촛불이 어디에서 와서 어디로 가겠습니까? 이것은 어디서 와서 어디로 간다고 하는 말이 안 맞는 겁니다. 다만 연 따라 촛불이 생겨났다가 꺼버리니까 연 따라 꺼질 뿐입니다.

우리 인생도 마찬가지라는 겁니다. 우리가 어디에서 와서 어디로 가느냐 이렇게 얘기하지만, 저 촛불과 같고 저 하늘에 뜬 구름과 같은 것입니다. 구름이 어디에서 와서 어디로 갑니까? 다만 습기가 차서 연(緣)이 뭉쳐지면 생겨나서 바람 따라 흘러가다가 인연이 다 되면 물로 뿌려져 사라지는 것입니다. 그것을 가지고 굳이 어디에서 와서 어디로 가느냐 얘기하기가 어려운 겁니다.

방광, 아주 비워서 넓게 넉넉하게 걸림 없이 지나가되, 연 따라 홀연히 지나가되 '빈 배 같이 떠 놀면서', 빈 배는 그저 물결치는 대로 바람 부는 대로 가는 것이지요. 우리도 역시 애착이 없어지면 그렇게 될 수 있습니다. 그런데 사람이 육신에 대한 애착, 집에 대한 애착, 명예에 대한 애착이 생기면 마치 본드에 딱 붙듯이 붙어서 그 자리에서 떠나지 못하고 머무르게 됩니다. 애착해서 머무르는 삶을 살게 되는데, 애착을 쉬게 되면 머무름이 없어집니다. 머무르지 않는 삶, 인연 따라 왔다가 인연 따라 그대로 가는 삶을 살게 됩니다. 그것이 바로 빈 배같이 떠 논다는 말입니다. 얼마나 시원합니까? 대자유인의 기상이 느껴지지 않습니까?

그러면서도 유연중생, 인연 있는 중생을 제도하는 것입니다. 석가모니 부처님께서도 인연 없는 중생은 제도할 수 없다는 말씀을 하셨어요. 그것은 뭐냐? 중생제도도 무작정으로 하려고 하면 잘 안 되고 연 따라 되는 겁니다.

과거에 석가모니 부처님께서 탁발을 하셨습니다. '부처님같이 덕이 높고 복이 많으신 분이 왜 걸식을 하셨을까' 생각하기 쉬운데 걸식하는 것 자체가 그 사람들과 연을 짓는 것입니다. 연을 지음으로써 중생 제도할 수 있는 연을 만들어가는 것입니다.

그렇게 중생을 제도하면 '보불은덕'이 아닌가? 중생을 제도하는 것이 바로 부처님의 은덕을 갚는 것입니다. 만일 우리가 부처님 법을 만나지 못했다면 종노릇을 면치 못했을 것입니다. 재물의 종노릇, 명예의 종노릇, 권세의 종노릇, 또는 신의 종노릇을 면치 못했을 텐데 부처님 법을 만나서 비로소 대장부, 내가 스스로 주인 되는 법을 만났으니 얼마나 고맙습니까? 그러므로 중생들에게 이 소식을 알리고 깨달음에 눈뜰 수 있도록 도와주는 것이 눈물겹도록 고마운 부처님에 대한 은혜를 갚는 길입니다.

《 0.6.9 》

사람은 원래 자기의 경험에 충실하기 마련입니다. 자기 혼자서 어떤 경험을 했을 때 그게 어떤 구극적인 경지인 것처럼 착각하기 쉽습니다. 그렇기 때문에 참선을 하다가 어떤 경지, 체험이 오게 되면 자기 혼자 생각해서는 안 됩니다. 반드시 선지식을 찾아가서 점검하고 확인하는 절차가 필요합니다.

육신·집·명예에 대한 애착이 생기면 마치 본드에 딱 붙듯이
붙어서 그 자리에서 떠나지 못하고 머무르게 됩니다.
애착을 쉽게 되면 머무름이 없어집니다.
인연 따라 왔다가 인연 따라 그대로 가는 삶을 살게 됩니다.
얼마나 시원합니까?
대자유인의 기상이 느껴지지 않습니까?

계행은
참선 수행의 주춧돌

● ● ● 참선은 무애가풍(無碍家風)이라 하여 막행 막식하는 것을 대수롭지 않게 여기는 분들도 있는 것 같습니다. 하지만 참선을 한다고 계행을 안 지키면 안 됩니다. 여러 가지 계행 중에서 가장 중요한 것은 오계입니다. 오계는 '살생하지 말라, 도둑질하지 말라, 사음하지 말라, 거짓말하지 말라, 술을 마시지 말라' 인데, 오계 중에서도 앞의 네 가지가 가장 중요한 계율입니다. 마지막의 음주는 지혜의 종자를 끊는다고 합니다만, 음주를 함으로써 앞의 네 가지, 살생·투도·사음·망어를 범하는 계기가 되기 때문에 하지 말라고 합니다.

재미있는 예화가 있습니다. 어떤 남자분이 집에서 혼자 술을 마시고 있었는데 옆집의 닭이 들어 왔어요. 평상시 같으면 남의 닭이니 도로 돌려 보냈을 텐데 한참 술이 거나한 상태였는지라 맛있는 안주거리로 보이는 겁니다. 아무 생각 없이 그놈을 잡아서 안주로 먹어버렸습니다.

그러고 나서 얼마 뒤 옆집의 아주머니가 닭을 찾으러 왔습니다. "우리 닭 안 넘어왔느냐?"고 물어보는 말에, 안 왔다고 당연히 거짓말을 하게 되었지요. 그리고 워낙 취했으니까 음욕이 발동해서 그 여인을 상대로 사음을 하게 된 겁니다. 술을 마셨기 때문에 남의 닭을 훔치는 도둑질을 하게 되었고, 닭을 죽이는 살생을 하게 되고, 거짓말과 사음까지 하게 된 것입니다.

이렇듯 자칫하면 살생·투도·사음·망어를 범하는 계기가 되기 때문에 음주를 금하는 것입니다. 물론 사회생활을 하다보면 분위기상 한 잔 안 할 수도 없을 것입니다. 그래서 '마시되 취하지 말라, 취하되 행동을 함부로 하지 말라.' 이런 방편법까지 시설하고 있습니다.

일체 계행 지켜 가면 천상 인간 수복(壽福)하고

대원력을 발하여서 항수불학(恒隨佛學) 생각하고

동체대비(同體大悲) 마음먹어 빈병걸인(貧病乞人) 괄시 말고

오온색신(五蘊色身) 생각하되 거품같이 관(觀)을 하고

우리가 원수를 맺는 것을 보면 살생으로 많이 맺습니다. 살생을 하거나 남의 것을 훔치거나 남을 죽이게 되면 상대방이 가만히 있지 않겠지요. '나는 참선공부, 마음공부를 좀 해야 되겠소' 하고 혼자서 앉아 있는다고 해서 원수가 가만히 있겠습니까? '네가 죽여 놓고, 남의 것을 훔쳐 놓고 무슨 마음공부를 한다고 그래' 하면서 가만 두지를 않습니다. 그렇기 때

문에 참선공부를 하되 기본적인 계율은 지켜야 한다는 겁니다.

한편 거짓말 중에 가장 큰 거짓말이 깨달음에 대한 거짓말입니다. 공부를 다 마치지도 못했으면서 '다 마쳤다. 나는 이미 모든 것, 공부를 끝냈다' 라고 한다면 한번 생각해봐야 합니다. 왜냐하면 이 사람은 더 이상 공부의 진전이 이뤄질 수가 없기 때문입니다. 또한 다른 사람을 가르칠 때 자칫하면 올바르지 못한 길로 가게 할 수 있기 때문에 아주 중요한 문제입니다. 참선곡에서는 계행만 잘 지켜도 천당에 태어나거나 또는 인간 세상에 다시 태어날 수 있다고 합니다. 수명장수하고 복덕무량하기 위해서는 계행을 우선적으로 잘 지켜야 된다는 것을 강조하고 있습니다.

'대원력을 발하여서' 라는 구절처럼 계행을 지키는 데서 그치지 말고 원력을 세워야 됩니다. 나름대로 자신의 위치에 걸맞는 서원을 세워서 생활하게 되면 미래가 달라집니다. 서원을 세우기 전에는 되는 대로 흘러가는 대로 살기 마련인데, 서원을 세우게 되면 목표, 목적의식이 생깁니다. 거기에서 큰 에너지를 받게 됩니다. 그것을 원력이라고 합니다. 불보살님도 원력에 대한 가피를 확실하게 내려주십니다. 그렇기 때문에 원력을 세우는 것은 굉장히 중요합니다.

젊은 사람들이 특히 이런 질문을 많이 합니다. "불교에서는 욕심이 없이 살라는데 욕심 없이 이 경쟁사회에서 어떻게 살 수가 있습니까? 그렇게 되면 맨날 뒤처지고 결국은 사회생활에서 도태되는 것이 아닙니까?"라는 질문을 많이 합니다. 거기에 대한 답을 해드리면, 대승불교에서는 '욕심 없이 살라' 는 말을 잘 안 합니다. 대신 '원력을 세워서 살라' 는 말을 많이 합니다. 나 하나만을 위한, 내 가족만을 위한 욕심이 아니고 우리 모두를 위한 욕심, 또는 모든 사람을 위한 욕심을 서원이라고 합니다. 서원을 세워서 살게 되면 열심히 살게 되는 에너지가 나오게 됩니다. 그리고 서원은 분명히 성취됩니다. 당연히 그 사람의 개인적인 삶 또한 성공적일 수밖에 없습니다.

많은 사람에게 조금이라도 더 부처님의 정법을 전해야겠다는 것이 바로 최상의 서원이라고 할 수 있습니다. 그러기 위해서는 내가 열심히 공부와 수행을 해야 할 것입니다. 열심히 마음가짐, 바라는 점을 살펴보고 실천에 옮겨야 합니다. 그래서 서원력이 이 세상을 열심히 살게 되는 비결이 되고 성공의 지름길이 됩니다.

'항수불학(恒隨佛學)', 항상 부처님의 가르침을 따를 것을 생각하는 겁니다.

'동체대비 마음먹어 빈병걸인 괄시 말고', 남을 도와줄 때 더 가진 내가 못 가진 너를 도와준다고 생각한다면 이미 동체대비가 아닙니다. '네가 나고 내가 너이기 때문에 너를 돕는 것은 곧 나 자신을 돕는 일이지' 하는 마음가짐이 바로 동체대비, 한 몸뚱이로 생각하는 큰 자비심입니다. 우주가 다 한 몸뚱이고 모든 중생이 다 내 가족이라는 마음가짐으로 돕는 것이 동체대비입니다. 경허 스님께서 '빈병(가난한 자나 병든 이) 걸인을 괄시하지 말라'고 하셨는데, 동체대비가 되면 괄시하라 해도 못합니다. 모두가 한 몸이라는 것을 알았는데, 어떻게 자기 자신을 괄시할 수 있겠습니까?

'오온색신 생각하되 거품같이 관을 하고', 우리가 가지고 있는 이 몸뚱이는 몸과 마음으로 이루어져 있습니다. 몸이 하나이고 마음은 네 가지로 나누어서 수상행식(受想行識; 감정, 느낌, 의지, 기억)을 합친 다섯 가지를 오온이라고 합니다. 계속 쌓아왔기 때문에 쌓을 온(蘊)자를 씁니다. 이 몸뚱이는 거품 같은 겁니다. 언제 갈지 아무도 기약할 수 없습니다. 내일이 먼저 올지 내생이 먼저 올지 아무도 모르기 때문에 살아 있는 지금 바로 이 자리에서 열심히 최선을 다해 살아야 하는 것입니다.

바깥으로 역순경계(逆順境界) 몽중으로 생각하여 희로심을 내지 말고
허령한 나의 마음 허공과 같은 줄로 진실히 생각하여
팔풍 오욕 일체 경계 부동한 이 마음을 태산같이 써나가세.

바깥으로 역경계와 순경계가 닥쳐옵니다. 역경계는 내가 피하고자 하는 경계입니다. 병이 든다든가, 사고가 난다든가, 주변 사람이 돌아간다든가 하는, '내가 안 왔으면' 하고 바라는 것이 역경계입니다. 순경계는 보통사람들이 왔으면 하고 바람을 갖는 상황, 다시 말해서 부자가 된다든가, 복권에 당첨된다든가, 사람을 내 뜻에 맞게 만드는 것들이 순경계가 되겠습니다. 역경계가 오든 순경계가 오든 그것을 모두 꿈속의 일로 생각하라는 뜻입니다. 역경계는 나쁜 꿈이고 순경계는 좋은 꿈이라고 할 수 있습니다. 우리의 목표는 좋은 꿈을 꾸는 것이 아니고 꿈에서 깨는 데 있습니다. 그래서 좋은 꿈을 꾸려고 노력하지 말고 꿈에서 깨려고 노력해야 된다는 말씀입니다.

사실 역경계가 왔을 때 사람들은 오히려 자기를 돌이켜보게 됩니다. 그 때 기도를 하든가 참선공부를 하든가 하여 오히려 공부의 계기가 되는

경우가 많습니다. 주변 사람이 갑자기 돌아가셨을 때, '인생이 이렇게 무상한 것이구나, 나도 언제 닥칠지 모른다, 이제부터라도 마음공부를 해야겠다' 는 마음가짐을 갖게 됩니다. 이렇듯 역경계는 오히려 사람들한테 경계심을 갖게 함으로써 정신적으로 진일보할 수 있는 계기가 되기도 합니다. 더 무서운 것은 순경계입니다. 매사에 일이 잘 풀리고 애들 잘 크고 또 하는 일마다 척척 잘 되고 하면 오히려 공부는 게을러진다는 겁니다. 절에 평상시에 잘 다니다가도 안 가게 되는 경우도 있습니다. 자식 대학 입시기도를 위해 하루도 빠짐없이 절에 다니다가 자식이 대학에 합격하고 나면 발길을 끊는 사람들을 많이 보았습니다. 그런 것이 바로 순경계입니다. 순경계가 올수록 거기에 안주할 것이 아니라 한 걸음 더 나아가야 합니다. 좋은 꿈을 꾸는 데 몰두할 것이 아니고 꿈 깨는 공부를 해야 된다는 겁니다. 참선공부야말로 최상의 꿈 깨는 공부입니다.

　　'희로심(기뻐하거나 분노하거나)을 내지 말고', 좋은 일이 생겼다고 너무 기뻐할 것도 아니고 나쁜 일이 생겼다고 한탄하거나 원망할 것도 아닙니다. 왜냐하면 이 모든 것은 한 때이기 때문입니다. 우리에게 어려운 일이 생겼을 때 평생 어렵다고 생각하면 절망할 겁니다. 그런 마음을 갖지 말고 좋은 일이든 나쁜 일이든 다 한 때다, 좋은 일은 흰 구름이요, 나쁜 일은 먹구름이다, 흰 구름이든 먹구름이든 하늘을 가리는 것은 마찬가지다, 구름은 언젠가는 사라진다는 마음가짐을 가지고 여여하게 마음을 유지해야 합니다.

　　'허령한(텅 비고 그러면서 신령하게 알아차리는, 없는 것 같지만 있는)', 마음은 실체가 없어서 텅 비어 있지만 아무 것도 없는 것은 아니고 작용은 있습니다. 알아차리는 작용을 다 하고 있지 않습니까? 그런 나의 마음이 허공과 같은 줄로 진실히 생각하라는 겁니다. 마음이든 뭐든 모든 존재 자체가 공화(空華)라고 합니다. 허공 꽃과 같습니다. 눈병이 났을 때 눈을 비벼서 번쩍 뜨면 공중에 무슨 꽃이 있는 것처럼 느껴집니다. 하지만 그것이 실체가 있는 것은 아닙니다.

'팔풍(八風)', 누가 나를 칭찬하거나, 누가 나를 욕하거나, 나한테 좋은 일이 생기거나, 나쁜 일이 생기거나, 누가 나의 명예를 기리거나, 나를 폄하하거나 등등 이런 것들이 바로 여덟 가지 바람이라는 겁니다. 누가 나를 칭찬한다고 해서 너무 좋아할 것도 아닙니다. 또한 누가 나를 뒤에서 욕한다고 해서 화가 나서 어쩔 줄 모르고 분풀이를 해야 속이 시원하다든지 하면 안 됩니다.

'오욕(五慾)', 인간이 갖고 있는 다섯 가지 기본 욕심을 말합니다. 경허 스님께서 '팔풍과 오욕의 일체 경계 상황에 맞닥뜨려도 부동한 이 마음을 태산같이 써나가세' 라고 노래하셨듯이 그런 상황에도 꿋꿋하게 마음을 써야 합니다. 비록 흰 구름은 오락가락하지만 청산은 그 자리에 그대로 있습니다. 항상 그 자리에 머물면서 흰 구름이 오든 먹구름이 오든 그대로 받아줍니다. 흰 구름이 온다고 해서 환영하지도 않고, 먹구름이 온다고 해서 쫓아내지도 않습니다. 그저 오면 오는 대로, 가면 가는 대로, '한 때 지나가는 구름일 뿐' 하며 여여부동하게 머무르고 있습니다.

모든 것을 단시일, 단기간적으로 생각할 것이 아니고 좀 더 넉넉하고 여유 있는 마음가짐, 좋은 일이든 나쁜 일이든 모든 것은 한 때다 하는 마음가짐이 필요합니다. 그렇기 때문에 지나간 일에도 집착하지 말고 앞으로 올 일에 근심걱정하거나 큰 기대를 하지 말고 그저 바로 지금 여기에서 부동한 내 마음을 태산같이 써나가는 것이 중요한 일입니다.

> 허튼 소리 우스개로 이 날 저 날 헛 보내고
> 늙는 줄을 망각하니 무슨 공부하여 볼까.
> 죽을 제 고통 중에 후회한들 무엇 하리.
> 사지백절 오려내어 머릿골을 쪼개는 듯
> 오장육부 찢는 중에 앞길이 참참하니
> 한심 참혹 내 노릇이 이럴 줄을 뉘가 알고?
> 저 지옥과 저 축생에 나의 신세 참혹하다
> 백천만겁 차타하여 다시 인신 망연하다.

'어떻게 하면 공부를 잘 할 수 있을까? 어떻게 하면 이 공부가 진전이 있을까' 하는 이야기를 서로 나누는 것을 법담(法談)이라고 합니다. 법에 관한 이야기를 나누는 법담을 하게 되면 공부에 진전이 있고 선신(善神)이 옹호를 합니다. 그런데 그게 아니고 쓸 데 없는 소리만 지껄이면서 허송세월을 보내며 공부하지 않다가는 참혹한 신세를 못 면한다는 겁니다. '허튼 소리 우스개로 나날을 헛 보내고 늙는 줄을 망각하니 무슨 공부 하여 볼까?' 라는 경허 스님의 말씀이 참으로 곡진합니다.

저승에 가게 되면 염라대왕께서 우리에게 질문을 한다고 합니다.

"내가 저승사자를 셋 보냈는데 네가 못 만났느냐?"

"저는 저승사자를 본 적이 없는데요."

"살아가면서 늙어가는 노인을 본 적이 없느냐?"

"본 적이 있지요."

"병이 들어서 앓고 있는 환자를 본 적이 있느냐?"

"역시 있지요."

"죽어서 장사 치르는 광경을 본 적이 있느냐?"

"네, 있습니다."

"그것이 다 내가 보낸 저승사자니라."

이렇게 이야기를 하신답니다.

내 주변에 늙고 병들고 또는 돌아가셔서 장사 치르는 모습을 보면서 '저것이 나에게도 언제 닥칠지 모르겠구나' 하는 마음가짐을 가져야 합니다.

마조도일 스님과 개운사 주지 간의 재미난 이야기가 있습니다. 개운사 주지가 자기를 찾아온 저승사자에게 하루의 말미를 얻어 마조도일 스님의 도움을 얻어 수명을 연장하여 공부를 열심히 했다는 일화가 있습니다. 생명은 한 호흡 간에 있다는 부처님의 말씀을 항상 금과옥조로 삼고 최선을 다해 지금 당장 공부해야 합니다. 이렇게 살고 저렇게 살다가 나중에 시간 나면 공부하지 하는 마음을 먹어서는 안 됩니다. '바로 지금 이 순간부터 공부하는 시간이다' 하는 마음가짐으로 공부해야겠습니다.

죽을 지경에도 '이 몸뚱이가 내 것이다' 하고 애착을 하면 온갖 고통을 다 받아야 합니다. 그것은 내가 한 생, 금생 동안 관리하던 몸뚱이다, 이제 관리 시효가 다 됐구나, 홀연히 미련 없이 떠나자 하면 죽을 때의 그 고통을 다 안 받아도 됩니다. 그런데 그게 아니고 끝까지 내 몸뚱이, 내 소유, 내 가족, 내 친척, 내 집, 내 돈이라고 하니 그 고통을 다 받는 겁니다. 앞에서도 말씀드렸죠. 통증은 몸으로 받는 것이지만 고통은 마음으로 받는 것이라고 말입니다. 마음에 애착이 큰 만큼 고통이 크다는 것을 유념해 주시기 바랍니다.

'차타(蹉跎)', 어긋나서 떨어진다, '인신망연(人身茫然)하다', 인간의 몸뚱이를 언제 받을지 알 수가 없다는 뜻입니다.

너무 세상의 재미만 추구하다 보면 마음 공부하기가 어렵습니다. 물론 이왕이면 세상을 재미있게 살아야 합니다. 한편으로는 보람 있게 살아야 한다는 겁니다. 그럼 보람 중에서 가장 큰 보람은 무엇이냐? 과연 무엇에서 보람을 찾아야 될 것이냐? 첫 번째가 마음공부, 두 번째가 보시 복덕이라는 겁니다. 참선이야말로 마음공부의 첩경, 지름길입니다. 마음공부로 참선을 하고 보시 복덕을 짓는 두 가지를 다하면 금상첨화가 될 것입니다.

부처님 당시에 어떤 비구스님들이 모여서 대화를 나누고 있었습니다. 부처님께서 멀찍이 보시니, 그 비구스님들 머리 위에 천신들이 모여서 옹호를 하고 있었습니다. 천신들이 환희심을 내어 비구스님들의 주변을 감싸고 있는 모습을 보셨습니다. 그런데 조금 있다 보니까 천신들은 사라져버리고, 돼지들이 꿀꿀거리며 비구스님들의 주변으로 모여드는 것을 보셨습니다. 부처님께서 비구스님 곁으로 가서 물었습니다.

"비구들이여, 너희들은 지금 무엇을 하고 있었느냐?"
"세존이시여, 대화를 하고 있었습니다."

"처음에는 어떤 내용의 대화를 했고 나중에는 무슨 대화를 했느냐?"

"처음에는 마음공부하는 이야기를 했습니다. '우리가 어떻게 하면 공부를 잘 해서 모두가 해탈한 아라한이 될 수 있을까? 공부하는 방법 중에 비결이 뭔가?' 하는 이야기를 하고 있었습니다. 그런 얘기를 한참 하다가 화제가 어느덧 바뀌어서 '공부를 해보니까 잘 안 돼. 그럼 어떻게 해야 되지?' 하다가 점점 '차라리 환속해서 그냥 복이나 짓고 잘 살까?' 이런 말로 시작해서 세간에 대한 이야기를 했습니다."

처음에는 비구스님들이 마음공부에 대한 이야기를 했기 때문에 천신들이 와서 옹호했던 것입니다. '이분들은 정말 마음공부를 제대로 하려는 분이구나, 마음공부하는 부처님의 참다운 제자를 옹호해야겠다, 나도 옆에 있다가 한 마디라도 주워들어야겠다.' 하고 천신들이 모여들었는데 점점 잡다한 이야기를 늘어놓으니까 천신들은 어느덧 떠나간 것입니다. 또 지저분한 얘기가 나오고 하니까 돼지귀신들이 자기들과 주파수가 맞아 떨어지니까, 주파수대로 모여든 것입니다. 유유상종, 다 끼리끼리 노는 것입니다.

공부가 잘 되고 못 되고를 떠나서 일단 마음가짐 자체가 '마음공부를 해야 되겠다. 마음공부를 하면 좋다는데, 경허 스님의 참선곡은 도대체 어떤 내용일까?' 하고 마음을 기울이는 것만으로도 벌써 천신들의 옹호를 받고 주변의 주파수가 달라지는 것입니다. 아우라가 달라지는 거예요. 세간의 잡다한 생각에 몰두하느냐, 아니면 그래도 한 생각 발심해서 참선공부 또는 보시 복덕에 마음을 내느냐에 따라서 주파수가 완전히 바

꿰게 되는 겁니다.

'늙는 줄 망각하니 무슨 공부하여 볼까?' 하루 이틀 사흘, 40대 50대 60대 가면서 점점 가속도가 붙기 시작하죠. 40대는 40km 속도로 달려가고, 50대는 50km 속도로 달려갑니다. 이렇게 늙는 속도가 점점 빨라진다고 합니다. 늙는 것을 절대 망각해서는 안 됩니다. '내가 언제 어떻게 될지 기약할 수가 없구나' 하는 것을 절감하고 마음공부를 해야 하는 겁니다.

부처님께서 어느 날 길을 가시다가 어마어마하게 큰 집을 짓고 있는 것을 발견하셨습니다. 들어가 보니 아주 대단한 부잣집인데, 주인이 몸소 진두지휘를 해서 집을 짓고 있었습니다. 그런데 이 사람은 집이 없는 것이 아니고 바로 옆에 벌써 몇 채가 있는데 또 짓는 거예요. 부처님께서 가만히 살펴보니, 주인이 오늘 중으로 명이 끊어질 상이었습니다. 부처님께서 가엾은 마음을 일으키고 그에게 다가갔습니다.

"여보게, 잠시 일하는 것을 접고 나하고 얘기나 좀 하세나."

"아이고 부처님 오늘은 제가 바쁘니까 나중에 일 끝나고 뵙겠습니다."

부처님께서는 할 수 없이 게송을 하나 읊고 떠나셨는데 얼마 안 있다가 이 사람은 대들보가 내려앉는 바람에 머리를 다쳐서 죽었다고 합니다.

'자기가 곧 죽을 줄도 모르고 바쁘니까 나중에 합시다' 하는 예화가 또 있습니다.

중국에 장조류라는 사람이 있었습니다. 그 사람에게 가깝게 지내던 큰스님이 계셨습니다. 스님이 "여보게, 자네도 이제 나이도 들고 하니까 수행을 좀 하게나." 하고 수행을 권했습니다. 그런데 장조류가 하는 말이,

"제가 세 가지 일만 해결해 놓고 수행, 마음공부를 하겠습니다."

"그래 세 가지 일이란 게 뭔가?"

"예, 일단 제가 하고 있는 일로 돈을 벌어서 부자가 되는 게 첫째요, 둘째는 아들 딸을 좋은 곳에 혼인시키는 것이요, 셋째는 아들이 출세하는 것을 보는 것입니다."

그랬는데 얼마 안 되어서 장조류가 속절없이 돌아갔습니다. 그래 스님이 장조류의 문상을 가서 게송을 짓습니다.

"가엾다. 장조류여,

내가 수행을 권하니

세 가지 일 끝낸 다음에 한다고 했지.

염라대왕 어지간히 푼수도 없구나.

세 가지 일 끝내기도 전에 데려가 버리다니."

여러분은 과연 지금 급한 일 세 가지가 무엇입니까? 세 가지 일 다 끝내고 공부하려 하지 마시고 바로 지금 당장 틈을 내서 공부해야 하는 겁니다.

우리가 인간의 몸을 받는 것이 쉬운 일이 아닙니다. 육도윤회(六道輪廻) 중에서 삼선도에 속하는 게 인간의 몸입니다. 그래서 삼악도가 아닌 삼선도의 인간의 몸 받았을 때 공부해서 마음이 열려야지 그렇지 않으면 기약을 할 수 없다는 겁니다.

업생(業生)에서 벗어나
원생(願生)을 살라

● ● ● 우리가 생사 일대사를 해결하게 되면 생사에 자유자재하게 됩니다. 중생은 업생(業生), 업대로 삶을 살게 되지만 참선 잘한 도인은 원생(願生), 원력을 세운 대로 살게 된다고 말합니다. 겉보기에는 우리가 똑같이 살아가는 인생이라 하지만 차별이 생깁니다.

> 참선 잘 한 저 도인은 서서 죽고 앉아 죽고 앓도 않고 선탈하며
> 오래 살고 곧 죽기를 마음대로 자재하며,
> 항하사수 신통묘용 임의쾌락 소요하니
> 아무쪼록 이 세상에 눈코를 쥐어뜯고 부지런히 하여 보세.
> 오늘 내일 가는 것이 죽을 날이 당도하니
> 푸줏간에 가는 소가 자욱자욱 사지로세.

업생은 업에 끄달려서 살아가는 인생입니다. 내가 어디에서 와서 어디로 가는지도 모르고, 저금통장에 있는 돈 까먹듯이 과거에 지은 대로 금생에 받아서, 또 금생에 지은 대로 내생에 흘러가는 것이 바로 업생, 업에 따라 사는 인생입니다.

그러나 공부를 잘한 분들은 업생에서 벗어나 원생을 살게 됩니다. 원생은 서원, 원하는 바에 따라서 태어나고 서원을 세운 대로 살아가는 겁니다. 큰스님들 중에는 돌아가실 때 '내가 다음 생에는 미국에 태어나서 미국인들에게 불법을 전파하리라' 하고 돌아가신 분도 있습니다. 그 분은 실제 미국에 태어나셔서 불법의 황무지인 미국 땅에 불법을 전파하는 역할을 하시는 겁니다. 예를 들어서 달라이 라마 존자 같은 분은 '다시 내가 태어나도 역시 이 땅에서 민중에게 불법을 전파하리라' 하는 원을 세우고, 살고 죽기를 자유자재로 한다는 겁니다.

큰스님들뿐만 아니라 거사님이나 보살님들 중에서도 살고 죽기를 자재하는 분들이 계셨습니다. 중국에 방 거사라는 분이 있었습니다. 방 거사가 자기 딸한테 "얘야, 해가 중천에 뜨면 나한테 알려 주거라"라고 일러두었습니다. 그때가 되면 가려고 했더니 딸이 들어와서는 "오늘 일식을 합니다."라고 하였습니다. 그래서 잠깐 밖에 나갔다 온 사이에, 어느덧 딸이 선 채로 세상을 먼저 떠난 것이지요. 하는 수 없이 딸의 장례를 치러주고 며칠 있다가 자기는 그 고을 군수의 무릎을 벤 채로 그대로 잠들듯이 생을 바꾸었습니다. 생사에 자유자재한 겁니다.

그럼 방 거사처럼 위대한 사람만 그러하냐? 그렇지 않습니다. 보통 사람들도 수행을 하면 원생을 살 수 있습니다. 실제로 근래에 부산의 어떤 불자님께서 미리 자기가 갈 때를 알고 "내가 먼저 갈 테니까 잘 계시다 오십시오." 하고는 좌선을 한 채로 그대로 가시는 일이 있었다고 합니다. 이 분은 살아생전에 그저 '나무 아미타불' 염불을 꾸준히 하셨다고 합니다. 염불 하나만 꾸준히 해도, 혹은 사경 하나만 꾸준히 하더라도 이런 경계에 이를 수 있다는 겁니다.

부처님의 최후의 가르침도 불방일(不放逸), 방일하지 말라입니다. 게으르지 말고 꾸준히 부지런히 공부하라는 뜻이지요.

예전 사람 참선할 제 마디 그늘 아꼈거늘 나는 어이 방일하며

예전 사람 참선할 제 잠 오는 것 성화하여

송곳으로 찔렀거늘 나는 어이 방일하며

예전 사람 참선할 제 하루해가 가게 되면

다리 뻗고 울었거늘 나는 어이 방일한고.

마디 그늘은 짧은 시간을 뜻합니다. 해가 뜨고 계속 이동하면서 그늘이 조금씩 변화하는 것을 마디 그늘이라고 합니다. 과거에 공부한 사람들의 일화를 보면 정말 눈물겹습니다. '불보살님이나 우리 조사스님들께서 엄청난 노력을 하셔서 우리에게 길을 열어 주셨구나' 하고 감사하지 않을 수가 없습니다. 그 덕분에 우리 후손들이 편안하고 쉽게 받아먹고 있는 겁니다.

방일하다는 것은 게으르다는 뜻입니다. 어떤 스님은 참선할 때 하도 졸음이 오니까 턱 밑에 송곳을 고여 놓았다고 합니다. 졸면 고개가 끄덕

역경계는 나쁜 꿈이고 순경계는 좋은 꿈이라고 할 수 있습니다. 우리의 목표는 좋은 꿈을 꾸는 것이 아니고 꿈에서 깨는 데 있습니다. 그래서 좋은 꿈을 꾸려고 노력하지 말고 꿈에서 깨려고 노력해야 된다는 말씀입니다.

사실 역경계가 왔을 때 사람들은 오히려 자기를 돌이켜 보게 됩니다. 그 때 기도를 하든가 참선공부를 하든가 하여 오히려 공부의 계기가 되는 경우가 많습니다.

할 때 바로 송곳에 턱이 찔리게 해놓고 참선하신 분이 실제로 계십니다. 졸았다가는 온통 피투성이가 되는 겁니다. 특히 낮에 참선하는 것은 덜한데, 철야정진을 한다든가 용맹정진을 한다든가 하면 상당히 졸음이 와서 못 견딜 정도입니다.

저도 해인사 선방에 살 때 그런 경험을 한 적이 있습니다. 해인사 선방에서는 꼭 철마다 일주일씩 용맹정진을 합니다. 저도 동참해서 하안거, 동안거를 지나는데 처음에 한 2~3일 정도는 평상시에 잠들던 심야시간 때가 되면 졸음이 왔어요. 그런 걸 억지로 참아가면서 화두 참구하는 데 신경을 씁니다. 다음에는 새벽시간 1시에서 3시 정도까지는 허리가 살살 구부러지면서 졸음이 엄습하여 허리를 곧추 세우려고 애씁니다. 그래도 문득 조는 경우가 생기더라고요.

그런데 한 2~3일 지나서 3~4일 정도 되니까 서서히 망상도 덜해지고 졸음도 오히려 줄어듭니다. 마음도 몸도 개운해집니다. 앉아서 수행이 잘 되니까 시간도 잘 가더군요. 그렇게 일주일 동안 잠자지 않고 밥 먹는 시간만 빼고는 용맹정진을 했습니다. 그런데 그렇게 일주일 지나고 나니, 한 일주일 더해도 되겠다는 생각이 들었습니다. 어느 정도 적응이 되니까 다 하게 되더라고요. 용맹정진하기 전에는 '하룻밤만 철야정진해도 힘든데 어떻게 철야정진을 일주일씩이나 하나' 하는 생각을 했었는데, 사람의 몸이란 게 참 묘하더군요. 처음에는 좀 힘들지만 고비가 넘어가니까 점차 점차 수월해져서 재미가 붙는 겁니다. '예전 스님들이 다 이런 과정을 지나갔구나.' 하는 생각까지 여유롭게 하게 됩니다.

어떤 스님은 매일 해질 때가 되면 다리를 뻗고 '아이고, 아이고' 곡을 하면서 울었답니다. '오늘도 내가 본마음 참나, 깨달음을 얻지 못하고 하루해가 지나가는구나.' 애달파하며 지는 해를 바라보면서 통곡을 하셨다는 일화가 전해지고 있습니다.

우리가 기약할 수 없는 게 인생이죠. 미국 버지니아 공대에서 발생한 총기난사 사건 때 많은 분들이 목숨을 잃었습니다. 언제 어느 때 그런 일이 나한테 닥치지 않으리라고 보장할 수가 없는 겁니다. 목숨이 영원할 것처럼, 내지는 내가 평균수명까지는 살지 않을까, 하는 막연한 마음을 먹지 말고, 언제 어느 때 죽음이 나한테 올지 모른다, 생사 일대사를 해결해야 된다는 문제를 항상 안고 살아가야 하는 겁니다. 생사 일대사야말로 가장 중요한 일입니다. 삶과 죽음의 큰 문제를 해결해야 다리 뻗고 푹 잘 수가 있습니다.

> 무명(無明) 업식(業識) 독한 술에 혼혼불각 지나가니 오호라, 슬프도다.
> 타일러도 아니 듣고 꾸짖어도 조심 않고 심상히 지나가니
> 혼미(昏迷)한 이 마음을 어이하여 인도할고.
> 쓸 데 없는 탐심(貪心) 진심(嗔心) 공연히 일으키고
> 쓸 데 없는 허다 분별 날마다 분요(紛擾)하니.

중생들의 삶을 한 마디로 표현해주는 말이 있습니다. 취생몽사(醉生夢死), 취해서 살다가 꿈속에서 죽는다는 말입니다. 인생이라는 것을 돌아보면 정말 술을 먹지 않을 수가 없습니다. 술 먹고 자기 마음의 위안을 삼다보면 매일 꿈속에서 꿈꾸듯이 살다가 가버린다고 해서 취생몽사라고 하는 겁

니다. 이 술을 안 먹고 살 수 있는 비결이 바로 이 참선곡에 있습니다. '혼혼불각(昏昏不覺)'이란 혼침하고 혼침해서 깨지 못한다는 뜻입니다. 우리는 모두 긴 꿈을 꾸고 있는 겁니다. 꿈을 꾸면서 머나먼 나그네 길을 가고 있는 겁니다. 꿈에서 깨어나고 나그네가 제 집으로 돌아갈 수 있는 길을 참선곡에서 제시하고 있습니다.

경허 스님께서는 참선곡에서 거듭 간곡하게 말씀하십니다. "좋은 꿈을 꾸려고 너무 노력하지 말고 꿈을 깨려고 노력해야 한다. 잘 먹고 잘 살고 부귀영화를 누리는 것은 좋은 꿈을 꾸려고 노력하는 것이지만 그 모든 것은 다 한 때다."라고 말입니다. 물론 이 세상을 살아가면서 몸뚱이, 물질세계를 전혀 무시해서는 안 될 것입니다. 하지만 그런 것은 관리자의 차원에서 바라보아야 한다는 겁니다. 또한 '연(緣)따라 왔다가 연 따라 간다'는 생각을 항상 유념해야 된다는 겁니다.

사람들이 한 치 앞을 모르기 때문에 안달복달 삽니다. 당장 내일 모레 저 세상에 갈 수도 있는 데도 그걸 모르고 오늘 아침까지 조바심을 냅니다. 지금 가진 재산으로도 충분히 한 생 살다 가는데도 더 못 모아서 안달합니다. 자기 자신의 본체, 본마음, 참 나를 밝히는 데 주안점을 두지 않고 밖에서 인생의 의미를 찾기 때문에 그렇듯 물질에 연연하는 것입니다. 인생의 의미를 밖에서 찾는 한 그 사람은 언제까지나 공허한 나그네입니다. 인생의 의미를 밖에서 찾지 말고 자기 자신의 마음, 그 중에서도 본마음, 참 나를 찾아야 주인이 될 수 있습니다. '수처작주(隨處作主) 입처개진(入處皆眞)'이라, 가는 곳마다 주인이 되니 서는 곳마다 다 진리의 세계가 펼쳐진다는 말이 있습니다. 진리의 세계는 결코 밖에 있는 것이 아닙니을 하면서 울었답니다. '오늘도 내가 본마음 참나, 깨달음을 얻지 못하고 하루해가 지나가는구나.' 애달파하며 지는 해를 바라보면서 통곡을 하셨다는 일화가 전해지고 있습니다.

우리가 기약할 수 없는 게 인생이죠. 미국 버지니아 공대에서 발생한 총기난사 사건 때 많은 분들이 목숨을 잃었습니다. 언제 어느 때 그런 일이 나한테 닥치지 않으리라고 보장할 수가 없는 겁니다. 목숨이 영원할 것처럼, 내지는 내가 평균수명까지는 살지 않을까, 하는 막연한 마음을 먹지 말고, 언제 어느 때 죽음이 나한테 올지 모른다, 생사 일대사를 해결해야 된다는 문제를 항상 안고 살아가야 하는 겁니다. 생사 일대사야말로 가장 중요한 일입니다. 삶과 죽음의 큰 문제를 해결해야 다리 뻗고 푹 잘 수가 있습니다.

무명(無明) 업식(業識) 독한 술에 혼혼불각 지나가니 오호라, 슬프도다.
타일러도 아니 듣고 꾸짖어도 조심 않고 심상히 지나가니
혼미(昏迷)한 이 마음을 어이하여 인도할고.
쓸 데 없는 탐심(貪心) 진심(嗔心) 공연히 일으키고
쓸 데 없는 허다 분별 날마다 분요(紛擾)하니.

중생들의 삶을 한 마디로 표현해주는 말이 있습니다. 취생몽사(醉生夢死), 취해서 살다가 꿈속에서 죽는다는 말입니다. 인생이라는 것을 돌아보면 정말 술을 먹지 않을 수가 없습니다. 술 먹고 자기 마음의 위안을 삼다보면 매일 꿈속에서 꿈꾸듯이 살다가 가버린다고 해서 취생몽사라고 하는 겁

니다. 이 술을 안 먹고 살 수 있는 비결이 바로 이 참선곡에 있습니다. '혼혼불각(昏昏不覺)'이란 혼침하고 혼침해서 깨지 못한다는 뜻입니다. 우리는 모두 긴 꿈을 꾸고 있는 겁니다. 꿈을 꾸면서 머나먼 나그네 길을 가고 있는 겁니다. 꿈에서 깨어나고 나그네가 제 집으로 돌아갈 수 있는 길을 참선곡에서 제시하고 있습니다.

경허 스님께서는 참선곡에서 거듭 간곡하게 말씀하십니다. "좋은 꿈을 꾸려고 너무 노력하지 말고 꿈을 깨려고 노력해야 한다. 잘 먹고 잘 살고 부귀영화를 누리는 것은 좋은 꿈을 꾸려고 노력하는 것이지만 그 모든 것은 다 한 때다."라고 말입니다. 물론 이 세상을 살아가면서 몸뚱이, 물질세계를 전혀 무시해서는 안 될 것입니다. 하지만 그런 것은 관리자의 차원에서 바라보아야 한다는 겁니다. 또한 '연(緣)따라 왔다가 연 따라 간다'는 생각을 항상 유념해야 된다는 겁니다.

사람들이 한 치 앞을 모르기 때문에 안달복달 삽니다. 당장 내일 모레 저 세상에 갈 수도 있는 데도 그걸 모르고 오늘 아침까지 조바심을 냅니다. 지금 가진 재산으로도 충분히 한 생 살다 가는데도 더 못 모아서 안달합니다. 자기 자신의 본체, 본마음, 참 나를 밝히는 데 주안점을 두지 않고 밖에서 인생의 의미를 찾기 때문에 그렇듯 물질에 연연하는 것입니다. 인생의 의미를 밖에서 찾는 한 그 사람은 언제까지나 공허한 나그네입니다. 인생의 의미를 밖에서 찾지 말고 자기 자신의 마음, 그 중에서도 본마음, 참 나를 찾아야 주인이 될 수 있습니다. '수처작주(隨處作主) 입처개진(入處皆眞)'이라, 가는 곳마다 주인이 되니 서는 곳마다 다 진리의 세계가 펼쳐진다는 말이 있습니다. 진리의 세계는 결코 밖에 있는 것이 아닙니다. 내 마음 가운데, 마음속에 있다는 것입니다. 사실 알고 보면 모든 세계가 마음의 표현입니다.

탐심은 탐내는 마음이고 진심은 성내는 것입니다. 참선곡의 '쓸 데 없는 탐심 진심' 이라는 구절을 들면, "쓸 데 있는 탐심 진심이 있느냐?" 하고 물어볼 수 있는데, 한번 생각해 보십시오. 우리가 살아가면서 정말 꼭 필요한 욕심이나 성냄이 과연 얼마나 있을까요?

부처님께서 법문을 설하실 때, 수행자에게는 "일체의 탐·진·치를 다 놓고 무소유의 정신으로 살아가라."고 하셨습니다. 하지만 재가신자들에게는 그렇게 하시지 않았습니다. "과분한 욕심을 내지 말라."는 법문을 설하셨습니다. 그래서 욕심도 자기 분수에 맞게, 자기 처지에 맞게 적절한 마음가짐으로 살아간다면 큰 허물이 아니라고 합니다. 자기 분수 이상으로 또는 정해진, 공평한, 올바른 재물, 내 것이 아닌 것을 과도하게 욕심을 내서 취하려고 하는 것이 문제가 되는 것입니다.

또한 남을 타이르더라도 내가 성이 나서 타이르는 것과 내 마음을 안정시켜서 이야기하는 것은 많은 차이가 있습니다. 어떤 사람에게 충분히 화를 내면서 이야기를 할 수도 있는 상황이었는데, 화를 누그러뜨리고 차분히 이야기했다면 나중에 기분이 좋아집니다. '내가 그때 성질을 낼 수도 있었는데 참선곡을 배운 덕분에 마음을 누그러뜨리고 했구나.' 하고 말입니다. 또한 화를 내지 않고 타일러야 상대방도 자신의 잘못을 쉽게 인정하고 사과하기 마련입니다.

그런데 어떤 분이 그런 말을 하더군요. "탐심 진심 다 없애면 무슨 재미로 세상을 삽니까? 세상살이가 무미건조해지는 게 아닙니까?"라는 사연을 올려주신 분도 있습니다. 과연 그럴까요? 고등학생은 고등학생으로서의 즐거움이 있는 것이고, 대학생은 대학생으로서의 즐거움이 있습니다. 차원이 높아지면 차원이 높은 즐거움이 있는 겁니다. 모든 것을 자기 차원에서 해석하려고 하니까 그런 말씀을 하시는 겁니다.

"극락에 가면 여자가 없다는데, 무슨 재미로 살까?" 이런 것과 똑같습니다. 자기 차원에서 모든 것을 해석하고 끌어 들이려고 하지 마십시오. 다시 말해서 하향평균에 맞추려고 하지 말고 자기 마음의 차원을 높이는 게 중요합니다. 오히려 공부해서 마음이 닦아지면 담담한 즐거움이 더 큽니다. 담담한 즐거움은 상대가 필요 없고 혼자서도 느낄 수 있는 편안한 즐거움입니다. 법희선열(法喜禪悅), 법의 기쁨, 선의 즐거움이라고도 합니다. 간단한 예가, 아까 말씀드린 대로 '저 사람들한테 평상시 같으면 성질을 내면서 얘기를 했을 텐데, 그 동안 마음공부를 좀 하다보니까 성질을 안 내고 차분히 이야기하게 되었구나. 그래서 일도 오히려 잘 풀리고, 내 뜻이 올바르게 전달되었다.' 라고 생각하면 나중에 기분이 얼마나 좋겠습니까. '정말 공부해야겠구나.' 하는 마음이 생기지 않겠습니까.

영계(靈界)의 프리패스,
석가세존의 제자

● ● ● 지금까지 세상을 살아오면서 내가 보고 듣고 학교에서 배운 지혜, 지식이 실제로 생사 일대사에 닥쳤을 때는 별로 힘을 발휘하지 못한다는 사실을 알아야 합니다. 학교에서는 도대체 왜 이런 것은 안 가르쳐 줬을까? 세상을 살아가면서 필요한 지식은 많이 가르쳐 줬는지 몰라도 생사 일대사, 삶과 죽음의 커다란 문제에 맞닥뜨려서 힘이 되는 지혜는 가르쳐 주지 않는 것 같습니다.

우습도다. 나의 지혜 누구를 한탄할고?
지각 없는 저 나비가 불빛을 탐하여서 저 죽을 줄 모르도다.
내 마음을 못 닦으면 여간계행(如干戒行) 소분복덕(小分福德)
도무지 허사로세.

저도 박사 학위까지 땄습니다만, "박사 학위가 생계에는 도움이 되지만 생사 일대사에는 도움이 안 된다."는 말을 자주 합니다. 박사학위를 받으면 어디 가서 강의도 자주 하게 되고 대학 강단에도 서게 됩니다. 저도 동국대학교 선학과에서 3년 동안 강사 노릇을 했습니다. 학위를 다 따고 나서 출가를 했습니다. 박사학위가 생계에는 도움이 되지만 생사 일대사에는 도움이 안 되기 때문이었습니다. 염라대왕은 박사 학위를 두려워하지 않습니다. 재벌도 두려워하지도 않고 고관대작도 두려워하지 않습니다. 염라대왕 앞에 가서 "내가 국무총리였는데, 대통령이었는데…." 해 봐야 눈 하나 깜빡하지 않는 겁니다.

그럼 무엇이 정말 힘이 되느냐? 이것을 궁리하고 공부해야겠죠. 염라대왕 앞에 가서도 당황하지 않고 정말 떳떳하고 당당하게 나는 이렇게 살다 왔다고 말할 수 있어야 합니다. 다른 건 몰라도 "불보살님의 가르침을 공부하다 왔습니다."라고 하는 게 가장 큰 힘이 됩니다. 그쪽에서 제일 잘 통하는 게 바로 불보살님 패스라고 합니다. "저는 석가 세존의 제자입니다." 이 한 마디면 프리 패스지요. 부처님의 제자라는 사실이 엄청나게 영광스러운 겁니다.

보십시오. 요즘도 이 지구상에 그런 위력이 발휘되고 있지 않습니까? 오늘날 최고의 경제 대국이 미국입니다. 지구상 어디를 가더라도 미국 시민권을 가지고 있으면 함부로 못합니다. 그것은 그 사람이 개인적으로 잘나고 똑똑해서 함부로 못하는 게 아닙니다. 그 사람이 미국 시민권을 가진 시민이기 때문에 잘 생겼든 못 생겼든, 흑인이든 백인이든, 키가 크든 작든, 남자든 여자든 상관없이 함부로 못하는 겁니다. 함부로 건드렸다 나중에 무슨 후환을 당할까 두려워서입니다.

　　불제자도 마찬가지입니다. 부처님의 제자는 함부로 못합니다. 내가 잘나고 똑똑해서 함부로 못하는 게 아니라 부처님의 제자니까 함부로 했다가는 불보살님한테 경을 칠 수 있기 때문입니다. 부처님은 위대한 분이십니다. 부처님은 모든 신들의 스승입니다. 다만 한 가지는 명심해야 합니다. 염라대왕 앞에 서서도 "내가 석가모니 부처님의 제자입니다." 할 수 있는 그 정신이 살아있어야 합니다. 그냥 두려워서 정신을 못 차리고 당황하고 떨다 보면 자신이 부처님의 제자라는 사실조차 잊어버리는 겁니다.

　　초기 경전에도 이와 연관된 이야기가 나옵니다. 예를 들어 아주 무서운 곳, 바람이 불고 비가 내리는 데 공동묘지를 홀로 지나간다고 합시다. 게다가 어둑어둑할 때 지나가면 얼마나 소름이 오싹오싹 끼치고 무섭겠어요? 부처님께서 그럴 때는 이렇게 염하라고 이르셨습니다. "나는 석가세존의 제자다."라고. "부처님은 이 세상에서 가장 존귀하신 분이다. 나는 그 분의 제자다." 이렇게 염하는 것만으로도 모든 귀신이 범접을 못하고, 또 자기 스스로도 마음이 당당해집니다. 주문이 따로 없고 그게 진정한 주문입니다.

　　능엄주도 본래 초기경전에 보면 삼보에 귀의하는 내용으로 되어 있습니다.

　　　거룩한 부처님께 귀의합니다.
　　　부처님은 이 세상에서 최상의 존경을 받을 만한 분이십니다.
　　　거룩한 가르침에 귀의합니다.

부처님의 가르침은 세간에서 가장 으뜸 가르침입니다.

거룩한 스님들께 귀의합니다.

부처님의 제자들은 이 세상에서 최고의 지혜를 지닌 분들입니다.

이게 바로 주문입니다. 그래서 삼보에 귀의하고 부처님께 귀의하는 이것이야말로 염라대왕 앞에서 진정한 힘이 된다는 겁니다. 예전에 어떤 분이 "불교를 신봉하면 어떤 공덕이 있게 되나요?"라고 물었습니다. 앞서 말씀드렸듯이 염라대왕 앞에서 프리패스라고 한 점은 일단 나중 일이라 칩시다. 여러 가지 공덕이 있겠지만 무엇보다도 스스로가 자기 자신의 주인 노릇을 할 수 있다는 점을 들고 싶습니다.

우리는 보통 밖에서 주인을 많이 찾습니다. 요즘 같은 자본주의 시대에는 재물이 '나'의 주인이 되는 경우가 많습니다. 사람들이 재물을 주인으로 삼고 그 주인의 종노릇만 하다 보니 황금만능주의가 횡행하고 있습니다. 또 밖에 있는 신을 주인으로 삼고 그 신의 종노릇만 하는 사람들도 많이 있는데, 밖에서 주인을 찾는 한 나는 그 주인의 종노릇을 하는 수밖에 없습니다. 밖에서 주인을 찾아 거기에 의지하다 보면 일시적으로 마음이 편안해지니까 거기에 안주하려 드는 것이 인지상정이긴 합니다. 하지만 그렇게 해서 얻은 안심은 일시적인 것일 뿐 궁극적인 것은 못 됩니다. 스스로 얻어낸 것이 아니라 외부에 의존해서 얻어낸 것이기 때문입니다.

그러나 불교를 제대로 신봉하면 나 스스로가 자신의 주인이 될 수 있습니다. 나 자신을 주인으로 의지하면 외부에 좌우되지 않는 궁극적인 안심을 얻을 수 있습니다. 따라서 불교를 신봉하는 공덕은 참으로 수승한 것입니다. "자기야말로 자신의 주인, 어떤 주인이 따로 있으랴? 자기를 잘 다룰 때, 얻기 힘든 주인을 얻은 것"이라는 「법구경」의 말씀도 이런 뜻을 이야기하는 것입니다.

여름이 되면 나방이 불빛을 향해 뛰어 듭니다. 밝은 불빛이 있으니까 몰려드는 겁니다. 특히 산골에서는 이와 같은 일이 늘상 일어납니다. 제가 머물고 있는 국사암에도 야외 등을 켜놓았습니다. 여름에 얼마나 많은 벌레들이 야외 등에 모여 드는지 아침에 일어나 보면 새까맣게 죽어있습니다. 자기가 죽을 줄 모르고 그 불빛을 탐하여서 달려듭니다. 그것을 보면서 우리 인간의 삶과 유사하다는 생각이 들었습니다. 언제 죽을 지도 모르고 그냥 부자가 되기 위해서, 재물과 권세를 누리며 사는 데 전념합니다. 물론 열심히 사는 것도 중요합니다. 그러나 지나친 애착은 오히려 마이너스가 됩니다.

죽을 때 몸뚱이를 가지고 갑니까? 재물을 가지고 갑니까? 마음만 가지고 갑니다. 마음을 닦으면 닦은 대로, 못 닦으면 못 닦은 대로 가져갑니다. 다음 생으로 그대로 가져가서 거기에 걸맞는 몸뚱이를 받아서 새로 태어납니다. 마음공부는 여기에서 한 만큼 그대로 가져갑니다. 그러므로 완전히 성취하지 못했다고 낙담할 것 없습니다. 꾸준히 한 만큼 가져간다는 마음가짐으로 공부하면 되겠습니다.

돌장승이 어떻게
아이를 낳을 수 있을까?

● ● ● 우리가 본마음, 참 나를 모르고 몸뚱이 또는 시비 분별심에 얽매여서 사는 삶은 한심한 삶입니다. 왜냐하면 꿈속에서 싸우고 투쟁하고 어떻게 하면 좋은 꿈을 꿀까 노력하고 있기 때문입니다. 꿈 깨는 공부를 해야 비로소 한심한 지경에서 벗어나는 겁니다.

> 오호라 한심하다. 이 글을 자세 보아 부지런히 공부하소.
> 이 노래를 깊이 믿어 책상 위에 펴놓고 시시때때 경책하소.
> 할 말을 다하려면 해묵사이부진(海墨寫而不盡)이라.
> 이만 적고 그치오니 부디부디 깊이 아소.
> 다시 할 말 있사오니 돌장승이 아이 낳으면 그때에 말하리라.

참선곡의 내용이 짧고 한글로 쉽게 풀어져 있어서 가볍게 볼 수도 있습니다. 하지만 사실은 참선의 핵심이 여기에 다 들어있습니다. 참선곡 하나만 제대로 공부해도 참선에 대해서 어느 정도 개념이 잡힙니다.

여러분은 경허 스님 참선곡을 한 번 보고 넘어갈 게 아니라 책상 앞에다 붙여놓고 틈날 때마다 읽는 겁니다. 지금까지 꼼꼼히 읽어보셨으면 잘 아시겠지요. 참선곡에 '참선의 마음가짐', '참선의 방법', '경허 스님이 내려주시는 화두'를 아셨을 것입니다. 이대로 실천만 하면 되겠구나 하는 생각이 드셨지요.

여기에서 경책하는 말씀도 많습니다. 우리의 삶이 나비가 불빛을 탐하여서 죽을 줄 모르고 뛰어드는 것과 같다고 말씀하십니다. 내 마음을 못 닦으면 그렇다는 것입니다. 경허 스님께서는 어지간한 계행을 지키는 것과 조그마한 복덕을 쌓는 것은 허사라고 하십니다. 왜냐하면 그것으로는 생사 일대사에 도움이 안 되기 때문입니다. 박사학위가 생계에 도움은 될지언정 생사 일대사에 도움이 안 되는 것과 같은 이치입니다.

경책(警策), 경계하고 책망한다, 스스로 채찍질한다는 말입니다.

해묵사이부진(海墨寫而不盡)은 바다를 먹물로 만들어서 베껴 써도 다 할 수 없다는 뜻입니다. 저 동해 남해 서해, 태평양 바다를 다 먹물로 만들어서 그것으로 글씨를 쓴다 해도 다 쓸 수 없다, 그만큼 할 말을 다하려면 많지만 이만 적고 그친다는 말씀이지요. 사람들은 너무 길면 짜증을 냅니다. 그런 사람들의 속성을 잘 알고 계시기 때문에 적당한 선에서 볼 수 있게 한 겁니다. 현대인은 공부를 가르치기가 쉽지 않습니다. 좀 길게 하면 길게 한다고 투덜대고, 짧게 하면 못 알아듣겠다고 투덜댑니다. 좀 차원

높게 설하면 너무 어렵게 한다고 투덜대고, 그렇다고 쉽고 편안한 얘기만 해 주면 너무 수준이 낮다고 투덜댑니다.

가끔 보면 참선의 핵심을 속 시원하게 일러달라는 분들이 계십니다. 그럴 때 경허 스님의 참선곡이나 『육조단경』을 보면 참선의 핵심을 알게 된다고 말씀해드리는 경우도 있지만, 사람에 따라 "한강의 물을 한 입에 통째로 마시면 제가 일러드리겠습니다."라고 대답해 줍니다. 진리는 남에게 말로 전해들을 수 있는 것이 아닙니다. 어디까지나 꾸준히 공부하고 화두 참구해서 스스로 체득해야 하는 것입니다. 그것을 그냥 통째로 먹으려는 성급함은 어리석은 욕심입니다.

경허 대선사께서 끝으로 말씀하십니다. 다시 할 말이 있는데 그것은 나중에, 돌장승이 아이 낳으면 그때에 말하겠다고 하십니다. 돌장승이 아이 낳는 도리, 여러분도 한 번 생각해 볼 필요가 있습니다. 제주도에 가면 돌하루방이 있잖습니까. 돌하루방이 아이 낳았다는 소식 들어본 적 있어요? 이게 참선의 소식입니다. 그야말로 감탄사가 나오는 소식입니다.

제가 좋아하는 말 중에 그런 말이 있어요. '석인야청목계성(石人夜聽木鷄聲)', 돌로 만든 사람이 한 밤중에 나무로 만든 닭의 울음소리를 듣는다는 겁니다. 이건 『금강경오가해』에 나오는 표현입니다.

'돌사람이 한밤중에 나무닭 울음소리를 듣는다고?'
'돌사람이 어떻게 들을 수 있어?'
'나무로 만든 닭이 또 어떻게 울 수가 있어?'
'닭은 보통 새벽에 우는데, 한밤중에 운다고.'

모두 의문투성입니다. 이게 바로 화두입니다. 이러한 의문을 타파할 때, 생사 일대사를 해결할 수 있는 열쇠를 얻는 것입니다.

우리나라 근세 참선의 중흥조인 경허 선사께서 간결하게 핵심만 정리해 놓으신 참선곡, 참선에 대해서 공부하실 분은 이 참선곡 하나만 깊이 있게 꿰뚫어도 다른 책을 따로 보실 필요가 없을 정도로 소중한 것임을 알아차리셨습니까?

《 1.0.6 》

월호 스님의 참선 이야기 세 번째

수행. 한담.

몸과 마음은 편안해 질수록 느껴지지 않습니다.
느껴지는 것은 편치 못한 때입니다.
몸이 있는지 없는지조차 전혀 느껴지지 않게 될 때,
몸에 신경쓰임이 사라집니다. 문득 쳐다 보면 있습니다.
분명히 있지만, 또 없습니다.
이렇게 몸이 사라지고, 마음까지 사라지게 되면,
과연 무엇이 남을까요?

서로를 부처님으로 섬기는
선방 풍경

● ● ● 불교신문사로부터 강원이나 선원에서의 수행과 관련한 에피소드를 짤막하게 엮어달라는 요청이 왔습니다. 이럴 줄 알았으면 그때그때 재미있는 일화들을 적어두었어야 하는 건데……. 부지런하지도 못하고, 기억력도 시원치 않은 필자로서는 실로 난감한 일이지만, 진중한 부탁을 차마 뿌리칠 수 없어 더듬더듬이나마 되는 대로 적어보겠습니다.

강원도의 한 선방에서는 특히 해가 떠오르는 모습이 아름다웠던 걸로 기억됩니다. 말 그대로 '쨍' 하고 해가 떴지요. 유난히 맑은 공기와 푸른 자연 속에서 떠오르는 해라서 더 그렇게 '쨍' 하고 떠오른 것일까? 선방에서 바라보는 해 뜨는 모습에 기운이 저절로 충전되는 느낌이었습니다. 우뚝우뚝 솟은 주변의 산봉우리와 함께 치솟는 태양은 참으로 경이로

웠지요.

　　이 선방에서 지낼 당시에는 조석예불을 서로 마주 보며 죽비 삼배하는 걸로 대신했습니다. 한편에는 상판스님들이, 맞은편에는 하판스님들이 각각 자신이 정진하는 좌복에서 서로 마주 보며 죽비소리에 맞추어 삼배 드리는 것입니다. 상판스님들은 비교적 법랍이 많은 스님들이고, 하판스님들은 상대적으로 법랍이 적은 스님들입니다.

　　일반적으로 예불이라 하면 불상을 앞에 두고 절을 하는 걸로 알고 있습니다. 말 그대로 부처님께 예경 올린다는 의미를 갖고 있지요. 그렇다면 상·하판스님들이 서로 마주보며 예경하는 것으로 예불을 대신한다는 것은, 서로를 부처님으로 본다는 의미가 아닐까? 처음 이러한 예불을 드리면서는 한편 당황스럽기도 했지만, 다른 한편 '역시 선방이군' 하는 생각이 들었습니다. 즉심즉불(卽心卽佛)의 이치를 탐구하는 선방이 아니라면 어디에서 이런 예불을 올릴 수 있겠습니까?

　　『법화경』에서의 상불경(常不輕)보살은 경전을 읽지도 않고 외우지도 아니하며 다만 예배만 행하였다고 합니다. 멀리서 사부대중을 볼지라도 또한 쫓아가서 예배하고 찬탄하여 하는 말이 "나는 그대들을 경만하게 생각하지 않나니, 그대들은 다 반드시 성불하기 때문이다."라고 했지요. 이렇게 여러 해 동안을 두루 돌아다니며 비웃음과 욕을 들을지라도 성내는 마음을 일으키지 않고 항상 "그대들은 반드시 성불하리라."고 말하였습니다. 그래서 이름이 '항상 남을 가벼이 여기지 않는다' 는 뜻인 상불경(常不輕)보살입니다. 이 보살이 임종할 때 법화경을 허공으로부터 들어 다 수지하고 다시 많은 사람을 위해 설하였습니다. 그리고는 마침내 본인이 먼저 성불하게 되었지요. 이렇게 예배만 잘 드려도 성불하는 것입니다.

경전을 읽지도 않고 외우지도 않으며, 다만 모든 이들에게 성불할 사람이라고 예배하고 찬탄하는 것만으로도 성불한다는 것은 무슨 의미일까요? 결국 모든 사람들을 성불할 사람이라고 생각하는 것은 자신의 마음이므로, 자신의 마음이 성불할 준비가 되어가는 것이 아닐까요? 이와는 달리 남들을 하찮게 보는 것도 자신의 마음입니다. 이에 따라 자신의 마음도 하찮아지게 됩니다.

결국 수행의 요체는 방법론에 있는 것이 아님을 알 수 있습니다. 마음가짐이 중요한 것입니다. 남들을 현재 혹은 미래의 부처님으로 보아 예배하고 찬탄하면 자신의 마음이 부처님처럼 되어갑니다. 그렇다면, 이제부터라도 모든 사람들을 현재 혹은 미래의 부처님으로 보려면 어떻게 해야 할까요?

대중생활,
살아있는 공부

● ● ● 강원이든 선원이든 수행의 묘미는 대중생활에 있습니다. 경전을 읽거나 참선을 하는 것은 혼자서도 얼마든지 가능합니다. 아니 일시적으로 몰입해서 하기에는 혼자가 오히려 나을 수도 있습니다. 그럼에도 불구하고 강원과 선원생활을 권장하는 까닭은 바로 대중생활의 위력에 있는 것입니다.

　대중생활이란 생활에 있어서의 거의 모든 행동을 대중과 함께 함을 의미합니다. 함께 밥 먹고 함께 잠자고 함께 수행합니다. 삭발도 함께, 포행도 함께, 휴식도 함께 하는 것입니다. 이렇게 하다 보면 대중은 서로가 보호자이자 감시자가 됩니다.

　이러한 대중생활의 삼대 원칙으로서 '예불 참석', '공양 참석', '운력 참석'이 있습니다. 이 세 가지만 잘 지켜도 대중생활 잘한다는 말이 있을 정도이지요. 예불은 당연히 참석해야 합니다. 부처님께 대한 예경과 함께 조석예불을 통해 신심을 고양하고 대중의 근황을 파악하는 시간이 되기 때문입니다.

공양 참석도 필수이지요. 강원에 다닐 때, 어떤 스님은 오후불식과 생식을 하고자 마음먹고 어른스님께 상의를 드린 적이 있습니다. 수행을 좀 더 다부지게 하기 위해서 오후불식과 생식을 했으면 어떨까, 하고 말입니다. 그럴 때 어른스님이 하신 말씀이 있습니다.

"설혹 오후불식이나 생식을 해서 공부가 더 잘 된다고 하더라도, 대중스님들과 함께 공양하며 화합하여 지내느니만 못하다. 한 숟갈만 뜨더라도 공양을 함께 하도록 하라."

아울러 운력 목탁을 치면 죽었던 귀신도 벌떡 일어난다는 말이 있습니다. 대중 운력에는 누구든 빠짐없이 동참해야 한다는 뜻입니다. 위로는 조실스님으로부터 아래로 행자에 이르기까지 함께 동참하여 운력하는 시간은 사실 즐거운 시간입니다. 청소나 밭일 등을 하면서 평상시 궁금했던 점도 편안히 물어볼 수 있고, 비교적 사사로운 이야기도 나누면서 서로가 친해질 수 있기 때문입니다.

이렇게 일상의 대부분을 함께 지내는 것은 큰 의미를 지닙니다. 사실 수행을 한다는 것은 무슨 특이한 경계를 맛보고자 하는 것이 아닙니다. 다만 스스로의 아상(我相)이 소멸 내지는 희석되어 가는데 의미가 있는 것입니다. 아상이란 고정불변의 실체로서의 '나'가 있다는 생각입니다. 여기에서 모든 시비분별이 시작됩니다. 내 주장, 내 고집, 나의 고정관념 등이 비롯되는 것이지요.

그런데, 대중생활을 하면서 내 주장을 하다보면 자꾸 부딪치게 됩니다. 스스로도 힘들어지고, 남들도 힘들게 만듭니다. 그저 대중이 하는 대로 따라하는 것이 최상입니다. 그것은 일체의 시비분별을 쉬는 것입니다. 그러면 대중은 어떻게 이끌어나가는가?

그것은 바로 소임자가 할 일이지요. 소임자는 한 철의 시비분별을 도맡아 대중이 시비분별을 일으키지 않도록 앞장서 해결해 나가야 합니다. 따라서 소임자가 적절히 처신할 줄 알면 그 철의 대중은 편안해집니다. 공부하기 좋은 분위기가 되지요. 그렇지 못할 경우 분란이 일어납니다. 하지만 그 분란 또한 역경계와 순경계에 대처하는 나의 마음을 돌아보게 되는 '살아있는 공부'라고 할 수 있습니다.

대중생활을 해 보면, 사실 그렇게 대단한 사람도, 그렇게 못난 사람도 없다는 것을 알게 됩니다. 일거수일투족을 함께 해나가다 보면 대부분 사람들의 장단점이 저절로 눈에 띄게 되기 때문입니다. 그렇더라도 그저 묵묵히 자신의 소임에 철저하며 스스로를 내세우지 않는 스님이 참으로 대단해 보입니다.

'쌓는 공부'와
'놓는 공부'

● ● ● 행자생활을 마치고 강원에 입방해서 공부를 시작하였습니다. 강원의 첫 학년인 치문반의 교재는 『치문경훈(緇門警訓)』이었습니다. 치문(緇門)은 치의(緇衣) 즉 먹물 옷을 입은 문중을 말하니, 결국 『치문경훈』이란, 먹물 옷 입은 문중의 사람들에게 경계가 되고 교훈이 되는 글이라는 뜻입니다. 승려로서의 기본적인 법도와 마음가짐 등이 잘 담겨져 있는 한문으로 된 책이었지요.

그런데, 문제는 진도였습니다. 처음에는 하루에 기껏해야 서너 줄, 혹은 대여섯 줄이나 나갈까?

그리고는 다음 시간까지 외워 바쳐야 하는 것이었습니다. 갑갑한 생각이 들었지요. 더구나 이 책 한 권을 가지고 일 년 내내 씨름해야 할 생각을 하니 격세지감이 들었습니다. 출가 전, 바쁘기 짝이 없었던 생활과 비교해 보면 너무 달랐습니다.

　　때로는 하루에도 몇 권씩의 책을 뒤적거리며, 공부하랴, 강의하랴, 세미나 준비하랴, 논문 쓰랴 정말 하루 24시간이 너무 짧게 느껴지지 않았던가? 그런데, 하루에 잠깐 서너 줄의 한문 문장을 가르치고는 다음날까지 외워 바치라니…. 사실 외워 바치려니까, 진도가 많이 나가는 것도 달갑지 않았습니다. 그만큼 많이 외워야 하니까요.

　　나이가 들어서 출가한 필자로서는 외우는 게 별로 신통치 않았습니다. 일찍 출가한 스님들은 금방 외우고는 여유 있게 시간을 보내고 있었지만, 필자로서는 안간힘을 써야 했지요. 메모지에 적어서 틈틈이 보아가며 외웠습니다. 계곡에 흐르는 물을 바라보며 크게 소리 내어 외우기도 했지요.

　　이렇게 시간이 지나다 보니, 갑갑한 심정은 차차 사라지고, 공부의 묘미가 느껴지기 시작했습니다. 몇 줄 안 되는 한문 문장을 하루에도 수십 수백 번씩 읽고 외우고 하다 보니 마음이 안정되어가는 느낌이었습니다. 이것저것 바쁘게 공부할 때에는 느끼지 못했던 체험이라고나 할까. 비로소 출가 공부의 의미가 다가오기 시작하는 기분이었지요.

　　'아, 이래서 일 년에 책 한 권으로 공부하다가 나중에 선방에 가서는 그나마 한 권의 책도 없이 공부하는 거구나' 하는 생각이 들었습니다. 참다운 공부는 외부의 지식을 축적하는 것이 아니라, 내부의 무한한 지혜를 일깨우는 것임을 깨달았나고나 할까요. 그러기 위해서는 이것저것 지식을 습득하는 것이 중요한 것이 아닙니다. 몇 줄 안 되는 동일한 문장을 반복해서 암기하다시피 외운다든지, 극도로 단순한 생활을 함으로써 삼매를 체험하기 쉬워지는 것입니다.

쉽게 말하자면 공부에도 종류가 있습니다. 바로 '쌓는 공부' 와 '놓는 공부' 입니다. 쌓는 공부는 지식이나 정보를 축적해 나가는 공부입니다. 그러나 수많은 지식과 정보를 축적한다 해도 생사일대사(生死一大事)에 과연 얼마나 도움이 될까요? 물론 생계에는 도움이 될 것입니다. 하지만 죽음이나 병고 등의 결정적 순간에 직면해서 큰 힘이 될 수 있을 것인지는 생각해 볼 일입니다.

놓는 공부는 애착이나 알음알이를 놓고 쉬는 공부입니다. 이 공부는 많이 안다고 해서 되는 공부가 아닙니다. 오히려 많이 아는 것이 걸림돌이 될 수도 있습니다. 기존의 선입관과 고정관념조차도 놓고 쉬어야 합니다. 그러기 위해서는 단순한 공부가 제격입니다. 반복되는 독경이나 염불 혹은 화두참구 등을 통해서 한 가지를 밀어붙일 때 비로소 공부가 제대로 됩니다. 여기에서 힘을 얻으면 궁극적으로 생사일대사가 해결되는 것이지요. 강원이나 선원에서 놓는 공부를 하는 것은 당연하겠지만 불자님들도 궁극적으로는 놓는 공부에 힘써야 하지 않겠습니까?

그립다,
해인사 용맹 정진

● ● ● 선방생활 가운데 우선 기억이 나는 것은 용맹정진(勇猛精進)입니다. 해인사 선방에서는 하안거와 동안거 매 철마다 7박 8일간 용맹정진을 갖습니다. 만 일주일 간 잠을 자지 않고 좌선에 몰두하는 것입니다. 물론 밥은 먹지요. 하지만 어떤 스님은 통째로 단식을 하면서 용맹정진을 하기도 합니다. 정말 대단하지요.

휴~, 말이 쉽지 일주일 동안 좌선한다는 것이 어디 쉬운 일입니까? 좌식생활에 익숙하지 못한 현대인들은 한 시간만 앉아 있어도 몸을 비틀곤 합니다. 사실 선방 첫 철에는 하루에 8시간 혹은 10시간 정도 앉아 있는 것도 쉬운 일이 아닙니다. 물론 몇 철을 지내 좌선이 어느 정도 익숙해지긴 했지만, 밥 먹는 시간 말고는 온종일 앉아 있어야 한다니…….

게다가 잠을 자지 말아야 한다니 걱정이 앞섰습니다.

평소에는 벽을 바라보고 앉아서 정진하지만, 용맹정진 기간에는 서로 마주보면서 정진합니다. 앞 사람이 졸고 있는지, 정진을 잘하고 있는지 다 보이지요. 남 보기가 창피해서라도 열심히 정진하지 않을 수 없습니다. 게다가 경책하는 스님이 장군죽비를 들고 수시로 돕니다. 누군가가 깜박 졸기라도 하면, 경책하는 스님의 죽비가 어깨에 와 닿습니다. 합장 반배하고 한쪽 어깨를 내어주면 경쾌한 죽비소리가 울려 퍼집니다. '짝짝! 짝짝짝!' 이 소리로 인해 그 부근에 있는 스님들까지 졸음에서 벗어나게 됩니다.

어쨌든 처음 용맹정진을 할 때는 자못 걱정이 되기도 했습니다. 물론 하룻밤 철야정진이야 강원에 있을 때부터 매달 해오던 터였지만, '7박 8일간 할 수 있을까? 하룻밤만 철야정진을 해도 어느 때는 그 다음날 힘들곤 했는데, 일주일을 철야정진 한다는 게 무리가 아닐까?' 별 생각이 다 들었습니다.

정진을 하면서 가장 힘든 시간은 새벽시간대였습니다. 매일 자던 버릇이 있어서 그 시간대에는 졸음도 더 오고, 허리 펴고 앉아 있기도 쉽지 않았지요. 구부러지려는 허리를 곧추 세우면서 '야, 이거 피로가 계속해서 쌓이면 어떡하지.' 하는 우려가 들기도 했습니다.

그런데, 정말 다행인 것은 아침 해가 서서히 밝아오면서 간밤의 피로가 오히려 사라져가는 것이었습니다. 희한한 일이었지요. 마치 어둠과 함께 피로가 사라져가는 느낌이었습니다. 이와 함께, 아침을 먹고 잠시 쉬었다가 좌선을 하면, 하루를 정진할 수 있는 기운이 다시 샘솟았습니다. '아, 이래서 일주일간 용맹정진 할 수가 있는 거구나.'

처음 이삼일간은 아무래도 잡념이 많이 떠오릅니다. 화두는 금방 사라지고 온갖 번뇌 망상이 치성하게 마련입니다. 특히 저 내면 깊숙이 잠복해 있던 습기와 애착이 아주 생생해 집니다. 하지만 사나흘 째 되면서는 몸도 어느 정도 적응이 되고, 마음도 상당히 가라앉게 됩니다. 밥 먹는 시간 이외에는 오로지 좌선에만 몰두하고 일체의 시비에서 눈을 돌리다 보니, 화두도 성성해지고 몸도 편안해 집니다.

몸과 마음은 편안해 질수록 느껴지지 않습니다. 느껴지는 것은 편치 못한 때입니다. 예컨대, 다리가 아프면 다리가 느껴집니다. 허리가 아프면 허리가 느껴집니다. 온통 신경이 허리에 집중되는 것이지요. 몸이 있는지 없는지조차 전혀 느껴지지 않게 될 때, 몸에 신경쓰임이 사라집니다. 문득 쳐다보면 있습니다. 분명히 있지만, 또 없습니다.

이렇게 몸이 사라지고, 마음까지 사라지게 되면, 과연 무엇이 남을까요?

문 밖의 수행,
문 안의 수행

● 지리산은 크고 웅장합니다. 웬만한 산은 며칠 동안이면 거의 훑을 수 있습니다. 하지만 지리산은 엄두도 내기 힘듭니다. 지리산 자락에서 태어나 인생의 상당 부분을 지리산에서 살아온 한 스님조차, 아직 못 가본 곳이 많다고 할 정도입니다. 그만큼 품이 크고 넓다는 얘기지요. 이러한 지리산 산행을 하면서 안내자나 지도가 없다면, 방황할 수밖에 없을 것입니다. 가령 천왕봉에 가고자 하면서 반야봉 쪽으로 열심히 가고 있다면, 허송세월할 수밖에 없겠지요.

참선도 마찬가지입니다. 무조건 열심히만 한다고 되는 것은 아닙니다. 목적지와 방향을 잘 알아야 속히 성취할 수가 있지요. 참선에 있어서 가이드가 되고 지도가 되는 것은 다름 아닌 『육조단경(六祖壇經)』입니다. 이 경에서는 참선수행의 지침을 잘 설명해 주고 있습니다. 그것은 바로 '문 안의 수행'과 '문 밖의 수행'을 구별할 줄 알아야 한다는 것입니다.

'문 밖의 수행'은 몸을 닦고(修身) 마음을 닦는 것(修心)입니다. 몸과 마음을 수련하거나, 기(氣)를 다스리는 등의 수행법. 이것은 참선수행의 방편은 될 수 있을지 몰라도, 궁극은 되지 못합니다. 몸과 마음의 실체를 인정하고 닦아나가는 방법은 당연히 오랜 세월에 걸쳐 고도의 수행을 한 전문가들에게 유리할 것입니다.

'문 안의 수행'은 자성을 보는 것(見性)입니다. 몸이니 마음이니 하는 것은 본래 실체가 없는 것입니다. 실체가 없는 것을 부여잡고 닦으려는 것은 궁극적으로 부질없는 일이지요. 본성이 공함을 체득하는 것이야말로 궁극적인 것입니다. 그것은 뿌리를 보고 근본줄기를 다스리는 것이지요. 이것은 언제 어디서나 누구에게나 열려 있습니다. 단박에 가능하는 말입니다.

몸을 닦고 마음을 닦는 것은 잎사귀를 따고 가지를 찾는 것과 같습니다. 잎사귀를 따고 가지를 찾는 것은 당장에는 효험이 있어 보입니다. 하지만 시간이 지나면 다시 제자리입니다. 뿌리를 뽑고 줄기를 다스려야 비로소 생사일대사가 해결되는 것입니다. 이런 점에서 참선과 다른 명상법에 결정적 차이가 있습니다.

이렇게 참선의 교과서라 할 수 있는 『육조단경』의 주인공인 육조혜능 스님의 체취를 흠뻑 느낄 수 있는 곳, 그 곳이 바로 지리산 쌍계사 금당선원입니다. 금당선원의 입구에는 돈오문(頓悟門)이라는 현판이 걸려 있습니다. 참선은 돈오, 즉 단박 깨침을 표방하는 까닭입니다. 언제 어디서나 누구에게나 열려 있는 돈오견성법을 제창한 육조 스님의 드라마틱한 일생이 금당벽화에 그려져 있습니다. 금당선원에서 정진하던 여름 한철 내내 이 벽화 주위로 포행을 하면서 육조 스님의 게송 주련을 읽고 또 읽었습니다.

菩提本無樹요   보리(身)는 본래 나무가 없고,
明鏡亦非臺라   밝은 거울(心) 또한 토대가 아니네.
佛性常淸淨커늘 불성(自性)은 항상 청정(空)하거늘
何處惹塵埃리오 어느 곳에 먼지(煩惱)가 끼겠는가?

행자의 신분으로 최상의 구참납자인 신수 스님을 제치고 오조홍인 선사에게서 의발을 전수받은 그의 모습을 바라보면서, 한편으로 의구심이 일어나기도 했습니다. '노행자가 이 시대에 돌아온다면, 과연 의발을 다시 전수받을 수 있을까? 모든 체계가 다만 법랍과 안거 숫자 위주로 규격화되어 가고 있는 이즈음, 혹시 신수 스님이 통쾌하게 웃고 있는 것은 아닐까?'

어디에서 따로
신통변화를 구할 것인가?

● ● ● 선방은 대개 깊은 산중에 자리하고 있습니다. 그래서 공기 좋고 물 좋고 숲이 울창하기 마련입니다. 인적이 드물거나 일반인의 출입이 통제되기 때문에 그냥 한 철 사는 것만으로도 자신을 돌아볼 좋은 기회가 됩니다.

하지만 도심 한복판에 위치한 선원도 있습니다. 워낙 좋은 곳에 살다가 도심에 살면 처음에는 눈이 따갑기도 하고 목이 아프기도 하지만 시간이 지나면 그런 대로 살 만합니다. 차츰 적응해 나가는 것이지요. 하긴 평생 도심 한복판에서 살아가는 사람들도 있는데…….

인천 용화선원은 대표적인 도심선원입니다. 시내 한복판에 놓여있어 새벽예불을 드리고 법당 문을 나서면 사방에 불빛이 찬란하지요. 산중의 별빛이 아닌 도심의 불빛이지만 그런 대로 볼 만합니다. 인공적인 빛도 나름대로 멋을 지니고 있는 것입니다.

　이 대웅전 앞에 계단이 있고, 계단 위쪽으로 석조원숭이 세 마리가 놓여 있었습니다. 그런데 원숭이들의 모습이 저마다 달랐습니다. 한 마리는 양손으로 두 눈을 가리고 있었고, 또 한 마리는 두 귀를 가리고 있었으며, 나머지 한 마리는 입을 틀어막고 있었지요.

　'이러한 모습이야말로 참선 수행하는 사람의 마음가짐을 잘 표현하고 있는 것이 아닐까?' 외부의 소리를 듣지 않고, 외부의 상황을 보지 않으며, 일체의 표현을 자제한다는 것, 이야말로 참선수행인의 마음가짐인 것입니다. 보고 듣고 말하다 보면 시비분별에 떨어지게 마련입니다. 참선수행이란 새로운 그 무엇을 찾아내고 밝혀내기보다는 일체의 시비분별을 쉬는 데 기반을 두고 있습니다. 시비분별을 쉬고 애착을 쉬어서 한 생각 일으키지 않는 그 자리가 그대로 본 성품이라고 합니다. 이러한 본 성품 자리 즉 '본 마음 참 나'는 외부에서 찾을 필요도 없고, 닦아서 만들어내는 것도 아닙니다. 본래 그대로 갖추고 있는 것이지요. 그것을 확인하고 아낌없이 써나가는 것이 중요합니다. 그래서 『능엄경』에서는 심지어 '쉬는 것이 곧 깨달음(歇卽菩提)'이라고 하였습니다.

　그러므로 수행을 한다고 해서 밖으로 향해 무언가를 찾아다니거나, 특이한 현상이나 경계를 구해서는 안 됩니다. 다만 바로 지금 여기에서 한 생각 시비분별을 쉬는 것이 중요하고, 그 쉰 자리에서 마음을 내어 이 몸과 마음을 잘 써나가는 것이 중요합니다.

　어느 날 성안으로 탁발을 다녀온 아난 존자가 부처님께 말씀드렸습니다.

"부처님, 제가 오늘 아주 기이한 일을 보았습니다."

"무슨 일인가?"

"제가 성안으로 탁발하러 들어갈 때, 풍악장이들이 신명나게 놀고 있는 것을 보았습니다."

"그런데?"

"그런데, 잠깐 탁발하고 나올 때보니, 모두 죽어 있었습니다."

"그러한가, 여래는 어제 더욱 기이한 일을 보았느니라."

"무슨 일인지요?"

"어제 탁발하러 성안으로 들어갈 때, 그 풍악장이들이 신명나게 놀고 있었느니라."

"그런데요?"

"탁발을 마치고 나올 때 보니, 여전히 신명나게 놀고 있더구나."

여래와 아난 존자의 말씀 가운데 어떤 것이 더 기이한 일입니까?

숨을 들이쉬면 내쉴 줄 아는 것이 기이한 일입니다. 배고프면 밥 먹고 밥 먹으면 저절로 소화되는 것이 기이한 일입니다. 피곤하면 잠자고, 잠자면 피로가 풀리는 것이 기이한 일입니다. 지금 이러한 얘기를 보고 고개를 끄덕이는 것이 기이한 일입니다.

평상의 물 긷고 나무하는 일을 떠나서 어디에서 따로 신통변화를 구하겠습니까?

수좌의,
수좌를 위한,
수좌에 의한
봉암사 선방

● ● ● 참선이라고 하면 흔히 좌선의 자세를 연상합니다. 가부좌를 틀고 앉아 있으면 참선하는 걸로 생각합니다. 하지만 좌선은 참선의 한 가지 표현양식일 뿐입니다. 진정으로 앉혀야 할 것은 몸이 아니라 마음입니다. 그래서 육조 스님은 '좌(坐)라는 것은 밖으로 모든 경계(대상)에 대해 생각을 일으키지 않는 것이요, 선(禪)이라는 것은 안으로 본래 성품을 보아 어지럽지 않은 것'이라고 강조했습니다. 좌선의 의미를 새롭게 해석한 것입니다.

이로 보건대, 진정으로 주저앉혀야 할 것은 몸뚱이가 아니라 시비분별심입니다. 자기의 몸은 앉아서 움직이지 아니하나 입만 열면 곧 사람들의 옳고 그름을 말하는 사람이 있다면, 이는 미혹한 사람으로서 도(道)와는 어긋나 등지는 것입니다. 왜 그런가? 다투기 시작하면 자성이 생사에 떨어지기 때문입니다.

그렇다고 해서 좌선을 하지 말라는 의미는 결코 아닙니다. 다만 좌선을 하면서 진정으로 보아야 할 것은 나의 허물이요, 진정으로 보지 말아야 할 것은 세상과 사람들의 허물이라고 하는 것입니다.

몸의 좌선을 중시하는 것은 묵조선입니다. '5분 앉으면 5분 부처'라고 할 만큼 몸의 좌선을 중시합니다. 심지어 '몸으로써 깨닫는다'라는 말도 종종 사용할 정도로 몸의 좌선을 중요시 여깁니다.

마음으로 화두 챙김을 중시하는 것은 간화선입니다. 앉으나 서나 화두 챙김으로 시작해서, 오나 가나 화두 챙김, 자나 깨나 화두 챙김, 그리고 궁극적으로 죽으나 사나 화두 챙김이 간화선입니다.

실제로 간화선의 교과서라고 할 수 있는 『선요』의 주인공인 고봉원묘 선사는 밥 먹는 시간을 제외하고는 일체 자리에 앉는 일 없이 오직 걸어 다니면서 화두를 참구했다고 합니다. 이른바 행선(行禪)을 했던 것입니다.

수좌들의 고향이라고 하는 봉암사 선방은 사실 행선의 천국입니다. 절 옆을 지나는 계곡을 따라 길게 뻗은 포행로는 끝도 없이 이어집니다. 경사가 급하지도 않고 완만하기 때문에 화두를 챙기면서 걷기에 딱 좋습니다. 바위나 돌도 별로 없는 흙길입니다. 주변에 맑고 시원한 계류가 희디 흰 화강암 널찍한 바위 위로 흘러내려 감탄을 자아내게 합니다. 더운 여름날이면 옷을 훌훌 벗어 제치고 멱을 감기에 최상이지요. 무엇보다 좋은 것은 일반인들의 출입이 통제되어 주변의 시선을 의식할 필요가 없다는 점입니다.

그래서 많은 스님들이 밥만 먹고 나면 걷고 또 걷습니다. 맨발로 걷는 스님들도 있습니다. 깨진 병조각이나 오물 등이 없기 때문에 얼마든지 가능합니다. 몸이 좀 부실했던 스님들도 봉암사에 오면 건강을 회복하는 경우가 많습니다. 물론 도량의 기운도 좋거니와, 포행로가 이리 저리 많이 발달해 있기 때문이 아닐까요? 이른바 삼림욕을 매일 할 수 있으니 건강에 크게 도움이 될 것입니다.

    이렇다 보니, 밖으로 세간을 향해서 치닫던 마음도 잠시 접어둘 수 있게 됩니다. 선방에 살다보면 때로 갑갑한 심정도 생기고 문득 바깥 공기가 그리워지기도 합니다. 하지만 봉암사 선방에 사는 동안만큼은 그런 생각이 일어나지 않았습니다. 답답하면 좌선을 하는 틈틈이 그저 산길을 따라 걷고 또 걸을 뿐!

    상당수의 사찰들이 관광지화 되고 선방은 다만 사찰의 일개 부속공간으로 자리매김하고 있는 이즈음, '수좌의, 수좌를 위한, 수좌에 의한' 수행도량인 봉암사 선방에서 정진했던 추억이 더욱 소중하게 느껴지기만 합니다.

《 1.3.2 》

행자 생활을 할 때 온갖 설거지를 다 했습니다. 그 때 내가 설거지하려고 출가했나 하는 생각을 가졌더라면 행자 생활을 못 했을 것입니다.

하지만 설거지해야 할 그 많은 그릇들이 모두 제 마음 그릇이라고 생각하니, 설거지는 단순한 설거지가 아니라 제 마음 그릇을 닦는 일이 되더군요. 일단 이렇게 생각하고 나니까 그릇을 닦을 때에 제 마음을 닦는 것 같아서 상쾌하더군요.

《 1.3.3 》

수행을 한다고 해서 밖으로 향해 무언가를 찾아다니거나
특이한 현상이나 경계를 구해서는 안 됩니다.
다만 바로 지금 여기에서 한 생각 한 생각, 한 호흡 한 호흡을 쉬는 것이 중요하고,
그 쉰 자리에서 마음을 내어
이 몸과 마음을 잘 써 나가는 것이 중요합니다.

팽 팽 하 지 도
느 슨 하 지 도 않 게 . . .

●   ●   ● 죽비소리에 맞추어 진행되는 선방생활은 사실 빡빡하기 그지없습니다. 물론 각 선방마다 일과에 다소간의 차이는 있지만, 통상 새벽예불로 시작해서 새벽정진을 마치고 아침공양을 합니다. 이어서 오전정진을 하고 사시예불을 올립니다. 사시 법공양을 하고는 잠깐 휴식을 취한 후 오후정진, 그리고 정진 끝에 소임시간을 갖습니다. 소임시간에는 통상 청소를 비롯해서 각자 맡은 일을 합니다. 이어서 저녁공양 및 저녁예불 그리고 저녁정진을 하고는 취침에 듭니다.

이렇게 단순한 일과가 반복적으로 되풀이되고, 개인적인 시간은 별로 없다고 보아도 과언이 아닙니다. 개별적인 빨래나 정리정돈 같은 것들은 그때그때 틈을 보아 알아서 처리해야 합니다. 그래서 은근히 기다려지는 것이 자유정진입니다.

자유정진은 말 그대로 자유롭게 정진하는 시간입니다. 큰방에서 정진할 사람들은 계속해서 정진을 하고, 나머지는 각자의 취향에 따라 차를 마시거나 포행, 혹은 밀린 빨래 등을 합니다. 모처럼 쉬는 시간을 가지면서 다리도 풀고 긴장했던 마음도 다소 풀어주는 것이지요. 다만 정진하는 사람들에게 방해가 될 만한 일체의 언행은 삼가야 합니다.

　　특히 몸 상태가 안 좋거나 하면 학창시절에 휴강을 반기는 것만큼이나 자유정진이 반갑기도 한 것이 사실입니다. 그래서 소임자는 대중 전체의 분위기를 잘 읽어서 필요한 시간에 적절히 자유정진시간을 주기도 합니다. 어찌 보면 자유정진의 타이밍을 어떻게 잘 맞추느냐에 따라 소임자의 능력 여부가 결정된다고 할 수도 있을 것입니다. 자유정진은 너무 잦으면 전체적인 정진 리듬이 깨지게 되고, 너무 없으면 분위기가 썰렁해질 수 있기 때문입니다.

　　그래서, 보통 한 철에 몇 번 씩은 자유정진을 갖게 마련입니다. 하지만 필자가 팔공산 동화사 금당선원에 살 때는 자유정진시간이 일체 없었습니다. 하루 12시간 이상씩 정진하면서 자유정진이 없으니, 생활이 상당히 빡빡하였지요.

　　반결제 산행도 생략하였습니다. 반결제란 결제해서 해제가 되기까지 중간쯤 되는 날짜를 말합니다. 이때가 되면 통상 좌선에 지친 몸과 마음을 풀어주는 의미에서 하루 날 잡아 산행을 가게 마련입니다. 대개는 점심도시락으로 김밥을 장만해서 가기 때문에 학창시절에 소풍가는 심정으로 기다려지는 시간이지요. 그런데 희망이 사라진 것입니다.

　　아울러 정초에는 신년세배와 함께 덕담을 나누고 차를 마시며 쉬어가는 시간을 갖습니다. 그런데 그것도 없었어요. 세배만 하고 바로 돌아와서는 그대로 정진 또 정진….

　이렇다 보니, 한편 힘들기도 했지만, 한편 마음 편하기도 하였습니다. 자유정진이 아예 없다 생각하니 은근히 기다릴 일도 없고, 실랑이 할 일도 없어졌기 때문입니다. 무조건 시간이 되면 가서 앉고, 죽비를 치면 일어납니다.

　한편 중간 죽비 없이 정진했던 추억이 신선합니다. 통상 한 시간마다 10분씩 포행시간을 주는데, 이때 치는 죽비를 중간 죽비라 합니다. 그런데 동화사 선방에서는 중간 죽비 없이 정진 시작과 끝에만 죽비를 쳤습니다. 그러다 보니, 시간마다 일어나기도 번거롭고 해서 두 시간에 한 번 정도 일어나곤 했던 것 같습니다. 어떤 스님은 네 시간 동안 꼼짝 않고 결가부좌를 하기도 했지요. 대단합니다. 이른바 좌선에는 도가 트인 것 같았습니다.

　부처님께서는 거문고의 비유를 들어 수행을 설명해주셨지요. 거문고 줄을 너무 팽팽히 조여도 안 되고 너무 늦추어도 안 되듯이 수행이 적당해야 한다는 말씀입니다. 자유정진이 일체 없었으니 조금은 팽팽하다고 느껴졌지만, 나름대로 소중한 체험을 했다고 생각됩니다. 세월이 흐를수록 고마운 마음이 깊어갑니다.

마음의 준비만큼
느끼는 차 맛

● ● ● 쌍계사 선방에 있을 때의 일입니다. 하안거 초입에 들어선 늦봄 무렵이었던 것으로 기억됩니다. 점심공양을 마치고 포행을 다녀온 터라, 몸과 마음이 나른하였습니다. 그때 마침 마을에서 찻집을 하는 불자님이 나타났습니다. 자신이 운영하는 찻집에서 직접 만든 차를 가져온 것입니다. 값이 비싸기도 하지만 제법 맛이 좋다고 정평이 나있는 차였습니다. 선방에서 정진하는 스님들 드시라는 말과 함께 차 한 통을 놓고 갔습니다. 마침 잘 되었다 싶어 다각실에 있던 스님들과 함께 차를 우려 마셨지요.

그 맛이 여느 차 맛과 사뭇 달랐습니다. 향기가 깊고 은은하면서도 감미로웠습니다. 차를 몇 잔 마시자 머리까지 상쾌해지면서 식곤증이 싹 물러갔습니다. 그 참 희한한 일이었습니다. 차를 몇 잔 마시자마자 졸음기가 싹 가시면서 머리가 상쾌해지고 온 몸에 향기가 감돌다니! 물론 그 이전까지 숱하게 차를 마셔왔지만, 이런 정도의 느낌은 없었습니다. 그냥 남들이 말하는 대로 막연히 차를 마시면 수행에 도움이 된다는 정도만 알았지, 이 정도까지 심신에 영향을 주는 줄은 몰랐던 것입니다.

더욱 좋았던 것은 차를 마신 후 두 시간가량 오후정진을 하고 내려왔는데도, 입안에 여전히 향기가 감돌고 있다는 점이었습니다. 물론 정진 시간에는 말을 안 하고 입을 다물고 있으니 향기가 그대로 남아있을 수 있다고 생각되었지만, 두어 시간 전에 마신 차의 향기를 지금까지 느낄 수 있다는 사실이 마냥 신기하였습니다. 그제야 과거에서부터 참선 정진하는 스님들이 차를 즐겨 마신 까닭을 터득하게 된 것 같습니다. 단순한 이론으로서가 아닌 체험으로써 알게 된 것이지요.

물론 이러한 체험에는 몇 가지 조건이 필요합니다. 우선은 차가 좋아야 할 것입니다. 제대로 만든 차, 즉 정성들여 만든 차가 그것입니다. 다음으로는 물이 적합해야 할 것입니다. 자연수이면서도 너무 강하지 않은 물이 좋습니다. 아울러 차를 우려내는 팽주의 솜씨가 따라주어야 합니다. 적당한 물의 온도와 적절한 차의 농도를 맞추어 주어야 하기 때문입니다.

하지만 무엇보다 중요한 것은 차를 마시는 사람의 마음가짐입니다. 한 마디로 차 맛을 느낄 마음의 준비가 되어있어야 하는 것입니다. 바쁘게 헐떡이는 마음을 잠시 가라앉히고 부드럽게 스미는 차의 향을 온전히 받아들일 수 있을 만큼 몸과 마음이 비어있어야 합니다. 역설적인 표현이지만, 한편으로는 세심하면서도 한편으로는 쉬어 있어야 한다고나 할까요?

이러한 점에서 차 맛을 제대로 느끼기로는 선방에서 정진하는 수좌 스님들이 제격일 것입니다. 참선을 하다보면 마음이 오히려 세심해집니다. 평상시에 전혀 눈여겨보지 않던 것들이 눈에 들어오게 됩니다. 하지만 이런 것들을 그냥 바라볼 뿐, 시비해서는 안 됩니다. 시비분별을 쉬고 또 쉬어갈 뿐!

　　차 맛을 즐길 줄 아는 사람이야말로 인생의 맛을 즐길 줄 아는 사람입니다. 왜냐하면 맛을 즐길 줄 아는 것은 몸이 아니기 때문입니다. 몸은 하나의 매개체 역할을 할 따름입니다. 마음으로 즐겨야 참으로 즐길 줄 아는 것이지요. 그러기 위해서는 널찍하게 열린 마음이 필요합니다.

　　세심(細心)에서 무심(無心)으로 넘어갈 때, 비로소 진공(眞空)을 바탕으로 한 묘유(妙有)의 세계를 접하게 됩니다. 삶의 멋과 맛에 눈뜨게 됩니다.

　　사실 필자도 차의 본고장에서 살면서 제법 차를 많이 마셔왔다고 하지만, 이런 경험은 쉽지 않았습니다. 몸과 마음이 한없이 상쾌해지면서 차의 은은한 향기가 전신에 배어드는 듯한 그 느낌, 언제 다시 이러한 카타르시스를 경험할 수 있을까요?

간호사가 환자 챙기듯이
화두를 챙겨라

● ● ● 교수기법에 관련해서 잊혀 지지 않는 기억이 있습니다. 대학시절 ROTC 교육을 받을 때였습니다. 한번은 총류탄에 관한 강의를 듣게 되었습니다. 총류탄이란 수류탄과 달리 총에 끼워 발사하는 무기의 일종입니다. 총류탄의 최대사거리가 얼마나 되는가 하는 점을 강의하면서 교관이 다음과 같은 설명을 했습니다.

"어느 날 강촌역 주변으로 기차를 타고 지나가게 되었다. 그때 강가의 모래사장에 텐트하나를 쳐놓고 그 주변에서 각각 남녀 2명씩 총 4명의 일행이 놀고 있는 모습이 눈에 띄었다. 이를 보는 순간 의문이 생겨났다. 저 사람들이 밤에 잠을 잘 때, 텐트 안에서 어떤 대형으로 잠을 잘까? 텐트는 하나고 사람은 네 명이니, 몇 가지 대형이 나올 수 있을 것이다. 이를테면 남자·남자·여자·여자 순으로 잔다든가, 혹은 남자·여자·남자·여자, 아니면 남자·여자·여자·남자 등등으로 말이다. 그러면서 결론 내리기를 아무래도 남자·남자·여자·여자의 대형을 유지할 확률이 가장 크다는 생각이 들었다. 이를 표시하면 다음과 같다. '♂♂♀♀'

여기에서 위아래의 꼭지를 떼어내면 얼마가 남을까?"

답은 1,100, 즉 총류탄의 최대사거리는 1,100미터였던 것입니다. 이러한 내용이 근 삼십여 년이 지난 지금까지도 생생히 기억나는 걸 보면 당시의 강의가 뇌리 속에 확실히 각인되었음에 틀림없습니다.

필자는 이러한 기억을 귀감으로 삼아 강원이나 대학에서 강의를 하면서 중요한 메시지만큼은 명확하게 전달해야 한다는 인식을 갖게 되었습니다. 이러한 마음가짐으로 생활에서 강의거리를 찾다보니, 한번은 영화 「보디가드(The Body Guard)」 포스터에서 다음과 같은 문구를 발견하게 되었습니다.

"시선을 떼지 말라. Never let her out of your sight."

"방심하지 말라. Never let your guard down."

"사랑에 빠지지 말라. Never fall in love."

이를 보는 순간, 화두를 드는 것도 이와 마찬가지라는 생각이 들었습니다. 보디가드는 자신의 오너를 경호하기 위해서 시선을 떼어서는 안 됩니다. 더불어 주변경계에 방심해서도 안 될 것입니다. 끝으로 자신이 경호

해야 할 사람과 사랑에 빠진다면 이미 경호는 물 건너 간 격입니다.

화두를 드는 요령도 이와 유사합니다. 첫째로 화두에서 시선을 떼어서는 안 됩니다. 앉으나 서나 화두참구로 시작해서 오나가나 화두참구, 자나 깨나 화두참구, 죽으나 사나 화두참구를 해야 합니다. 다음으로 이렇게 화두를 참구하면서도 생활에 방심해서는 안 됩니다. 생활 속에서 화두를 챙길 줄 알아야 하는 것입니다.

이러한 중도적 수행은 어떻게 가능한가? 화두와 사랑에 빠지지 않음으로써 가능합니다. 흔히 화두를 든다고 하면 화두에 집중하는 것으로 생각하기 쉽습니다. 화두는 집중하는 것이 아닙니다. 간(看)하는 것입니다. 화두에 대한 의심을 꾸준히 유지해 나가는 것입니다. 그래서 간화선(看話禪)이라고 합니다. 이때의 간(看)자는 간호사(看護師)의 간(看)자와 같습니다. 즉 간호사가 환자를 간호하듯이 하면 되는 것입니다.

간호사가 환자를 간호한다고 해서 환자 곁에 24시간 붙어서 꼼짝 않고 지켜보는 것은 아닙니다. 이런 저런 자신의 볼 일을 보면서도 항상 환자의 동태에 신경 쓰고 있을 따름입니다. 그러다가 때가 되면 살펴서 주사도 놓고 약도 건네주고 하면서 다만 주의를 놓치지 않고 있는 것입니다. 화두도 이렇게 챙기면 됩니다.

'간호사가 환자 챙기듯이.'

곧은 마음이
곧 도량

● ● ● 작년에 동화사에서는 담선대법회(談禪 大法會)가 성황리에 열렸는데, 필자도 논사로서 참석한 적이 있었습니다. 논주스님의 주제 발표와 논사스님들의 논평이 끝난 후, 청중 가운데 한 스님이 진지하게 질문을 던지더군요. 요컨대 참선은 일체 중생이 본래 불성을 지니고 있다는 굳건한 신심을 바탕으로 수행해야 하는 것인데, 그러한 신심이 아직 갖추어지지 않은 사람들은 어떻게 해야 하느냐는 내용이었습니다.

이러한 질문에 대해 다른 두 논사스님들께서 답변을 해주었고, 마지막으로 필자의 답변 차례가 되었습니다. 그때 필자는 질문을 한 스님에게 이렇게 되물었습니다. "질문을 하신 스님께서는 본인이 불성을 지니고 있다고 확신하십니까?"

그 스님이 대답했습니다.

"예, 저는 확신하고 있습니다."

필자는 다음과 같은 한 마디로 말을 맺었습니다.

"그러면 열심히 수행하세요."

"??? !!!"

『육조단경』에서는 곧은 마음이 곧 도량(直心是道場)이고, 곧은 마음이 곧 정토(直心是淨土)라고 말하고 있습니다. 수행자는 스스로의 마음을 돌이켜 보고 진솔하게 공부해 나가면 그뿐입니다. 입만 열면 세상이 어떻고, 인간사가 어떻고, 남들이 어떻고 하는 식으로 논하는 것은 곧은 마음이 아닙니다. 굽은 마음이며 삐딱한 마음입니다. 이것은 진솔한 수행자의 자세가 아닙니다.

진솔한 수행자는 오직 스스로의 마음가짐을 논할 뿐, 남들의 살림살이에 초점을 두지 않습니다. 물론 궁극적으로는 일체 중생을 제도하리라 원(願)을 세워야 하겠지만, 일단 자성중생제도에 초점을 맞추어야 한다는 말입니다. 원인이 되는 내 마음속 중생을 제도해 나감으로써 결과로 이루어진 바깥 중생들을 제도하는 것입니다.

그러기 위해서는 스스로에게 솔직해져야 하며, 남들에게도 솔직할 필요가 있습니다. 상담이나 질문을 할 경우 특히 그렇습니다. 자신의 마음상태나 경계 등을 진솔하게 드러내지 않고 마치 남 얘기하듯이 두리뭉실하게 질문하는 경우에는 답변도 두리뭉실해질 수밖에 없습니다. 스스로의 경계나 문제점 등을 구체적으로 확실하게 드러내어 놓아야, 답변도 구체적으로 확실해집니다.

곧은 마음이 도량이라는 것은, 곧은 마음을 가지고 있다면 가는 곳마다 마음공부가 가능하다는 뜻이 아닐까요? 스스로를 속이지 않고 남에게도 진솔하게 대하니, 공부가 일취월장할 것은 명약관화한 일이지요. 이와는 달리 삐딱한 마음으로 세상을 바라보는 사람은 매사에 삐딱합니다. 이래서는 좋은 스승을 만날 수 없습니다. 매사에 남의 단점만 눈에 들어오기 때문입니다.

"A 스님은 수행은 열심히 하는 것 같은데, 언변이 영 신통치 않아. B 스님은 언변은 대단한 것 같은데, 계행이 좀 모자라는 것 같아. C 스님은 계행은 뛰어난 것 같은데, 선정을 닦지 않은 것 같아……" 하는 등등으로 끊임없이 남의 허물을 찾아냅니다. 그래서 결국 자신을 가르쳐 줄 사람은 아무도 없게 됩니다.

그러지 말고 A 스님에게서는 수행을 본받고, B 스님에게서는 언변을 배우며, C 스님에게서는 계행을 익히는 것이 좋지 않을까요?

수행을 잘 하면
지혜로워진다

● ● ● 수행을 잘 하면 지혜로워집니다. 지혜란 무엇인가? 지혜롭게 사는 길은 어떤 것인가?

드라마 「내 이름은 김삼순」에서 삼순이는 지혜로웠습니다. 자신의 연적(戀敵)인 여자, 자신보다 훨씬 젊고 예쁘고 날씬한 그 여자에게 삼순이는 말합니다.

"너는 나보다 젊고 예쁘고 날씬하기 때문에 얼마든지 다른 남자를 만날 수 있을 거야. 하지만 나는 나이도 많고 뚱뚱하고 덜 예쁘기 때문에 이번이 마지막 기회가 될지도 몰라. 그러니 네가 양보해라. 응?"

어렸을 때부터 착하게(?) 살라고 교육받아온 통상적 대한민국 여성이라면, 이런 상황에서 상대방 여자에게 본의 아닌 양보(?)를 하기 마련입니다. 마음속으로는 긍정하지 않을지언정 어차피 불리한 이러한 경우라면 눈물을 머금고 양보 아닌 양보를 하기 십상인 것입니다. 하지만 삼순이는 달랐지요. 용감하고 씩씩했습니다. 아니 궁극적으로 지혜로웠습니다. 그녀의 논리는 정확했으며, 나아갈 때와 물러설 때를 잘 알았던 것입니다.

불교의 지혜도 이와 흡사합니다. 무조건 참고 양보하고, 돌아서서 가슴앓이 하는 것은 지혜가 아닙니다. 착한 것도 아닙니다. 어리석은 것입니다. 당당히 할 말은 하고, 숙일 때는 숙일 줄도 아는 것이 불교의 중도적 지혜입니다.

궁극적 지혜는 진공묘유(眞空妙有)에 기반하고 있습니다. 공(空)이란 고정된 실체로서의 존재는 없다는 의미를 지닙니다. 모든 것은 변화합니다. 변화하고 있는 그 어디에도 고정불변한 존재로서의 '나'는 없습니다. 그렇다고 해서 가변적 현상으로서의 '나'조차 없다는 의미는 결코 아닙니다. 고정된 실체로서의 '변화하지 않는 나'는 없지만, '가변적 현상으로서의 나'는 분명히 시시각각 작용하고 있습니다. 이른바 묘유(妙有)입니다.

그러므로 바로 지금 여기에서의 '나의 행위'가 '나'를 결정짓습니다. 보살행을 하는 순간, 보살이 됩니다. 인간에 합당한 행위를 하면 인간이 됩니다. 짐승 같은 행위를 하면 짐승이 됩니다. 참선을 하면 수좌가 됩니다. 강의를 하면 강사가 됩니다. 결국 바로 지금 여기에서 나의 행위가 '나'입니다.

입적하신 경봉 큰스님께서는 이렇게 말씀하셨다고 합니다.

"사바세계를 무대로 멋지게 살아라!"

우리가 몸담고 있는 세상이 바로 사바세계입니다. 사바세계가 그대로 연극의 무대라고 하는 것입니다. 우리는 여기에서 멋진 연기를 해내면 될 뿐! 주어진 자기의 배역을 충실히 해내면 그만입니다. 물론 자신의 배역이 정 맘에 들지 않으면 배역을 바꿀 수도 있습니다. 하지만 정말 열심히 해보고 나서 결정할 일입니다. 스스로가 인정하여 미련이 남지 않을 때까지 하면 됩니다. 왜냐하면 실상 지금의 이 배역이 과거에 그토록 원했던 배역이기 때문입니다.

그러므로 자신이 '되고 싶은 나'를 설정해서 열심히 살되, 애착하지만 않으면 됩니다. 배우는 자신의 무대에서 자신의 배역을 충실히 표현할 뿐, 그 캐릭터에 계속해서 연연하거나 애착하게 되면 괴롭습니다. 애착이 생기면 머무르게 됩니다. 하지만 과거나 미래, 혹은 현재에조차 머물러서는 안 됩니다. 『금강경』에서는 말합니다. "머무르는 바 없이 그 마음을 내라."

그러므로 '바로 지금 여기에서 ~~할 뿐!'이 될 때까지 수행해야 합니다.

바로 지금 여기에서 '밥 먹을 땐 밥 먹을 뿐!'

'잠잘 땐 잠잘 뿐!' '수행할 땐 수행할 뿐!'

'아플 땐 아플 뿐!' '사랑할 땐 사랑할 뿐!' '죽을 땐 죽을 뿐!'

이렇게 '완전연소' 하는 삶이 가장 지혜로운 삶이 아닐까요?

구석기시대의
수행자가 그립다

● ● ● 일전에 강원(승가대학)교육과 관련한 학술세미나에 참석한 적이 있었습니다. 당시 어떤 발표자가 강원의 교육과정에 관해서 논문을 발표하였는데, 현재 강원의 교육과정은 한마디로 '구석기시대의 인간'을 양성하는 진부한 커리큘럼이라고 상당히 비판적 견해를 제시하였습니다. 물론 그 발표자는 스님도 아니었고, 당연히 산중에서의 강원생활에 대한 경험이 전혀 없는 학자였습니다. 다만 일반대학에 몸담고 있는 이로서 자신의 잣대에 견주어 강원의 교육과정을 판단한 것이었습니다. 이를 지켜보면서, 자신이 직접 경험하지 못한 분야에 대해서 단지 상상과 추리만으로 남의 입장을 이해한다거나 비판한다는 것이 얼마나 무모한 일인지 다시금 실감하게 되었지요.

필자는 발표자와는 다른 의미에서 강원이야말로 '구석기시대의 인간'을 양성해야 한다고 생각합니다. 구석기시대의 사람들은 어땠을까요? 물론 현대인들보다 과학의 혜택은 없었을 것입니다. 하지만 그렇다고 해서 현대인들보다 불행했다고 말할 수 있을까요? 해 뜨면 일어나고 해지면 들어가 쉽니다. 배고프면 밥 먹고 졸리면 잡니다. 물론 자연 속에서 생존하기 위해 힘든 점도 있었을 것입니다. 하지만 현대인과 같은 정신질환이나 공해병은 없었을 것입니다.

몇 년 전에 독일의 거지성자 페터가 국사암을 방문하였습니다. 그는 '집 없이, 돈 없이, 여자 없이' 사는 사람이었습니다. 하지만 그의 눈은 한없이 깊고 평화로웠으며, '큰 집에서, 많은 돈을 벌며, 처자와 함께' 사는 사람들보다 더 행복해보였지요. 눈으로 계량할 수 있는 외부조건을 행복의 척도로 삼기 쉬운 현대인들에게는 다소 충격적인 인물이라고나 할까요? 그는 차라리 구석기시대의 인간에 가까운 사람이라고 할 수 있을 것입니다. 그러한 사람이 현대인에게 주는 메시지는 무엇일까요? 단순질박하면서도 마음은 한없이 푸근하고 평화로운 사람, 오히려 이러한 수행자를 현대는 원하는 것이 아닐까요?

강원교육은 강원다워야 한다는 게 필자의 지론입니다. 강원교육이 동국대학교처럼 되어서는 안 되고 그렇게 될 필요도 없습니다. 강원교육이 하버드 대학원처럼 되어서도 안 되고 그렇게 될 필요도 없습니다. 이러한 현대식 교육기관들은 다양한 지식과 정보를 축적하고 엮어내는 데 초점이 두어져 있습니다. 한마디로 유위법(有爲法)을 공부하는 곳입니다.

강원은 이와는 달리 무위법(無爲法)을 공부하도록 방향을 틀어주는 첫 단추의 역할을 해야 합니다. 이른바 밖으로 치닫던 마음가짐을 돌이켜 스스로를 성찰할 수 있도록 해야 하는 것입니다. 그러기 위해서는 더 이상 지식과 정보를 축적하는 데 열을 올릴 게 아니라, 내면의 지혜와 성품을 일깨우는 쪽으로 가야 하는 것입니다. 지식과 정보는 최소한으로 족합니다. 학문에 깊은 관심이 있는 이는 강원을 졸업하고 학문 위주의 공부를 하는 곳으로 가면 됩니다.

강원은 말 그대로 기본교육기관입니다. 따라서 여기서는 승려로서의 기본을 배우고 익히는 것으로 만족해야 할 것입니다. 승려로서의 기본자질을 갖추는 데 있어서는 복잡다단한 사상들을 주입식으로 전달하는 공부보다는 오히려 스스로 마음을 돌이켜보고 쉬어가도록 하는 공부를 해야 합니다. 그러기 위해서는 철저한 대중생활과 더불어 심도 있는 불교경전 학습이 생활의 기본이 되어야 할 것입니다. 사실 현재의 강원교재들은 이러한 취지로 편성되어 있으며, 또 이러한 방향으로 강의해야 합니다.

따라서 강원의 교수기법 또한 다양한 지식을 가르쳐 주기보다는 스스로의 본래 성품을 기억하도록 하고, 재구성하도록 하는 방향으로 나아가야 할 것입니다. 강원은 불교학자나 지식인을 길러내는 곳이 아니라 수행자의 기본을 갖추는 곳이기 때문입니다.

배고프면 밥 먹고 졸리면 잠자는 구석기시대의 사람이 그립습니다.

수행,
'나, 나의, 나를'
희석하기

● ● ● 수행을 하면 변화가 있어야 합니다. 절에 드나들기를 10년·20년이 되도록 생활에 있어서 변화가 없다면 헛방이지요. 어떠한 변화인가? 상(相)이 사라져 가야 합니다. 이른바 '나, 나의, 나를'이 희석되어져야 하는 것입니다.

일전에 절에 제법 오랫동안 다니면서 법문도 많이 듣고 기도나 참선도 열심히 했다는 불자님이 국사암에 잠시 머무른 적이 있었습니다. 처음에는 지리산 한복판의 아름다운 자연 속에서 지내게 된 것을 마냥 행복해 하였지요. 인적이 별로 없는 고즈넉한 사찰 옆으로 계류가 흐르고 갖가지 꽃과 나무가 무성하다 보니, 도시에서 살아온 이에게는 더없이 좋아보였을 것입니다. 그래서 오랫동안 머무를 것처럼 보였지요. 하지만 어느 날 등장한 지네 한 마리로 인하여 혼비백산이 된 그 불자님은 이튿날 바로 짐을 꾸려 하산했습니다. 지네가 살지 않는 대도시로 돌아간 것입니다. 물론 그 당시 나타난 지네들이 좀 크긴 했습니다. 길이가 15센티미터 쯤 될까? 살은 통통하게 쪄서 시뻘건 것이 제법 위협적이었지요.

한번은 필자도 자고 있을 때 얼굴 위로 무언가 스멀스멀 기어가는 것을 손으로 툭 쳐내고 불을 켜보니 큼직한 지네가 기어다니고 있었습니다. 그래서 압니다. 지네가 제법 공포스럽다는 것을. 하지만 지네에 물린다고 해서 죽지는 않습니다. 장애자가 되는 것도 아닙니다. 순간적으로 놀랍기는 하더라도, 혼비백산할 정도는 아닌 것입니다.

공포심의 근저에는 걸림이 있습니다. 마음에 걸림이 없으면 공포심이 사라집니다. 어떠한 걸림인가? '내'가 있다는 생각입니다. 고정된 실체로서의 '나'가 있다고 굳게 믿고 있으므로 '나의 것'에 대한 애착이 생겨나는 것입니다. 이에 따라 온갖 모양다리에 끄달리게 되는 것이 아닐까요?

대단한 스님이 계신 선방에 어느 철 대중이 너무 많이 몰려 왔습니다. 어디나 수용공간에 적합한 인원이 있기 마련입니다. 먹을 것도 귀했던 시절이었습니다. 따라서 적당히 떠날 사람은 떠나주기를 바랐지만, 요지부동이었습니다. 어느 날 그 고명한 스님께서 절 마당에 불을 지폈습니다. 어쩐 일인가 궁금해 하는 대중들 앞에서 스님이 고기를 굽고 술을 마시는 것이 아니겠습니까? 대중들 대부분이 결망을 꾸렸습니다. 이 스님에게 실망하고는 다른 곳으로 떠나버린 것입니다. 겨우 두세 명만 남게 되자, 그 때서야 술과 고기를 치우고는 그 스님이 말씀하셨지요.

"이제야 제대로 공부할 사람들만 남았구먼!!"

이른바 쭉정이는 떠나고 알맹이만 남은 것입니다. 모양다리에 걸리는 공부, '나'를 강화시키는 공부는 제대로 된 공부가 아닙니다. 모양다리를 떠나는 공부, '나'가 점차 사라지는 공부가 제대로 된 공부입니다. 그래서 공부를 하면 할수록 걸림이 없어지고, 걸림이 없으므로 두려움이 사라져서 뒤바뀐 꿈에서 깨어나 마침내 열반에 이르게 된다고 『반야심경』에서도 설하고 있는 것입니다.

남의 이야기가 아니라 내 스스로도 수행을 한다고 하면서 단지 흉내만 내고 있는 것은 아닌지, 짜여진 틀 속에서 안주하고 있는 것은 아닌지, 또 하나의 상(相)을 짓고 있는 것은 아닌지 수시로 되돌아볼 필요가 있다고 여겨집니다. 아울러 이런 시간을 가져보는 것은 어떨까요?

'큼직한 지네와 한방에서 지내기.'

'한밤중에 혼자서 지리산 등반하기.'

잘났으면 잘난 대로
못났으면 못난 대로

● ● ● 쌍계사 입구 일주문의 주련에는 다음과 같은 글이 적혀 있습니다.

"이 문 안에 들어서면 알음알이를 갖지 말라. 알음알이가 없는 빈 그릇에 큰 도가 충만하리라(入此門內 莫存知解 無解空器 大道充滿)."

알음알이는 기존의 고정관념, 선입견 등을 말합니다. 각자의 마음그릇에 고정관념이나 선입견이 그득하다면 진리가 들어설 자리가 없습니다. 마음그릇을 비워야만 참다운 도가 충만하게 되는 것입니다. 그렇다면 어떻게 마음그릇을 비울 수가 있을까요?

불가에서 전통적으로 마음그릇을 비우는 방법은 참회입니다. 참회란 스스로의 잘못을 인정하고 다시 그러한 과오를 되풀이하지 않겠다고 다짐하는 것입니다. 그렇다고 해서 스스로를 죄인시하는 것이 아니고, 다만 자기 성품 속에서 죄의 반연을 없애는 것입니다. 죄의 반연이란 삼독(三毒) 즉 탐욕과 성냄, 그리고 어리석음의 나쁜 인연을 가리킵니다.

구체적인 요령은, 바로 지금 이 순간부터 과거로 거슬러 올라가면서 욕심 부리고 성내고 어리석었던 일 등의 순서대로 참회합니다. 부처님이 바로 앞에 계시다고 가정하고, 마치 할아버지와 대화하듯이 "부처님, 이러저러하게 욕심을 내었습니다. 앞으로는 안 그러겠습니다." 하고 다짐합니다.

이 때 중요한 관건은 '무조건적인 참회'여야 한다는 것입니다. 조건부 참회는 의미가 없습니다. 고정관념을 버리는 것이 아니라, 고정관념 안에서 하는 참회가 되기 때문입니다. 예컨대, 길을 걷다가 느닷없이 앞사람에게서 뺨을 얻어맞았다 합시다. 그리고 화를 내었다면, 나에겐 아무런 잘못이 없다손 치더라도 참회해야 합니다. 상대방에게 참회하는 것이 아니라 스스로의 자성상에 불 댕긴 것을 참회하는 것입니다.

어리석음 가운데 가장 어리석은 것은 '나만 잘났다'는 생각입니다. 남을 험담하는 것도 결국 '나 잘났다'는 생각이 밑바탕에 깔려 있기 때문입니다. 인과법을 철저히 믿지 않아 안달하거나 초조해 하는 것도 어리석음입니다.

결국 생각나는 것은 모두 참회거리라고 보는 것이 옳습니다. 잘못을 참회하는 것은 당연하겠지만 잘한 일까지도 모두 참회하라는 것은 무엇 때문일까요? 그 잘잘못을 따지는 것 자체가 이미 분별심입니다. 또한 잘했다는 사실이 자신의 기억 속에 존재함이 이미 자성상에 파장을 일으켰다는 반증입니다. 흰 구름이든 먹구름이든 하늘을 가리는 것은 마찬가지입니다.

　이런 식으로 꾸준히 참회를 하다보면 몸과 마음이 한없이 가벼워짐을 느끼게 됩니다. 마음그릇에 담겨 있던 온갖 분별의식이 비워지기 때문입니다. 내 마음이 밝고 가벼워지니 세상이 온통 밝고 아름답게 보입니다. 환희심이 솟아납니다. 어떤 분은, 참회하기 전에는 자신이 주위 사람들을 용서해 주어야 한다고 생각해 왔는데, 알고 보니 진정 용서받아야 할 사람은 자신이라는 걸 깨닫게 되었다고 합니다.

　이처럼 자신을 돌아보는 것이야말로 수행의 첫걸음입니다. 자기를 돌아봄이 잘 안 된다면 그만큼 아상(我相)이 강한 것입니다. 남의 눈 속의 티는 잘 보면서, 자기 눈 속의 대들보는 보지 못하는 것입니다. 부처님께 있는 그대로의 자신을 드러내다 보면 비로소 진정한 자신에 눈뜨기 시작합니다. 잘났으면 잘난 대로 못났으면 못난 대로, 자신의 있는 그대로를 흠뻑 사랑하게 되는 것, 이것이야말로 진정한 참회를 통해 얻게 되는 귀중한 결실입니다.

　완전한 존재가 되기를 기다렸다가 자신을 사랑하려 한다면, 인생을 낭비하게 됩니다. 바로 지금 여기에서 '있는 그대로의 내 모습'을 인정하고 사랑할 수 없다면, 언제 어디서 '있는 그대로의 내 모습'을 사랑할 수 있을까요?

« 1.6.0 »

월호 스님의 참선 이야기 네 번째

지금은.
참선수행의.
시대.

욕심은 모든 것을 내게로 끌어당기는 에너지라고 할 수 있습니다. 갓 태어난 아기가 본능적으로 엄마 젖을 빨아먹듯이 욕심을 없애는 것은 정말 어려운 일이지요. 어차피 떨치기 힘든 욕심이라면 좀 큰 욕심을 내십시오.

큰 욕심이란 일체 중생을 제도하리라는 욕심, 부처님의 가르침을 통달하겠다는 욕심, 법륜을 굴리겠다는 욕심과 같은 것들을 말합니다. 같은 욕심이라도 이렇게 방향 전환을 하면 좋겠지요.

안심(安心)하셨습니까?

● ● ● 참선의 시대라는 말이 나올 정도로 요즘 참선에 대한 관심이 부쩍 늘고 있습니다. 왜 참선을 해야 하는지에 대한 질문도 많이 받습니다. 참선에 대한 개념부터 정립한 연후에 왜 참선을 해야 하는지, 어떻게 해야 하는지에 대해 차근차근 말씀드리겠습니다.

'참선(參禪)'의 '참(參)'은 '참가한다,' '참여한다'는 의미입니다. 물과 우유가 섞이는 그런 뜻이라고 보면 되겠지요. '선(禪)'은 '고요하게 생각한다,' '사유하면서 닦는다' 는 뜻이 있습니다. 따라서 참선은 문자적으로는 '고요함과 하나가 된다'는 의미라고 볼 수 있습니다.

왜 참선을 해야 하는가? 한마디로 본마음 참 나를 찾아서 스스로 주인된 삶을 살아가기 위해서 참선을 하는 것입니다. 쉽게 말하면 안심(安心)을 얻기 위해서입니다. 안심에는 크게 두 가지, 의타적 안심과 궁극적 안심이 있습니다.

　　의타적 안심은 밖으로 무언가에 의지해서 얻는 안심입니다. 다른 종교에서도 볼 수 있는 바와 같이 바깥대상인 신적인 존재에 의지해서 얻을 수 있는 안심이지요. 하지만 이러한 안심은 뭔가에 의지해서 얻는 것이기 때문에 궁극적인 안심이 못 됩니다. '저 분이 나를 택해주실까?' 하면서 눈치를 보아야 하고, 택함을 당하도록 구걸을 해야 하는 것이니 궁극적일 수가 없지요.

　　궁극적 안심은 본인이 자신의 주인이 되어 스스로 본마음, 참 나를 깨우쳐서 얻는 것입니다. 바깥의 어떠한 존재에 의지해서 얻는 것이 아니기 때문에 궁극적이고도 지속적이라고 할 수 있습니다. 이것이야말로 참선의 목적이라고 할 수 있습니다.

　　궁극적인 안심에 이를 수 있는 수행 방법은 참선 외에도 여러 가지가 있습니다. '무문관(無門關)'이라는 말 들어보셨지요? 여기서 '문이 없다'는 말을 문이 없이 꽉 막혀 있다는 의미로 생각하기 쉽지만, 이와는 반대로 들고 나는 문을 따로 정해 두지 않았으니 아무 데로나 들고 날 수 있다는 의미로 생각할 수도 있습니다. 이와 마찬가지로 안심에 들어서는 데에도 따로 정해진 문이나 방법이 있는 것은 아닙니다.

　　예를 들어 부처님의 제자인 16대 아라한 중에서 여섯 번째인 발타라 존자라는 분은 목욕을 수행방법으로 삼았습니다. 이 분은 맑은 물로 스스로 마음의 때를 씻어낸다는 마음가짐으로 목욕을 함으로써 해탈을 했습니다. 화두를 참구하는 참선이 가장 널리 사용하는 방법이긴 하지만 그 이외에도 어떤 방법이든 수행을 위한 의미를 부여하면 되는 것입니다.

주인공으로 사는 법

● ● ● 요즘 사람들은 참으로 실용적입니다. 참선으로 얻어지는 내용이 무엇인지에 대해 궁금해 합니다. 어떤 사람은 참선을 하면 세상의 이치, 과거·현재·미래를 다 알 수 있느냐고 묻습니다. 또 다른 사람은 우주 안의 모든 물체는 전지전능하여 변화해 가는데 사람만이 마음의 욕심으로 전지전능한 능력을 잃고 있는 바, 참선을 통해 이런 능력을 원상회복시킬 수 있느냐고 묻습니다.

참선을 통해 무엇을 얻을 수 있을까요? 세상의 이치를 다 안다거나, 전지전능한 능력의 원상회복 운운은 경전 문구 식으로 말한 것입니다. 보다 현실적으로 말한다면, 바로 지금 이 자리에서 자기 자신의 주인이 되어 완전 연소하는 것이라고 할 수 있겠습니다.

'바로 지금 이 자리'는 왜 이야기하는 것일까요? 과거는 이미 지나

갔고 미래는 아직 오지 않았으므로 우리에게 존재하는 시간은 바로 지금 여기뿐이기 때문입니다. 이미 가 버린 과거를 후회하고, 아직 오지도 않은 미래를 걱정하는 마음을 놓아 버리라는 뜻이지요.

'자기 자신의 주인'이 되라는 것은 무슨 뜻일까요? 주위를 둘러보면 재물을 주인으로 섬기거나, 외부의 어떤 신적인 존재를 주인으로 섬기거나, 권세를 주인으로 섬기는 경우가 비일비재합니다. 나의 바깥에 있는 그러한 것들을 주인으로 섬기다 보면 정작 주인인 나 자신은 그것들의 종이 됩니다. 이러한 밖의 것들이 아무리 위대하고 훌륭하다 하더라도, 나를 돕는 조연으로 머물러야 합니다. 나의 주인은 반드시 나 자신이 되어야 하는 것입니다. 인(因)과 연(緣)으로 말해 본다면, 나의 마음은 인이 되고 밖의 것들은 연이 되어야 하는 것입니다.

'완전연소'라는 말은 무슨 뜻일까요? 완전연소의 반대말인 불완전연소는 타다가 마는 것을 의미하지요. 연기만 나고 화력도 약한데 찌꺼기까지 남습니다. 과거를 후회하고 미래를 걱정하며 전전긍긍 사는 것이 바로 불완전연소하는 삶입니다. 완전 연소하는 삶이란 항상 바로 지금 여기에 전념할 뿐, 그 자리에서 100% 연소해서 찌꺼기가 남지 않는 삶입니다. 지나간 일 후회하지 않고 아직 오지 않은 일 미리 걱정하지 않는, 온 마음을 다해 오직 지금 바로 이 순간에 집중하는 아주 멋진 삶이지요. 불교를 공부하고 참선을 공부하는 것 또한 완전 연소하는 삶을 살기 위해서 하는 것이지 다른 것은 없습니다. 항상 바로 지금 여기에서 자신의 주인이 되어서 완전연소하리라 마음먹고 살아가는 것, 이것이야말로 참선으로 얻어지는 내용이 아닐까요?

제가 평소 이 말을 강조하였더니 어떤 분이 "바로 지금 여기에 완전연소하라는 말과 자나 깨나 화두를 참구하라는 말은 서로 상반되는 것 같다."는 아주 예리한 질문을 하더군요. 그렇습니다. 완전연소, 바로 지금 여기에 살라고 하면서 다른 한편으로는 화두 참구를 하라고 하니 당연히 가질 수 있는 의문입니다.

여기서 알아야 할 것은 완전연소하는 삶이란 우리의 이상이자 목표라는 점입니다. 만약에 완전연소하는 삶을 24시간 살 수 있다면 더 이상 화두참구를 할 필요가 없습니다. 우리가 화두참구를 하는 것은 아직 도달하지 못한 완전연소에 도달하기 위한 것입니다.

불교에서는 무아와 윤회를 많이 얘기합니다. 그런데 무아(無我), 즉 '나'가 없다고 한다면 윤회하는 놈은 어떤 놈인가? 즉 내가 없으면 도대체 누가 윤회의 주체인가, 하는 의문이 들 수 있습니다. 결국 무아설과 윤회설은 서로 모순되는 것이 아니냐는 것이지요. 이것은 얼핏 들으면 그럴싸한 것 같지만, 사실은 차원이 다른 얘기를 같은 차원에 놓고 이야기하다 보니 헷갈린 것에 불과합니다.

무아는 우리의 목표이자 이상이고 윤회는 현실입니다. 만약 무아법에 통달하게 되면 윤회하지 않을 수 있습니다. 무아법에 통달하지 못했으니까 윤회를 하는 것뿐입니다. 본래 무아지만 '내가 있다'고 굳게 착각하고 있으니까, 윤회를 하게 되는 것이지요. 언제까지? 무아를 터득하게 될 때까지, 즉 잠에서 깨어날 때까지입니다. 하지만 꿈속에서 여기도 가보고 저기도 가보고 하더라도 꿈에서 깨어나면 항상 그 자리인 것과 마찬가지로 윤회는 꿈속의 일이며, 꿈 깨고 보면 일찍이 한 자리도 움직인 적이 없다고 말할 수 있는 것입니다.

어쨌든 궁극적으로 우리 모두가 주인공임을 깨닫는 참선을 하기 위해서는 먼저 자기 자신의 고정관념이나 선입견을 철저히 내려놓아야 합니다. 지금까지 살아오면서 가졌던 고정관념, 선입견을 그대로 안고서는 참선수행을 할 수 없습니다.

참선을 제대로 하려면 봐도 못 본 듯이, 들어도 못 들은 듯이, 입이 간지러워도 벙어리인 듯이 해야 합니다. 누가 나한테 기분 나쁜 소리를 했다고 바로 가서 따지고, 눈에 안 좋은 것이나 좋은 것을 봤다고 야단이고, 어떤 말을 들으면 입이 간지러워서 못 참는 사람은 참선 공부 하기 어렵습니다. 참선 공부는 누가 나를 칭찬하든 욕을 하든 그러려니 하고, 눈앞에 좋은 게 보이든 나쁜 게 보이든 심상히 지나가고, 남의 허물을 보아도 시비 걸지 말고 모른 척 입 다물 줄 알아야 할 수 있습니다.

그러한 마음가짐으로 참선을 하면 고정관념에서 벗어나게 됩니다. 참선을 하기 전에는 자기 나름대로의 색안경을 끼고 세상을 바라보기 마련입니다. 자기 깜냥대로 세상을 보는 것입니다. 깜냥은 느낄 '감(感)' 자, 사량 '량(量)' 자, 자기가 느낀 대로 사량한 대로 보기 때문에 잘못 보기 쉽습니다. 하지만 참선을 하면 세상을 있는 그대로 보게 됩니다. 참선은 자기 자신과 세상에 대해 갖고 있던 고정 관념을 완전히 깨부수는 공부이기 때문입니다.

참선 공부가 어렵다고 하는 이유도 바로 여기에 있습니다. 나름대로 갖고 있는 수많은 고정관념에서 벗어나지 못하는 보통 사람들로서는 당연히 어려울 수밖에 없는 것이지요. 다른 공부는 그런 고정관념에서 벗어나지 않아도 성취가 있기 때문에 참선 공부에 비하면 쉽다고 할 수 있습니다.

　　참선 공부가 이렇게 어려운 것이다 보니 화두를 깨친 경지 역시 실제로 자신이 화두를 깨치기 전에는 제대로 이해할 수 없습니다. 비유하자면 사랑을 해 본적이 없는 사람은 사랑을 제대로 이해할 수 없는 것과 같다고나 할까요?

《 1.7.1 》

인생을 밝게,
의미 있게 살아가는 법

● ● ● 요즘 전업주부로 살아가는 것을 힘들어 하는 분들이 많이 계십니다. 자기 생활도 없는 것 같고 뭐 하나 딱히 이룬 것도 없으니 살림만 하고 살아온 지난 인생에 아무런 의미가 없는 것 같다는 생각을 하시면서 괴로워하는 분들이 주위에 적잖이 있습니다. 절에 다니는 분들 가운데에서도 이런 생각에서 해탈하지 못한 분들이 있습니다. 스스로를 자책하고 심지어 우울증을 앓는 분들도 있습니다. 오죽하면 '빈 둥지 증후군'이라는 말까지 생겼겠습니까. 이런 분들에게 적합한 이야기가 있어 해 드리고자 합니다.

전쟁터에서 다친 병사들을 치료해 주는 어떤 의사가 있었습니다. 그런데 기껏 병사들을 치료해서 보내줘 봤자 다시 전쟁터에서 더 큰 상처를 입고 돌아오거나 심지어는 죽는 것 아니겠습니까? 그런 일들이 반복되자 이 의사는 자신의 일에 회의를 품게 되었습니다.

그래서 그는 의사 일을 그만두고 산으로 들어가 마음공부를 했습니다. 그러던 어느 날 이 의사는 다시 전쟁터로 돌아왔습니다. 사람들이 어떻게 해서 돌아오게 되었느냐고 묻자 이 의사는 "나는 의사니까요"라는 한마디뿐이었습니다.

인생에 본래 주어진 의미는 없습니다. 다만 누구든지 자기가 하고 있는 일에 의미를 부여하면 그만큼의 의미가 생겨납니다. 따라서 반드시 거창한 일을 해야지만 인생에 의미가 생기는 것은 절대 아닙니다. 만약 어떤 전업주부가 '내가 아이를 키우고 남편 뒷바라지를 하고 부모님을 모시는 것은 우리 가족을 행복하게 하고 국가를 튼튼하게 하며 우주를 밝게 하는 굉장히 의미 있는 일이다' 라고 생각한다면 그 전업주부의 인생에는 정말 그만한 의미가 부여되게 됩니다.

저도 행자 생활을 할 때 온갖 설거지를 다 했습니다. 하루에 적어도 수백 그릇, 때로 법회라도 있을 때는 그보다 훨씬 더 많은 설거지를 하곤 했지요. 그때 '내가 설거지하려고 출가했나?' 하는 생각을 가졌더라면 행자 생활을 못 했을 것입니다. 하지만 설거지해야 할 그 많은 그릇들이 모두 제 마음 그릇이라고 생각하니, 설거지는 단순한 설거지가 아니라 제 마음 그릇을 닦는 일이 되더군요. 일단 이렇게 생각하고 나니까 그릇을 닦을 때에 제 마음을 닦는 것 같아서 상쾌하고, 그릇을 말려서 뽀송뽀송하게 만들 때에는 제 마음이 뽀송뽀송해 지는 것 같아서 기분이 좋더군요.

요즘 저는 이 방송에 굉장한 의미를 부여하고 있습니다. '이 방송을 통해서 부처님의 가르침을 전 세계에 전파하고 있다,' '많은 분들에게 마음의 평화를 주고 있다,' '많은 분들이 불교의 핵심에 접근하도록 도움을 주고 있다' 하는 의미를 부여하니까 방송 일이 무척 신이 납니다.

인생에 본래 주어진 의미는 없다는 점, 꼭 명심하시기 바랍니다. 자기 자신이 하는 일에 스스로 의미를 부여할 때에만 생겨나는 법입니다. 마음공부를 하고나서 다시 의사로서의 의미를 되찾았듯이 마음공부를 하면 모든 것이 의미 있게 다가옵니다. 인생을 밝게 사는 법, 의미 있게 사는 법이 마음공부에 있습니다.

수행을 하면서 실제 생활에 어떤 이득이 있는가에 더 관심이 많은 분들이 많습니다. 참선 공부를 부지런히 하는 분들일수록 성과가 있어야 한다는 강박관념 때문에 많은 부담감을 느끼는 경우가 많은 듯합니다. 전혀 자극이 없는 것보다는 적당한 스트레스가 분발심을 일으킬 수도 있습니다. 하지만 잘하려는 욕심이 너무 앞서다 보면 오히려 공부가 어려워지는 경우가 있지요. 급하게 생각할 것 없이 공부해 가면서 조금씩 조금씩 발전해 가겠다고 느긋하게 생각하시면 좋을 것 같습니다.

예를 하나 들어볼까요? 고등학교를 졸업한 학생이 있다고 합시다. 그 학생은 이제 대학에 진학해야겠지요. 그런데 이 학생이 '나는 아직 대학생으로서의 소양이 없으니 대학생이 안 되겠다'고 생각한다면 그 학생은 영영 대학에 가지 못할 것입니다. 대학생으로서의 소양은 일단 대학에 입학해서 차근차근 공부하면서 쌓아가면 되는 것이지요. 참선 공부도 마찬가지입니다. '나는 아직 안 돼,' '나는 아직 성취가 전혀 없어' 하는 것과 같은 '나는 아직…' 하는 생각들에 너무 사로잡힐 필요가 없습니다. 말씀하신 대로 경계, 욕심에 끄달리실 것이 아니라 그냥 있는 살림살이를 그대로 드러내 보이며 꾸준히 한 걸음씩 나아가면 됩니다.

한편 참선 공부를 하다보면 하면 할수록 어느 경지에 이르게 되고, 너무나 재미가 있습니다. 맛 중의 최고가 도의 맛이라는 말도 있지 않습니까? 그러다 보니 간혹 공부 욕심이 통제가 되지 않는 경우도 있습니다. 이럴 때 욕심을 잘 돌려 써야 합니다.

욕심이라는 것은 모든 것을 내게로 끌어당기는 일종의 에너지라고 할 수 있습니다. 갓 태어난 어린아이가 본능적으로 엄마 젖을 끌어다 빨아 먹듯이 살아움직이는 것이라면 누구든지 갖고 태어난 욕심을 없애는 것은 정말 어려운 일이지요. 어차피 떨치기 힘든 욕심이라면 좀 큰 욕심을 내라고 말씀드리곤 합니다. '큰 욕심'이란 일체 중생을 제도하리라는 욕심, 부처님의 가르침을 통달하겠다는 욕심, 법륜을 굴리겠다는 욕심과 같은 것들을 말합니다. 같은 욕심이라도 이렇게 방향 전환을 하면 좋겠지요.

참선도
즐기면서 하라

● 참선 수행에 있어 가장 중요한 것은 무엇인가? 그것은 수단과 목적을 이원화하지 않는 것입니다. 즉, 참선이라는 수단을 통해서 깨달음이라는 결과를 얻겠다는 마음을 갖지 않는 것입니다. 만약 이런 마음을 가진다면 올바른 참선의 마음가짐이라고 할 수 없습니다. 마조도일 스님의 "도는 수행을 필요로 하지 않는다[道不用修]", 또는 "도는 수행에 속하지 않는다[道不屬修]"는 말씀을 유념할 필요가 있습니다.

그렇다면 어떤 마음가짐으로 참선을 해야 할까요? 그것은 바로 깨달음을 기다리는 마음, 곧 대오지심(待悟之心)을 갖지 말고, 화두를 들고 참선하고 있는 지금 이 순간 자체가 깨달음의 순간과 진배없는 최상의 행복임을 아는 마음가짐입니다.

참선도 즐기면서 해야 한다는 말입니다. 바로 지금 이 순간 화두 드는 것을 즐겁게 해야지, '이렇게 죽어라고 하다보면 언젠가는 깨달음이 오겠지' 하는 마음을 갖고 인상을 쓰면서 하다 보면 모든 참선의 병통이 생겨납니다. 그래서 참선하다가 위장병도 생기고 삭신이 쑤시고 머리에는 상기병이 오고 가슴은 답답해지는 것이지요.

깨달음을 얻겠다는 마음으로 인상을 쓰며 참선하는 것은 올바른 수행자의 모습이 아닙니다. 자비롭고 부드러운 미소와 함께 참선하는 것이 수행자의 참모습입니다. 깨달음은 태초에 완성되어 있는 것이지 수행이라는 인(因)을 통해서 깨달음이라는 과(果)를 얻는 것이 아님을 명심하시기 바랍니다.

그럼 수행을 하지 말라는 말이냐, 하면 또 그것도 아닙니다. 수행을 하지 않으면 범부에 불과하게 됩니다. 정확히 말하자면, 닦을 것은 몸과 마음이며, 깨달을 것은 성품이라고 하는 것입니다. 5조 홍인 대사의 제자로 있던 신수 스님은 자신의 경계를 다음과 같은 게송으로 표현하였습니다.

몸은 보리의 나무요, 마음은 밝은 거울의 받침대
때때로 부지런히 닦아, 때가 끼지 않도록 하라.

이 게송을 본 5조 홍인 대사는 "아직 문 안에 들어서지 못했다."고 지적하였습니다. 몸과 마음의 차원에 머물러 있는 한, 성품의 문 안에는 들어서지 못한다고 하는 것이지요. 이에 대해 노행자는 다음과 같은 게송을 지었습니다.

보리는 본래 나무가 없고, 밝은 거울 또한 받침대 없네.

불성은 항상 청정하거늘, 어디에 때가 끼겠는가?

그야말로 통쾌한 게송이 아닐 수 없습니다. 몸이니 마음이니 하는 것들은 고정된 실체가 없는 것입니다. 고정된 실체가 없는 것을 닦는다는 것이 결국은 허망한 것이지요. 그 차원에서 한 걸음 문 안으로 들어가 항상 청정한 성품자리를 노래함으로써 6조로서의 의발을 전수받게 된 것입니다. 결국 참선이란 몸과 마음을 닦는 차원에서 한 걸음 뛰어올라 본마음 참나를 단박에 보도록 하는 것입니다. 그러기 위해서는 우선적으로 판단중지, 즉 남의 허물을 보고 시비분별하지 않는 것이 중요합니다.

어느 날 제자인 신회가 육조 스님께 여쭈었습니다.

"큰스님께서는 좌선을 하면서 보십니까, 보지 않으십니까?"

이에 대해서 육조 스님은 "보기도 하고 보지 않기도 한다."라고 대답했습니다.

이를 의아히 여겨 되묻자, 육조 스님께서 말씀하셨습니다.

"내가 본다고 하는 것은 항상 나의 허물을 보는 것이다. 그러므로 본다고 말한다. 보지 않는다고 한 것은 하늘과 땅과 사람의 허물과 죄를 보지 않는다고 한 것이다. 그 까닭에 보기도 하고 보지 않기도 하느니라."

참선을 하면서 보는 것과 보지 않는 것이 있는데, 보아야 할 것은 나의 허물이고 보지 않아야 할 것은 하늘과 땅과 다른 사람의 허물이니, 이것이야말로 진정 참선을 하는 마음가짐이라는 것입니다. 하루 종일 가부좌를 틀고 앉아 있다 하더라도 틈만 나면 남의 허물이나 자기한테 누가 서운하게 한 일, 또는 시대적 문제 같은 것만 생각하고 있으면 그것은 올바른 참선이 아닙니다. 볼 것은 오직 하나, 나의 허물이라고 하는 것입니다.

참선과 좌선의 차이점

●　　　●　　　● 좌선은 참선 가운데 앉아서 하는 경우를 말하는 것입니다. 좌선은 가장 널리 알려진 참선 형태이긴 합니다만 반드시 참선을 앉아서만 해야 한다는 법은 없습니다. 자기를 돌아보고 본마음 자리를 찾고 하는 데에는 앉은 자세, 조용한 것이 도움이 되기 때문에 좌선을 하면서 참선을 시작하는 경우가 많습니다. 그러다 보니 좌선이 곧 참선의 전부라고 생각하는 분들이 더러 있습니다.

　　　그러나 앉아 있을 때만 참선을 한다고 생각한다면, 즉 좌선만이 참선이라고 생각한다면 하루에 참선하는 시간이 얼마나 되겠습니까? 참선은 앉아 있을 때뿐만 아니라 차를 타고 다닐 때도 할 수 있고 또 잠잘 때도 할 수 있고 틈날 때마다 할 수 있는 것입니다. 어떻게 그것이 가능할까요? 앉으나 서나 오나가나 화두를 챙기면 됩니다. 그렇게 공부하다 보면 잠자기 전에도 누워서 화두를 챙기다 잠이 들고 잠을 자면서도 화두를 챙기는 경지에 차츰 도달하게 됩니다.

『선요』의 주인공인 고봉 원묘 스님 같은 분은 걸어 다니는 선, 곧 행선(行禪)을 했습니다. 계속 걸어 다니면서 화두를 참구했다는 것이지요. 밥 먹을 때 빼고는 자리에 앉아 있지를 않았다고 하는데요, 이 스님은 그렇게 수행한 끝에 깨달음을 얻었지요.

또 어떤 스님은 무문관에서 6년 동안 좌선 수행을 한 다음 29년 동안 걷기 수행을 하기도 했습니다. 참선이라는 것은 성품을 보는 것이기 때문에 이 몸의 '행주좌와어묵동정(行住坐臥語默動靜)', 곧 이 몸이 걷거나 서거나 앉거나 눕거나, 말하거나 조용하거나 움직이거나 가만히 있거나 하고는 상관이 없습니다.

한편 자주 듣는 질문 중의 하나가 "참선의 핵심은 좌선이라고 할 수 있을까요?"라는 것입니다. 실제로 선문답은 그냥 말장난이고 좌선이야말로 참선의 핵심이라고 생각하시는 분들이 많은데 그렇지 않습니다. 좌선보다는 선지식과의 선문답에 참선의 핵심이 있다고 할 수 있습니다. 참선은 선문답을 통해서 해결이 안 된 부분, 자기 깜냥에서 벗어나지 못한 부분, 선지식의 질문에 대답하지 못한 부분을 참구하는 것이라고 볼 수 있습니다. 선가에서 보면 선문답 끝에 깨달음이 왔다는 의미로 '언하대오(言下大悟)', 즉 '말끝에 깨달았다'라는 말이 자주 나옵니다. 이것만 보아도 선문답이 깨달음에 있어서 얼마나 중요한 지 알 수 있습니다.

우리는 자신을 사람들에게, 재물에, 명예에, 애욕에, 고정관념에 또 기타 등등 여러 사연과 상황에 속박시키고 있습니다.

따라서 이 속박을 풀 수 있는 사람도 자기 자신뿐입니다. 스스로 놓아야, 스스로 쉬어야, 스스로 벗어나야 이 속박으로부터 해탈할 수 있는 것입니다.

《 1.8.4 》

참선은
공(空)으로부터 출발하는 수행

● ● ● 참선을 하라고 하면 호흡법을 먼저 생각하는 분들이 많습니다. 하지만 참선에서는 호흡법에 대해 이야기하지 않습니다. 굳이 신경 쓰지 않아도 화두를 참구하다 보면 저절로 호흡이 따라가기 때문입니다. 원래 참선에서의 호흡은 자연스러운 호흡입니다. 자연스러운 호흡은 평상시에 오고 가고 앉고 눕고 할 때 전혀 신경 쓰지 않는 호흡입니다.

호흡법이 필요한 것은 참선 중에서 좌선을 할 때입니다. 좌선을 하다보면 가슴이 답답해진다든가, 상기병이 온다든가, 또는 호흡이 부자연스러워진다든가 하는 경우가 있습니다. 호흡법은 이런 경우에 한해서 임시 처방으로 가르쳐드리는 것입니다.

자연스러운 호흡이 안 되는 분에게는 아랫배가 일어난다는 느낌으로 숨을 흐음 들이켜 보고, 다시 아랫배가 들어간다는 느낌으로 숨을 호오 내쉬어 보라고 가르쳐 드립니다. 이것은 원래 위빠싸나 수행자들이 하는 호흡법입니다. 자기의 호흡이 아랫배까지 들어갔다가 다시 천천히 밖으로 밀려나온다고 생각하면서 아랫배의 일어남과 사라짐을 관찰하는 방법입니다.

하지만 앞에서도 말한 바와 같이 이것은 임시 처방일 뿐입니다. 만약 호흡 자체를 수행의 척도로 삼게 되면 참선이 아니라 관법(觀法)이 됩니다.

불교신자들 중에서도 관법과 참선에 대해 혼동하는 분들이 많습니다. 지난번 불교방송 청취자 한 분이 메일을 보냈습니다. 그분 메일의 내용을 소개하면 다음과 같습니다.

"불교방송 법당에 기도하러 갔다가 오는 길에 걸어가자는 마음과 차를 타고 가자는 마음이 서로 다투는 것을 느꼈습니다. 결국은 걸어가자는 마음이 이겼지요. 걸어가는 내내 '그런데 걸어가자고 이긴 이 마음이 어떻게 생겼을까?' '신호등 앞에 닿으면 멈추라고 지시하고 파란불이 켜지면 건너가라고 지시하는 이 마음이 어떻게 생겼을까?' 하고 염하면서 대방동까지 걸었습니다. 그 마음을 바로 잡은 걸까요?"

이렇게 말하면서 관법과 참선이 어떻게 다른지 질문했습니다. 그분 애기를 인용해서 말씀드리면, 그분은 걸어가자고 하는 마음과 차를 타고 가자고 하는 마음을 잘 관찰하신 것입니다. 이런 관찰법이 관법입니다. 자기에게 지금 어떤 마음이 일어나는지, 또 어떻게 소멸되어 가는지를 잘 챙겨서 이 몸과 마음의 변화를 관찰하는 것이 관법의 핵심입니다.

이에 비해 참선은 화두를 챙기면서 몸과 마음 이전의 성품자리, 본성자리를 참구하는 것이라고 할 수 있습니다. 관찰하는 자를 관찰한다고 할까요? 궁극적으로 참선은 공(空)으로부터 출발하는 수행이라는 겁니다. 대부분 수행은 공으로 향해가는 경향이 있습니다. 공을 터득하는 것이 목표 아닌 목표가 되는 것이지요. 하지만 참선은 몸과 마음이 모두 공하다는 사실에서 출발합니다. 색즉시공(色卽是空)에서 시작해서 공즉시색(空卽是色)을 터득하는 것이지요. 이에 관한 재미있는 일화가 있습니다.

몹시 더운 어느 여름날, 마곡보철 선사가 부채질을 하고 있었다. 그 때 어떤 스님이 와서 물었다. "바람의 본질은 변함이 없고 두루 작용하지 않는 곳이 없다는데, 스님은 어째서 부채질을 하고 계십니까?"

    선사가 대답했다. "그대는 바람의 본질이 변함이 없다는 것은 아는지 몰라도, 두루 작용하지 않는 곳이 없다는 이치는 모르고 있구만."

    "그것이 무엇입니까?"

    선사는 아무 말 없이 부채질을 계속했다.

바람의 본질은 변함이 없고, 두루 작용하지 않는 곳이 없기 때문에 부채질을 하지 않아도 된다고 생각한다면, 그것은 공(空)에 떨어진 것입니다. 더위는 본래 없습니다. 그러나 더운 현상은 실존하는 것입니다. 그러므로 부채질을 해야 바람을 느낄 수 있는 것입니다. 아니, 부채질을 떠나서 바람이 따로 있는 것도 아니라고 하는 것입니다.

화두란
무엇인가?

● ● ● 화두라는 말은 우리 생활 속에 깊숙이 자리 잡은 불교용어입니다. 그런데 막상 화두에 대해 물어보면 정확하게 답변을 하는 이들은 드뭅니다.

화두는 이야기 화(話) 자, 머리 두(頭) 자를 씁니다. 곧 말머리가 되는 이야기, 마음공부를 해나가는 실마리라고 할 수 있습니다. 화두는 일종의 수수께끼 같은 것이라 딱히 그 의미나 정답이 정해져 있지 않습니다. 만약 그 의미나 정답을 투철하게 알고 싶다면 오직 열심히 노력해서 화두를 깨치는 수밖에 없습니다. 불법의 진리는 꾸준히 공부하고 수행해야 알 수 있는 것이기 때문입니다.

선에 관한 옛날 조사스님들의 이야기라든가 서로 주고받은 대담 가운데 우리에게 표상이 될 만한, 참고가 될 만한, 공부가 될 만한 그런 이야기를 화두라고 하는 것입니다. 보통 참선을 간화선(看話禪)이라고 하는데, 이때는 화두를 보는 선이라는 의미가 되겠지요. 참선할 때 '화두를 챙긴다,' '화두를 든다' 라는 표현을 쓰는 사실에서 알 수 있듯, 참선 공부할 때 필요한 것이 바로 화두입니다.

참선을 하려면 꼭 화두를 가지고 해야 하는가? 그렇습니다. 우리가 살아가다 보면 욕심, 성냄, 어리석음이 시시각각 올라옵니다. 화두는 바로 그런 순간에 그것들을 싹둑 잘라주는 것입니다. 마치 관운장의 청룡도와 같고, 철을 녹이는 기세로 그것들을 부글부글 끓여 없애버리는 용광로와 같은 것입니다.

이제 한번 생각해 보시기 바랍니다. 이런 청룡도와 용광로를 갖고 수행하는 것과 그런 것 없이 그냥 수행하는 것 중에서 어느 쪽이 더 낫겠습니까? 결론은 여러분이 더 잘 아실 것입니다.

그러므로 선지식에게 화두를 받아서 수행하는 것이 올바른 방법입니다. 선지식이 주신 화두라야 믿음이 가고, 나중에 지도를 받을 수 있고, 또 점검을 받을 수도 있기 때문입니다. 선지식이 내린 화두를 하나 소개 드려 볼까요. 근세 최고의 선지식이라고 할 수 있는 경허 선사의 경우에는 "천진면목 나의 부처 분명한 나의 마음, 어떻게 생겼는가?"라는 화두를 내리고 있습니다.

화두를
잘 챙기는 법

● ● ● 화두를 잘 드는 것은 어떤 것일까에 대해서도 궁금하실 것입니다. 현실 생활 속에서 내 마음이 경계에 부딪혔을 때에도 화두를 여여하게 들 수 있다면, 그것이 바로 화두를 잘 드는 것이고 마음공부 잘 하는 것입니다.

어떤 분이 질문하기를, 운전하면서 화두를 들다 보니 혈압이 올라 뒷골이 아프다고 하더군요. 시비 분별심을 가지고 화두를 들기 때문에 그렇습니다. 화두를 들 때에는 지금까지 알고 있는 것을 모두 놓아버려야 합니다. 시비 분별심을 모두 버리고 그저 '이 마음이 어떤 걸까, 어떻게 생겼을까' 하고 배에다 화두를 놓고 들면 혈압도 안 오르고 편안할 것입니다.

참선을 할 때 배가 아니라 머리로 화두 참구를 하면, 즉 사량 분별심으로 하면 머리에 열이 오르기도 하고 상기병이 생기기도 합니다. 상기(上氣)는 기가 위로 상승한 것을 말합니다. 상기가 되면 얼굴이 빨갛게 되면서 두통이 오고, 머리에 뾰족한 것이 튀어나오기도 합니다.

상기가 되지 않으려면 화두를 배로 들어야 됩니다. 화두가 배에 가 있으면 상기가 되지 않습니다. 만약 머리로, 사량 분별하는 마음으로 화두를 들게 되면 피가 머리로 몰려서 상기가 듭니다. 이미 상기가 들었다면 잠시 공부를 쉬어야 합니다. 상기가 심하지 않으면 숨을 저 뱃속까지 깊이 들이마셨다가 천천히 내쉬는 복식 호흡을 하면 내려옵니다.

저도 상기 때문에 고생한 적이 있습니다. 요즘 사람들은 뭐든지 사량 분별심으로 해결하려 들다보니 상기가 잘 되는 편입니다. 화두는 머리로 드는 것이 아니라는 점을 잊지 말아야 합니다. 만약 참선 공부가 머리만으로 할 수 있는 것이라면 아이큐 좋은 사람들은 누구나 견성할 수 있겠지요. 경험해 보신 분들은 아시겠지만, 화두는 머리로 참구하는 게 아니고 배로 참구하는 것입니다.

마음은 본래 실체가 없고 용처(用處)에 따라서 나타났다가 사라질 뿐입니다. 마음이 아랫배에 있다고 생각하면 아랫배에 있게 되어 있습니다. 하지만 머리로 사량 분별하면 머리에 와 있게 됩니다. 당장 알아듣기 힘들면 일단은 화두가 배에 있다고 생각하면 됩니다. 아랫배에 마음의 중심이 가 있는 것이지요.

참선은 훈련이고 현실 생활은 실전입니다. 훈련할 때 아무리 총을 잘 쏘더라도 실전에서 잘 못 쏜다면 아무 소용이 없는 것과 같습니다. 현실 생활 속에서 애착이 생겨났을 때에도 '애착하는 이 마음이 어떤 것일까, 어떻게 생겼을까' 하고 생각하며 평정심을 유지할 수 있다면, 또 누군가 나에게 욕을 해댈 때에도 '화를 내려고 하는 이 마음이 어떤 것일까, 어떻게 생겼을까' 생각하며 화를 내지 않는다면 그야말로 많이 공부가 되었다고 할 수 있겠습니다. 이런 경지에 이르기 위해서는 그 이전에 많은 훈련을 필요로 합니다. 훈련을 충분히 하지 않고 현실 생활이라는 실전에 나가면 서투를 수밖에 없을 것입니다.

불교를 믿고 참선 공부하는 것은 우리들의 몸과 마음이 구속으로부터 해탈하기 위해서입니다. 요즘 학력 위조 이야기가 많이 나오는데, 학벌로부터의 자유, 돈으로부터의 자유, 명예로부터의 자유, 신으로부터의 자유를 누리는 참다운 대자유인이 되는 것이 참선수행의 목표입니다.

『선문염송』에 보면 4조 도신 대사와 3조 승찬 대사의 문답이 나옵니다. 4조가 3조에게 말했습니다.

"화상께서는 자비를 베푸시어 해탈 법문을 들려주십시오."
3조가 반문했습니다. "누가 그대를 묶은 적이 있느냐?"
4조가 대답했습니다. "아무도 속박한 이가 없습니다."
다시 3조가 물었습니다. "그런데 어찌 해탈을 구하는가?"
이에 4조가 언하대오(言下大悟), 즉 말끝에 깨달았습니다.

해탈이란, 풀 해 벗어날 탈, 즉 속박을 풀고 벗어난다는 뜻입니다. 그런데 아무도 속박한 이가 없다면 누가 속박한 것일까요? 그것은 바로 자기 자신입니다. 자승자박인 것이지요. 결국 우리가 해탈해야 할 것은 남에 의한 속박이 아니라 자기 자신에 의한 속박입니다. 우리는 자신을 사람들에게, 재물에, 명예에, 애욕에, 고정관념에 또 기타 등등 여러 사연과 상황에 속박시키고 있습니다. 따라서 이 속박을 풀 수 있는 사람도 자기 자신뿐입니다. <u>스스로 놓아야</u>, <u>스스로 쉬어야</u>, <u>스스로 벗어나야</u> 이 속박으로부터 해탈할 수 있는 것입니다.

참선 수행한 이들이 겪은
체험담 몇 가지

【 사례 1 】 몇 년 전 참선하다가 물속 달빛같이 편안한 이 주체를 만났습니다. 스르르 몸과 바깥이 한 순간 사라져 너무 편안하고 행복했습니다. 그리고 한 쪽 다리가 아프다는 생각에 눈을 떠 보니 그냥 모든 것이 그대로여서 의아했습니다. 전 세상이 전과는 다르게 보일 것이라고 생각했거든요. 하지만 그 이후로는 참선을 통해 그러한 체험을 하지 못한 채 시간만 흐르고 있습니다. 아마도 이미 뭔가를 확인했다는 생각에 게을러졌던 것 같습니다.

그 체험 이후로 삶과 죽음이 더 이상 두렵지 않고 다음 생명 모두 그럴 것이라 확신합니다. 외람되지만 '천상천하 유아독존'이라는 부처님 말씀도 생각하는 각각의 주체 말고는 나와 바깥이 따로 있지 않다는 뜻으로 나름대로 이해하고 있습니다. 하지만 현실 속에서 걱정하고 기쁘고 슬프고 여전합니다. 힘든 상황에 고민도 하구요. 어떻게 하는 것이 가장 최선일까를 고민하며 잠을 못 자도 이것이 모두 허망한 꿈인 줄은 알고 있습니다. 이런 글을 읽으시고 무식하다고 한탄하실까 두렵습니다만, 스님께서 바른 길로 이끌어 주시기를 간청합니다.

명상을 하면서 좋은 경험을 하셨군요. 명상을 하다보면 여러 가지 경계를 다 만나게 됩니다. 경계에는 부처님에게 인가를 받았다든가 편안함을 봤다든가 빛을 봤다든가 하는 여러 가지 것들이 있지요. 하지만 이것은 수행 중에 나타나는 한 가지 경계에 불과한 것입니다. 부처님께서도 여러 가지 경계를 다 맛보시고 최상의 경계까지 올라가셨습니다. 하지만 눈을 떴을 때 여전히 그대로인 현실을 보면서 그러한 체험이 실은 마음의 경계일 뿐임을 깨달으셨지요.

참선이라는 것은 마음의 경계가 아니라 철저한 현실입니다. 명상을 할 때뿐만 아니라 거친 현실의 이 삶을 살아가면서도 내 마음에 온전한 평화와 무분별심, 그리고 거기서부터 나오는 지혜가 열릴 때 실로 공부가 되었다고 할 수 있는 것입니다. 질문하신 분께서 말씀하신 경험도 열심히 공부하신 결과이긴 합니다만, 거기에 머물지 마시고 현실상의 역경계와 순경계에 닥쳐서도 여여부동한 마음을 유지할 수 있도록 더욱 정진하시기 바랍니다.

【 사례 2 】 부처님께서는 어떤 상도 취하지 말라 하셨는데 참선 중의 경험에서 벗어나지 못하고 몇 년을 헤맸습니다. 이제야 스님 덕분에 잠시라도 다람쥐 쳇바퀴를 멈춰볼 수 있게 되었습니다. 그 동안은 공부의 진전을 이룰 수 있는 방법을 모르고 살았던 것 같습니다.

참선 혹은 좌선을 하다보면 여러 가지 경험을 하게 됩니다. 빛이 보인다거나, 부처님이 보인다거나, 또 어디 산 건너편이 보인다거나, 앉아서도 미국 땅을 왔다 갔다 한다거나 하는 경험이 바로 그런 것들이지요. 하지만 이런 것들은 모두 내 마음의 분별식의 작용일 뿐이라고 생각하시면 됩니다. 알고 보면 현실도 꿈에 불과하다고 하니, 이런 것들은 결국 꿈속에서 꿈을 꾼 것과 마찬가집니다.

【 사례 3 】 참선 수행을 하는데 지난 유년 시절에 느끼지 못하던 참회의 순간이 눈물로 한 며칠 흐르더니 가끔 무자 화두 속에 슬픔과 기쁜 마음에 몸이 날아갈 듯하기도 합니다. 참선할 때 눈물이 나는 것은 왜 그런 것일까요?

참선할 때 눈물이 자주 난다고 하셨는데, 아마도 참회의 눈물인 것 같습니다. 참선을 하기 위해 계속 앉아 있다 보면 어렸을 적에 사탕 사먹던 기억부터 시작해서 남을 원망했던 마음, 성 냈던 마음 등등 별별 기억들이 다 올라옵니다. 그러면서 자기 자신의 마음속에 있는 것들을 돌이켜 관찰해 보면 '내가 잘못한 것이 한두 가지가 아니구나,' '내가 지금까지 잘 살아온 줄 알았더니 이제 보니 허물이 많았구나' 하면서 저절로 스스로를 참회하게 됩니다. 그렇게 되면 눈물이 나올 수도 있는데요, 이렇게 해서 흘리는 눈물은 굉장히 좋습니다. 업장이 소멸할 뿐만 아니라 몸과 마음이 아주 가벼워지는 체험을 할 수 있기 때문이지요. 그런 눈물은 얼마든지 흘려도 좋습니다. 속이 시원해지게 엉엉 소리 내서 울어도 됩니다.

【 사례 4 】 저는 집중이 잘 될 때면 세상과 내가 하나가 된 듯이 기쁘고 뿌듯합니다. 집중이 곧 선인지요?

세상과 내가 하나가 된 듯이 기쁘고 뿌듯한 느낌은 아주 귀중한 체험입니다. 그런데 집중과 선은 좀 차이가 있습니다. 마음 공부의 단계 가운데 집중과 선이 위치하는 단계가 다르기 때문입니다.

마음 공부에는 세 단계가 있습니다. 첫째는 일심 공부, 둘째는 무심 공부, 셋째는 발심 공부입니다. 집중은 이 가운데 첫 번째 단계인 일심 공부에 해당합니다. 하나로 마음을 뭉쳐가는 것이기 때문이지요. 한편 선은 두 번째 단계인 무심 공부에 해당합니다. 일심 공부에서 한 걸음 더 나아가서 일심마저 사라진 경지이기 때문이지요. 그렇다면 세 번째 단계인 발심 공부는 무엇일까요? 무심 공부가 된 상태에서 일부러 중생제도의 한 마음을 일으키는 것이 바로 발심 공부입니다. 이러한 마음공부의 세 단계를 항상 유념하시기 바랍니다.

【 사례 5 】 스님이 말씀하신 것처럼 '화내는 이 마음이 어떤 걸까, 어떻게 생긴 걸까' 하고 화두 참구를 해 보려고 했는데, 짜증나고 화가 나는 상황이니까 '화두고 뭐고 모르겠다' 는 생각이 들더군요. 2개월 전부터 나름대로 이리저리 정보도 구해가면서 불교 공부, 마음 공부를 시작한 뒤부터는 일을 하면서도 예전 같으면 화낼 일도 넘어가고 화가 나도 금방 가라앉힐 수가 있어서 '아~ 이런 게 마음 공부구나' 했는데 오늘은 어쩔 수 없는 상황에서 연유한 것인데도 왜 그렇게 화가 다스려지지 않는 것인지요. 불교 공부를 하기 전과 똑같이 몇 시간을 화내는 마음에 휘둘리고 나서는 별 것 아닌 것 때문에 서서히 올라오는 화의 불길을 조절하지 못하는 제 모습에 또 속이 상하네요. 공부가 너무 모자람을 오늘 확실히 확인했습니다.

마음공부를 하실 때 처음부터 너무 큰 기대를 하시면 안 됩니다. 공부는 콩나물에 물 주듯이, 가랑비에 옷 젖듯이 해야 한다고 말씀드린 적이 있습니다. 콩나물을 기르는 시루에 물을 주면 어떻게 되나요? 물이 밑으로 쫙쫙 다 흘러서 빠져나가는 것만 같지요. 그러나 하루 이틀 사흘 나흘 계속 주다 보면 어느새 콩나물이 조금씩 조금씩 자라납니다. 마음공부도 이와 같습니다. 해도 해도 별 성과가 없는 것 같지만 그러는 사이에 조금씩 조금씩 성취되는 바가 있습니다. 그래서 공부는 콩나물에 물

주듯이, 가랑비에 옷 젖듯이 꾸준히 해야 한다고 말씀 드린 것입니다. 내가 화를 다스려야 하는데 못 다스렸구나 하는 마음을 가진 것만 해도 이미 마음공부가 되어 가고 있다는 증거입니다. 말씀하신 것과 같은 상황에서도 화가 완전히 다스려진다면 그것은 정말 엄청나게 공부가 된 것이지요.

마음공부라는 것도 결국 마음을 열자는 것입니다. 한없이 열어서 나중에는 열 것조차 없는 경지, 그래서 안과 밖이 둘이 아닌 경지로 가자는 것입니다. 이것이 바로 무문관(無門關)의 참 의미입니다.

문이 없기 때문에 오히려 아무 데로나 다 들어갈 수 있는 사통팔달의 상태가 진정한 무문관 아닐까요?

콩나물을 기르는 시루에 물을 주면 어떻게 되나요? 물이 밑으로 쫙쫙 다 흘러서 빠져나가는 것만 같지요. 그러나 하루 이틀 사흘 나흘 계속 주다 보면 어느새 콩나물이 조금씩 조금씩 자라납니다.

마음공부도 이와 같습니다. 해도 해도 별 성과가 없는 것 같지만 그러는 사이에 조금씩 조금씩 성취되는 바가 있습니다.

참선 백문백답,
공감하며 공부하며

● ● ● 불교방송을 진행하다 보니 우리나라 청취자뿐만 아니라 미국, 중국, 네덜란드, 독일, 영국 등 전 세계에서 소식이 옵니다. 항상 인터넷으로 방송을 들으면서 참선 공부를 하고 있다는 소식을 들으면 참으로 감회가 새롭습니다. 이런 것을 보면 세상이 정말 개화되고 있는 듯합니다. 하지만 세상은 이런 반면에 우리의 마음은 얼마나 개화되고 있는가 하는 반성을 하게 됩니다. 세상은 점점 열리고 있는데 아직도 마음에 빗장을 걸어 닫아 놓고 내 것만이 옳다, 내 신앙만이 옳다, 내 사상만이 옳다고 주장하지는 않았던가 생각해 봐야겠습니다.

마음공부라는 것도 결국 마음을 열자는 것입니다. 한없이 열어서 나중에는 열 것조차 없는 경지, 그래서 안과 밖이 둘이 아닌 경지로 가자는 것입니다. 이것이 바로 무문관(無門關)의 참 의미입니다. 사방이 다 꽉 차서 아무 데도 나갈 수 없는 상태를 무문관으로 알고 있다면, 그것도 역시 열린 마음이 아닙니다. 문이 없기 때문에 오히려 아무 데로나 다 들어갈 수 있는 사통팔달의 상태가 진정한 무문관 아닐까요?

불교방송을 꾸준히 들으면서 공부하다 보면 모르는 것도 알게 되고 자신도 모르는 사이에 업그레이드가 됩니다. 이 방송은 눈높이에 맞춘 공부도 하는 한편, 다른 한편으로는 또 업그레이드할 수 있는 공부도 병행해서 하고 있습니다. 그래서 눈높이에 맞춘 공부를 할 때는 이해가 잘 되지만 업그레이드 하는 공부를 할 때는 이해가 잘 안 되는 경우가 있겠지요. 하지만 그런 것들도 꾸준히 공부하다 보면 점차 가슴에 와 닿게 됩니다. 그러면서 자기 자신도 업그레이드가 되는 것입니다. 다른 사람들의 고민, 질문을 함께 듣다 보면 공감대가 형성되고 생동감 있는 공부를 할 수 있습니다.

모쪼록 마음공부를 통해 우리가 본래 지니고 있는 본마음 참 나를 찾아 모두가 함께 생사 일대사를 해결하고, 주인공으로 행복하게 살아가시기를 발원합니다.

【 Q 001 】 마음을 바꾸는 것으로 고통을 벗어날 수 있을까요?

【 A 001 】 대승 보살심을 일으키는 것이 하나의 방법이 될 수 있습니다. 제가 학창 시절에 한 번은 세검정 삼각산에 등산을 갔습니다. 추운 한겨울인지라, 정상 근처에 올라 텐트를 치고, 그 안에서 물을 끓이던 중 코펠에 발이 걸리는 바람에 펄펄 끓는 물이 온통 발등에 쏟아져 화상을 입었습니다. 그래서 일행의 부축을 받으면서 산을 내려오는데, 한 걸음 한 걸음을 뗄 때마다 화상을 입은 발등과 헐겁게 신은 신발 안쪽이 서로 접촉되면서 그렇게 고통스러울 수가 없더군요. 한 발자국 한 발자국이 말 그대로 지옥과 같은 고통을 안겨주었습니다. 그때 불현듯 '발등만 데어도 이렇게 고통스러운데, 이 세상에는 이보다 더한 육체적 고통, 그리고 그보다 더한 정신적 고통을 겪는 사람들이 많이 있을 것이다. 앞으로 그런 사람들을 위해 살아야겠다.' 하는 기특한 생각이 들었어요.

그런데 신기한 일이 일어났습니다. 그런 생각을 먹자마자 고통이 싹 사라지는 것입니다. 이것이 의학적으로 어떻게 풀이가 될 수 있는지는 잘 모르겠습니다만, 제가 직접 겪은 일이기 때문에 자신 있게 얘기할 수 있습니다. 화상을 입은 발등 때문에 고통스럽다는 생각에서 이보다 더한 육체적·정신적 고통을 겪는 사람들을 위해 살아야겠다는 생각으로 마음의 초점을 바꾸자 오히려 나의 고통에서 벗어날 수 있었던 것이지요.

당시에 제가 냈던 마음, 곧 남을 위해 살겠다는 마음이 바로 대승 보살심이라고 할 수 있습니다. 마음의 초점을 나의 고통에만 맞추면 계속 고통스러울 뿐입니다. 오히려 남의 고통에 마음의 초점을 맞추는 대승 보살심을 내면 자신의 고통이 저절로 사라지게 됩니다.

【 Q 002 】 어제는 직장 다녀와서 다시 듣기로 스님 방송을 듣던 중 『육조단경』 공부가 너무나 가슴에 와 닿아 눈물이 핑 돌았습니다.

【 A 002 】 『육조단경』은 육조(六祖) 스님의 법어록인데, 그야말로 참선의 교과서라고 할 수 있습니다. 원래 '경(經)'은 부처님께서 말씀하신 가르침을 모아놓은 것을 말합니다. 그런데 육조단경은 부처님의 말씀을 모아놓은 것이 아니고 육조 혜능 대사의 말씀을 모아놓은 것인데도 경이라고 부릅니다. 그것은 『육조단경』이야말로 경이라고 불리기에 손색이 없을 정도로 부처님 가르침 그 자체라고 보기 때문입니다. 『육조단

경』을 보지 않고 참선에 대해 말하지 말라고 할 정도입니다.

육조 스님은 혜능 대사를 말합니다. 초조(初祖) 보리달마 스님으로부터 여섯 번째 되시는 조사스님이라는 의미에서 육조 스님이라고 많이 부릅니다. 육조 혜능 스님은 육신 보살(肉身菩薩), 곧 몸뚱이로 나투신 보살이라는 별명을 갖고 있기도 했습니다. 육조 스님은 선종사에서 아주 중요한 분이십니다. 육조 스님 전까지 선은 특수한 사람들이 특수한 장소에서 특수한 시간에 하는 것으로 생각되곤 했습니다. 요즘에도 수행자들이, 또는 수좌스님들이 선방에서 결제 기간 동안 하는 것만이 선이라고 알고 있는 분들이 더러 있지요. 하지만 육조 스님은 이러한 통념을 깨고 언제 어디서나 누구나 할 수 있는 것이 참선이라는 당시로서는 혁명적인 생각을 제시하셨습니다. 참선이 대중화되어 많은 사람들에게 영향을 미치게 된 것은 육조 스님 덕분이라고 할 수 있습니다. 『육조단경』 역시 바로 지금 여기에서의 생활을 떠나지 않고도 공부를 할 수 있다는 것을 가르치고 있습니다.

그런 『육조단경』을 듣고 눈물이 핑 돌았다고 하시니 공부가 제대로 되고 있는 것 같습니다. 『육조단경』도 제대로 읽지 않고 참선 공부 한다고 하시는 분들이 계시는데, 이런 분들이 실제로 공부하는 것을 보면 참선이 아닌 명상법이나 또는 몸이나 마음을 닦는 관법인 경우가 많습니다.

【 Q 003 】 『육조단경』에 보면 혜능 대사께서 "선지식들이여, 마음을 맑히고 마하반야바라밀법을 생각하라." 하고 말씀하시는 부분이 있습니다. 왜 혜능 대사께서는 설법을 듣는 이들을 '선지식' 이라고 부르셨는지요?

【 A 003 】 말 그대로 설법을 듣고 있는 사부대중들이 곧 선지식이라는 의미입니다. 우리들은 모두 이미 마음속에 선지식을 갖추고 있다는 뜻이지요. 어떻게 그것이 가능할까요? 그것은 불법승 삼보조차도 다 내 안의 본마음, 참 나, 자성자리에서 나온 것이기 때문입니다. '삼보에 귀의한다' 는 말을 많이 쓰는데요, '귀의(歸依)' 라는 것은 돌아가 의지한다는 뜻입니다. 만약 '삼보에 귀의한다' 의 '삼보' 가 나 바깥에 있다면 돌아가서 의지하는 것이 아니라 그냥 밖으로 의지하는 것이 되겠지요.

따라서 여기서의 '삼보' 는 내 마음 자리의 부처님, 내 마음 자리의 가르침, 내 마음 자리의 부처님 제자들을 의미합니다. 우리가 귀의할 삼보가 이미 우리 마음속에 구족되어 있으니 우리는 당연히 선지식일 수밖에 없지요. 혜능 대사께서 "마하반야바라밀법을 생각하라."고 한 것은 이 사실을 대중들에게 확인시키기 위한 것입니다. '마하반야바라밀'은 '위대한 지혜로써 저 언덕으로 건너간다,' '열반의 언덕으로 건너간다,' '지혜를 완성한다'는 의미를 가지고 있습니다. 『육조단경』을 시작할 때마다 항상 마하반야바라밀을 세 번 염하는데요, 이것은 스님께서 마하반야바라밀을 구념심행(口念心行)하라는 말씀을 『육조단경』에서 하셨기 때문입니다. 마하반야바라밀을 염하실 때 그 소리를 들어보시기를 바랍니다. 열심히 듣다보면 염하는 이와 듣는 이가 사라지는 경지가 올 것입니다.

【 Q 004 】 참선 백문백답을 애청하며 항상 스님의 가르침에 감사하고 있습니다. 벽관이 무엇인지 잘 몰라 여쭈어 봅니다. 그리고 '비심비불(非心非佛)'에 대해서도 그 뜻을 자세히 알려 주시면 감사하겠습니다.

【 A 004 】 벽관(壁觀)은 말 그대로 벽을 관찰한다는 것입니다. 달마 대사께서 처음에 중국에 오셔서 선법을 펼치려 했지만 양무제와 서로 기연이 맞지 않아서 홀로 소림사 소림굴로 가서서 벽관을 하셨다는 기록이 전해집니다. 그래서 달마 대사는 하루 종일 벽만 관찰하고 있는 바라문, 곧 벽관 바라문이라는 별명을 얻게 되었지요.

달마 대사의 말씀 가운데 "바깥으로는 모든 연을 쉬고 안으로는 마음의 헐떡임이 없어서 마음이 장벽과 같아야 가히 도에 들어간다(外息諸緣 內心無喘 心如牆壁 可以入道)"는 말은 벽관의 의미를 잘 설명해 줍니다.

우리가 공부할 때는 바깥의 여러 가지 반연들, 얽히고 설킨 인연들을 일단 쉬어야 공부가 됩니다. 할 일 다 해가면서 남의 참견할 것 다 참견해가면서 전화 받을 것 다 받아가면서 하려면 공부가 안 되지요. 왜 그럴까요? 우리의 몸이나 마음이 다 에너지인데 이것이 분산되면 집중된 어떤 힘을 발휘할 수가 없기 때문입니다. 독서삼매라는 말에서도 보듯 어떤 일에 몰두할 때 바로 거기에서 삼매력이 생겨나는 것이지요.

'내심무천(內心無喘)'할 때 '천' 자는 '헐떡일 천(喘)'인데 정말 표현을 잘 했다고 생각해요. 우리는 살아가면서 많이 헐떡입니다. 돈에 헐떡이고, 이성에 헐떡이고, 권세에 헐떡이고, 또는 콤플렉스를 갖고 뭔가에 헐떡이기도 하지요. 그런 헐떡이는 마음이 푹 쉬어서(內心無喘) 마음이 마치 장벽처럼 무덤덤해야(心如牆壁) 가히 도에 들어갈 수 있다(可以入道)는 것입니다. 장벽에다 보석을 갖다 비춰준들 장벽이 꿈쩍할 리 없고, 미인을 앞에 세워둔들 장벽이 흔들릴 리 없겠지요. 벽관이라는 것도 그런 의미로 이해하시면 되겠습니다.

'비심비불(非心非佛)'이라고 하는 것은 마조 스님의 일화에 나오는 이야기입니다. '즉심즉불(卽心卽佛)', 즉 '마음이 곧 부처다'라고 이야기했는데 사람들이 또 물어보니까 마음도 아니고 부처도 아니다 이렇게 대답을 하셨어요. 이것은 제가 설명해 줄 일이 아니고 스스로 열심히 공부해서 터득해야 됩니다.

【 Q 005 】 스님 말씀 들으며 제가 현재 하는 일에 좀 더 몰두하게 됩니다. 방송에서 화두에 관한 이야기를 듣긴 하지만 공부가 부족하다 보니 우선은 지금 하는 일에나 잘 머물기를 바랄 뿐입니다. 그런데 요즘은 깨달음을 얻으신 분들이 얼마나 계시나요? 어떻게 알 수가 있는지요?

【 A 005 】 경전에 보면 불교가 아닌 외도들도 깨달음을 얻을 수 있다고 나와 있습니다. 이를 보면 깨달음이라고 해서 다 같은 깨달음이 아님을 알 수 있지요. 『대승기신론』의 경우에는 불각(不覺), 상사각(相似覺), 수분각(隨分覺), 구경각(究竟覺)을 구분합니다. 구경각은 부처님의 깨달음인 아뇩다라삼먁삼보리, 곧 최고 경지의 깨달음입니다. 수분각은 분에 따르는 깨달음, 곧 깜냥대로의 깨달음입니다. 외도들도 깜냥대로 깨달은 것을 가지고 나도 깨달았다고 이야기하지요. 상사각은 비슷한 깨달음, 요새 말하는 짝퉁 깨달음이지요.

요즈음에도 물론 선지식이 계십니다. 하지만 그렇게 깨달음을 얻은 선지식이 얼마나 있는지, 또 어떻게 알 수 있는지 한마디로 말씀드리기는 쉽지 않습니다. 다만 지금 가까이 계시는 분 가운데 본인에게 가장 어려운 부분, 가장 가려운 부분을 잘 해결해 줄 수 있는 분이 바로 본인의 선지식이라고 생각하시면 될 것 같습니다. 먼 곳에서 선지식을 찾거나 부처님같이 모든 것을 갖춘 선지식만을 찾다보면 이 생이 다 가도록 못 만나는 수가 있지요.

【 Q 006 】 '있는 것은 없고 없는 것은 있다'는 가르침을 들었습니다. 상식만으로는 이해하기 힘든 이런 가르침을 접할 때면 불법이 참 어렵다는 생각이 듭니다.

【 A 006 】 참선 공부를 시작할 때에는 산은 산이고 물은 물일 뿐입니다. 그러나 공부를 계속

하다보면 산은 산이 아니고 물은 물이 아닙니다. 일체의 존재는 고정불변의 실체가 없이 계속 변화하기 때문입니다. 상전벽해(桑田碧海), 즉 뽕나무 밭이 푸른 바다가 된다는 말을 연상하시면 될 것 같습니다. 그런데 이것은 반 바퀴, 즉 180도를 돈 것입니다. 우리의 상식과는 반대로 돌아선 것이지요. 그래서 이 자리에서만 생각하면 불교는 어려울 수밖에 없습니다.

여기서 멈출 것이 아니라 반 바퀴를 더 돌아서, 즉 처음 위치에서 볼 때 360도를 돌아야 됩니다. 180도만 돌면 산은 산이 아니요, 물은 물이 아닌데, 180도를 더 돌아서 360도를 돌고 나면 다시 또 산은 산이요, 물은 물이 됩니다. 왜 그런 것일까요? 바로 지금 여기에서 나의 행위를 떠나서 또 다른 진리가 있는 것이 아니기 때문입니다. 이 경지에 도달하면 열심히 살되 애착하지 않는 도리를 배우게 됩니다. 소유자의 시선이 아니라 관리자의 시선으로 살아가는 법을 깨닫게 되는 것이지요.

【 Q 007 】 참선할 때 양 손을 두 무릎 위에 올려놓고 해도 될까요?

【 A 007 】 좌선할 때는 보통 법계정인(法界定印)이라고 해서 양손으로 동그라미 그리듯이 엄지와 엄지끼리 맞붙이고 또 오른손과 왼손을 포개 놓습니다.

그런데 무더운 여름에 이렇게 하고 참선을 하다 보면 손이 닿아 있다 보니 덥기도 하고 또 손에 땀도 고입니다. 그래서 양손을 떼게 되는 경우가 있는데요, 저도 선방에서 참선하다가 더울 때는 양손을 떼서 무릎 위에 놓고 하기도 했습니다.

그런데 이렇게 손을 떼고 있으면 편하기는 합니다만 마음이 분산될 수 있습니다. 수인(手印)이라는 말이 따로 있는 것에서 알 수 있는 바와 같이 손을 어떻게 하고 있느냐는 중요하다고 할 수 있지요. 저도 방송하면서 "당신이 주인공입니다"라고 할 때 손을 흔들면서 할 때와 그냥 손을 가만히 놔두고 할 때는 목소리가 다르게 나옵니다. 참선할 때에도 원래의 가르침대로 가능한 한 제대로 된 손의 자세를 취하는 것이 좋습니다.

【 Q 008 】 참선을 하고 나면 글씨가 흐려 보이는데요?

【 A 008 】 참선을 할 때 시선을 바깥에 맞춘다든가 눈을 억지로 부릅뜨고 계신 것 같군요. 참선할 때 시선은 화두에 가 있어야 됩니다. 바깥의 물체를 집중해서 보고 있는 것은

참선이 아니라 관법입니다. 눈은 떠 있어도 마음의 시선은 화두에 가 있어야 됩니다. 뭔가를 쳐다보면서 눈을 억지로 부릅뜨고 있던가 하면 말씀하신 것과 같은 경우가 있습니다.

【 Q 009 】 참선과 명상, 참선과 참배의 차이점은 무엇인가요?

【 A 009 】 참선과 명상의 차이점으로는 여러 가지를 말씀드릴 수 있습니다. 그 중에서도 결정적인 차이점은 대부분의 명상이나 관법이 몸이나 마음을 관찰하는 데 비해, 참선은 본마음을 돌이켜 본다는 점에 있다고 할 수 있습니다. 한편 참배는 부처님, 불보살님께 공경의 예를 올리는 것이고, 참선은 나도 부처님처럼 되는 것이라고 생각하시면 되겠습니다.

【 Q 010 】 좌선을 하던 중 앉아 있는 제 모습이 보였습니다.

【 A 010 】 좌선을 하다가 앉아 있는 모습이 보인 것은 유체이탈 비슷한 체험을 하신 것입니다. 하지만 영혼이 몸을 떠나서 들어갔다 나왔다 하면 안 좋은 일이 생길 수도 있습니다. 그럴 때에도 얼른 마음을 돌이켜서 다시 화두에 몰입하셔야 합니다.

【 Q 011 】 1,700 공안을 따라가야 할지, 아니면 한 가지 화두로만 마음을 다스려야 할지 잘 모르겠습니다.

【 A 011 】 마음에는 두 가지가 있습니다. 첫째는 본마음이고, 둘째는 시비 분별하는 마음입니다. 일반적으로 말하는 마음은 시비 분별심이고, 따라서 참나가 아닙니다. 시비하고 분별하고 왔다갔다 오락가락하는 그 마음은 고정된 실체가 없습니다. 우리는 거기에 끄달려 다닐 것이 아니라 본마음을 찾아서 그것이 어떤 것인가, 어떻게 생겼는가를 파고들어야 합니다. 이를 위해서는 계속 한 가지 화두를 꾸준히 참구하는 것이 좋습니다.

【 Q 012 】 참선을 매일 30분씩 하는데 진전이 없네요.

【 A 012 】 참선은 원래 진전을 생각하는 마음 없이 그저 무덤덤하게 하는 분이 결국 성취합니다. 방법도 중요하지만 방법보다 더욱 중요한 것은 마음가짐입니다. 특히 참선수행은 어떤 방법으로 해야 되느냐는 크게 중요하지 않습니다. 모든 방법이 다 참선의 방법이 될 수 있는데, 정말 중요한 것은 마음가짐입니다. 바로 지금 여기에서 참선하고 있는 이 순간을 즐겨야 합니다. 긴장을 풀고 안면에는 미소를 가득 담고 앉아 보시지요. 바로 지금 여기에서 행복할 수 없다면 언제 어디에서 행복할 수 있으랴? 이런 마음가짐이 필요합니다. 그렇게 30분 앉으면 30분간 행복이 충만하겠지요. 그렇게 된다면 진전이 있고 없고가 무슨 소용이 있겠습니까?

【 Q 013 】 참선하면 죄가 조금씩 없어지는지요?

【 A 013 】 참선해서 정말 공해지면 죄가 없어집니다. 그러나 업장 소멸에는 참회가 가장 제격이라고 할 수 있습니다. 참선을 하다가 잘 안 될 때에는 참회를 통해 마음속의 번뇌를 어느 정도 소멸시키는 것이 좋습니다.

세상에는 스스로 죄가 많다고 생각하면서 살아가는 분들이 많이 있습니다. 실제로 우리는 알게 모르게 많은 죄를 지으면서 살아가고 있지요. 하지만 다행스럽게도 죄는 실체가 없습니다. 마음에 따라서 일어나는 것일 뿐이기 때문이지요. 따라서 바로 지금 이 자리에서 죄의 성품이 공하다는 것을 터득하면 바로 진정한 참회가 됩니다. "백겁 동안 쌓아온 죄가 한 생각에 몰록 탕진되니, 마른 풀 더미에 불이 붙는 것과 같아서 남김이 없다."라는 천수경의 내용은 이러한 사실을 설명한 것이지요. 원효 스님의 「대승육정참회(大乘六情懺悔)」에 다음과 같은 말씀이 있습니다.

"이와 같은 모든 죄는 실제로 있는 것이 아니며 여러 가지 인연이 화합하여 거짓 이름으로 업이라고 이름한다. 여래는 업이 없고 연을 여의면 또한 업이 없는 것이다. 안도 없고 바깥도 없으며 또한 중간도 있지 않다."

죄라는 것은 실제로 있는 것이 아니라고 합니다. 왜냐하면 사람의 존재 자체가 실제로 있는 것이 아닙니다. 그렇기 때문에 허깨비들끼리 만나서 이루어진 업이라는 것도 역시 허깨비일 뿐이기 때문입니다. 일체유위법은 꿈, 환상, 물거품, 그림자와 같고 이슬과 같고 또한 번갯불과 같은 것입니다(一切有爲法 如夢幻泡影 如露亦如電). 꿈속에서 내가 바닷가에 가서 튜브를 타고 수많은 사람을 건져 줬어요. 물에 빠져 죽는 사람 수십 명을 제가 구해 줬습니다. 또 꿈속에서 어딜 가서 싸움질을 해서 수십 명을 죽였어요. 하지만 꿈을 깨고 나면 한 사람도 살린 적도 죽인 적도 없는 것과 마찬가지입니다. 진정으로 알고 나면 우리 존재의 세계는 꿈과 같고 허깨비 같고 물거품 같고 그림자 같고 이슬 같고 번갯불 같은 것입니다. 그런데 꿈 깨기 전에는 여전히 죽인 것도 있고 살린 것도 있고 그래서 쫓겨 다니기도 하고 두려움에 떨기도 하는 법이지요. 하지만 본래 자리로 돌아가면 그러한 것들이 실제로 있는 것이 아니었구나 하는 것을 알게 됩니다.

【 Q 014 】 반가부좌만 해도 다리가 저려서 수시로 발을 바꿉니다. 잘 할 수 있는 방법이 없을까요?

【 A 014 】 좌선을 처음 할 때는 정말 반가부좌만 해도 다리가 저려서 수시로 발을 바꾸게 됩니다. 아직 화두에 몰입이 안 되고 적응도 안 되서 그런 것이니 당연한 현상이라고 할 수 있지요. 우선 뒷 방석을 편안하게 받쳐 놓고 하면 좀 낫다는 말씀을 드리고 싶습니다. 일단 그렇게 하시고 참는 데까지 참아 보시면 좋을 것 같습니다. 화두에 몰입이 되는 때가 오면 훨씬 더 나아질 것입니다.

【 Q 015 】 참선을 하기 전에 꼭 화두와 십선계와 연비를 받아야 하는지요?

【 A 015 】 화두는 참선을 하는 데 있어서 하나의 지표라고 볼 수 있습니다. 만약 참선에 화두라는 지표가 없으면 방황하는 마음을 다잡기가 어렵습니다. 십선계와 연비는 내가 참다운 불자로서 거듭난다는 마음가짐으로 하는 것이기 때문에 참선하는 데 도움이 됩니다만, 꼭 받아야 되는 것은 아닙니다. 하지만 공부를 하는 데 있어서의 각오나 마음가짐에 도움이 되기 때문에 권장해 드리는 바입니다.

【 Q 016 】 묵조선을 하다가 다시 간화선을 해야 되는지요?

【 A 016 】 묵조선은 지관타좌(只管打坐)라고 해서 앉아 있을 때는 그저 앉아 있을 뿐이라고 봅니다. 그래서 좌선할 때는 화두를 들 필요가 없다는 입장을 갖고 있지요. 만약 본인이 앉아 있을 때 사량분별심이 전혀 일어나지 않고 '~할 뿐' 이 되면 화두를 들 필요가 없습니다. 하지만 아직 시비분별이 치성하고 마음이 오르락 내리락 하면 화두를 들고 공부하는 것이 좋습니다.

【 Q 017 】 참선을 하다가 눈이 몹시 피곤할 때는 눈을 감고 참선을 해도 되는지요?

【 A 017 】 가급적 눈을 뜨고 계시는 편이 좋습니다. 눈을 감고 있으면 아무래도 졸음이 잘 오고 또 번뇌 망상도 더 많이 떠오르게 되기 때문이지요. 하지만 몹시 피곤할 때는 눈을 감으셔도 됩니다. 다만 마음의 눈만은 크게 떠서 졸음과 번뇌 망상이 오지 않도록 해야겠지요.

그렇다면 마음의 눈은 어떻게 뜨는 것일까요? '이 마음이 어떤 것일까,' '어떻게 생겼을까' 하면서 자기가 하는 소리를 자기가 듣고 있으면 그게 마음의 눈을 뜨고 있는 것입니다. 만약 소리를 안 듣고 있으면 그 순간은 졸고 있거나 번뇌 망상에 사로잡혀 있는 것이지요.

【 Q 018 】 마음을 잡으려고 하는데 그 마음이 자꾸 도망다녀서 숨이 찹니다.

【 A 018 】 마음을 잡겠다고 쫓아다니면 절대 안 됩니다. 그것은 허깨비 놀음과 같습니다. 허깨비는 아무리 잡으려고 해도 못 잡지요. 꿈과 같고 허깨비 같고 물거품 같고 그림자 같은 것이 마음입니다. 마음은 잡으려고 찾아다녀서는 안 되고 그저 쉬어야 되는 것입니다. 쉬는 것이 깨달음이기 때문이지요. 찾으러 다니면 다닐수록 더 헷갈리는 게 마음입니다. 이 점을 명심하시기 바랍니다.

【 Q 019 】 제 주변의 문제들이 계속 저를 괴롭힙니다. 해외에 나가기 전 한 달만이라도 마음수행을 열심히 해보려고 합니다. 어떻게 하면 이 마음이 편안해지고 사람들과 잘 지낼 수 있을까요?

【 A 019 】 주변의 문제들로 괴로울 때에는 그러한 문제들의 원인을 나 바깥의 다른 사람이나 상황에서 찾는 대신 자기 자신에게서 찾아 볼 필요가 있습니다. 따라서 마음이 편해지는 첫 번째 비결은 참회라고 할 수 있습니다. 자기 마음속의 탐진치를 돌이켜보고 스스로 참회한 다음 앞으로는 욕심을 부리지 않고, 성을 내지 않고, 어리석은 짓을 하지 않겠다는, 그리고 앞으로는 베풀면서 살겠다는 발원을 세워보십시오. 이렇게 원을 세우다 보면 나의 마음과 언행이 달라지고 주변의 상황도 따라서 달라집니다. 참회만 잘 해도 마음의 80%는 편해집니다. 그 참회에 이어 발원을 잘 세우면 과거와는 다른 생을 살 수 있습니다. 또한 사람들 사이에 진정한 마음을 나

누는 다섯 가지 노하우가 있다고 합니다. 감사, 질문, 애정, 주의 그리고 긍정이 바로 그 다섯 가지라는군요. 늘 감사하는 마음을 지닐 것, 상대방이 필요로 하는 나의 도움이 무엇인지 자주 질문할 것, 사랑한다는 말을 자주 할 것, 상대방의 욕구와 관심에 항상 주의를 기울일 것, 상대의 긍정적인 부분을 격려하고 인정해 줄 것……. 한마디로 말하자면 관심과 사랑을 갖고 내가 원하는 것을 남에게 베풀어 주면 잘 지낼 수 있을 것입니다.

【 Q 020 】 체용불이(體用不二)는 깨달음의 경지에서만 가능한가요? 그리고 백척간두진일보가 무슨 뜻인지 알고 싶습니다.

【 A 020 】 체용불이, 본체와 작용은 둘이 아니라는 뜻이지요. 쉽지 않은 경지이지만 꼭 깨달음의 경지에 이르지 않았더라도 순간순간 가능합니다. 여러분은 나날이 이것을 쓰고 있습니다. 다만 그것을 모를 뿐이지요. 마치 우리가 공기를 마시고 살고 있으면서도 그것을 모르는 것과 똑같습니다.

'백척간두진일보(百尺竿頭進一步)'는 말 그대로 백 척의 장대 끝에서 한 발을 내딛는다는 뜻입니다. 비슷한 의미로 '사교입선(捨敎入禪)'이라고 해서, 지금까지 배워 온 모든 교리나 알음알이를 놓고 선의 세계로 들어간다는 말이 있습니다. 자신이 가지고 있는 고정 관념의 끝에까지 갔지만 거기서 또 선지식의 가르침을 통해서 한 걸음 더 내딛는 그런 경지가 바로 백척간두진일보의 자리가 되겠습니다.

【 Q 021 】 어머니가 요즘 직장에서 사람들의 시기와 질투 때문에 힘들어하세요. 좋은 말을 해도 상대방이 오해를 하고 분란이 일어난다고 하시더군요. 어머니는 삼재라서 이런 거 아닐까 합니다. 저희 어머니께 위로 말씀 한 마디 해주세요.

【 A 021 】 시기 질투 참 힘듭니다. 하지만 시기 질투는 아무나 받는 것이 아니라 잘났으니까 받는 것이지요. 그래서 잘난 사람일수록 더 하심(下心)을 해야 됩니다. 남보다 더 겸손하게 지내다 보면 다른 사람들의 시기 질투가 쉬어질 것입니다.

삼재풀이는 일이 좀 잘 안 풀릴 때 삼재(三災), 곧 수재(水災)·풍재(風災)·화재(火災)를 잘 갈무리하는 것을 말합니다. 수재는 우울한 마음, 울적한 마음, 자꾸 침울해지고 회피하려는 마음입니다. 화재는 불같이 타오르며 성질내는 마음, 남을 미워하는 마음, 남을 해코지하려는 마음입니다. 풍재는 오락가락하는 마음, 갈팡질팡하는 마음, 이럴까 저럴까 이리 갈까 저리 갈까 하는 마음이지요. 이런 마음들이 들 때 얼른 다라니를 지송한다든가 화두를 챙긴다든가 염불을 한다든가 해서 그런 마음을 잘 다스리는 것이 진정한 삼재풀이라고 할 수 있습니다.

【 Q 022 】 스님! 방송시간 때에 아침 운동을 하게 되었습니다. 다시 듣기가 있으니 오후에 들어야지 하는 조금은 무거운 마음으로 운동을 시작했습니다. 그런데 조금씩 게으름을 부리는 겁니다. 오늘 바빴으니까 내일 들으면 되지 하고 며칠을 보내고 나니 참선이라는 단어가 어느 결엔가 제 곁에서 멀어지고 있더라구요. 마음 다잡고 진한 반성을 해 봅니다. 운동을 그만 두더라도 스님 방송을 꾸준히 들으며 마음공부에 더욱 박차를 가해야겠지요? 스님! 웰빙(well-being)과 웰다잉(well-dying)은 어찌 보면 동격인 것이지요. 스님 책을 읽다가 드는 생각이었습니다. 아니 스님께서 책에 적어 주신 글귀 같기도 하구요.

【 A 022 】 참선 공부할 때에는 열심히 하는 것보다 꾸준히 하는 게 더 중요합니다. 밥을 먹는데 매일 매일 하루 세 끼씩 나누어 먹기 귀찮다고 일주일 치를 몰아서 한꺼번에 먹는다면 몸이 배겨날까요? 참선도 마찬가지입니다. 똑같이 일주일에 7시간 하더라도 일주일 가운데 하루를 정해 한꺼번에 일곱 시간을 하는 것보다 하루에 한 시간씩 일주일 동안 매일 꾸준히 하는 편이 좋습니다.
웰빙과 웰다잉은 서로 통합니다. 진정한 웰빙을 하면 당연히 웰다잉하게 되어 있고, 또 웰다잉을 해야만 웰빙이라고 할 수 있는 것이지요. 진정한 웰빙과 웰다잉이 어떤 것인지에 대해 생각해 볼 필요가 있습니다.

【 Q 023 】 해인사 원당암에서 7일간 철야용맹정진을 해보려고 합니다.

【 A 023 】 7일 용맹정진을 하면 처음 3~4일 정도가 고비라는 말씀을 드리고 싶습니다. 다만 그때만 지나면 마치 오르막길 올라가다가 내리막길 내려가는 것처럼 수월해지지요. 다만 가시기 전에 미리 좌선하는 연습을 좀 하시고 가면 좋을 것 같습니다. 수행 경험이 전혀 없는 상태에서 갑자기 7일 용맹정진을 하려고 하면 중간에 포기하는 경우가 많이 있습니다.

【 Q 024 】 '관세음보살'을 염하는 염불과 '이 뭣고'에 매달리는 참선은 어떻게 다른지요?

【 A 024 】 염불이란 관세음보살을 염함으로써 관세음보살을 염하는 이와 관세음보살을 듣는 이가 하나가 되도록, 즉 마음이 하나가 되도록 일심으로 몰아붙이는 것입니다. 따라서 '관세음보살'을 염하는 염불은 일심 공부라고 할 수 있습니다.
참선은 마음을 모아 일심을 만드는 데에서 더 나아가 하나로 뭉친 그 일심마저도 사라진 상태입니다. 따라서 '이 뭣고'에 의지하는 참선은 무심 공부라고 할 수 있습니다.

【 Q 025 】 참선하는 데 참고할 만한 책으로는 어떤 것들이 있을까요?

【 A 025 】 참선에 대한 가장 교과서적인 내용을 담고 있는 것으로는 경허 스님의 『경허 법어』라든가 『육조단경』 같은 책을 들 수 있습니다. 이 외에도 참선에 대한 입문서로 쓸 수 있는 여러 가지 책들이 있습니다. 쉬우면서도 어렵고 어려우면서도 쉬운 것이 참선이긴 하지만 꾸준한 마음을 갖고 공부하시다 보면 분명 진전이 있을 것입니다.

【 Q 026 】 『천태소지관(天台小止觀)』이라는 책에 지의 대사님이 마음에 대해서 잘 표현해 놓은 대목이 있습니다. "마음은 마음을 모르고, 마음이라는 자는 그 마음을 보지 못한다. 마음이 한 생각 떠올린 것이 어리석음이며, 한 생각 사라지니 이것이 곧 극락이다." 그렇다면 여기서 처음 마음은 무엇이고 나중 마음은 무엇인가요? 마음이라는 것은 실체가 있는 것일까요?

【 A 026 】 『능엄경』에 보면 잘 나와 있습니다. "마음을 찾아 보았으나(覓心了), 가히 얻을 수가 없다(不可得)." 이것은 달마 대사와 2조 혜가 스님과의 문답에도 나옵니다. "마음이 불안합니다. 제 마음을 편하게 해주십시오." "그래? 그럼 네 마음을 내놓아 봐라." "아무리 찾았지만 내놓을 마음이 없습니다." "네 마음은 이미 편안해졌느니라." 왜 마음을 찾아보았으나 가히 얻을 수가 없다고 했을까요? 마음에는 실체가 없기 때문입니다. 그러면 마음이 전혀 없는 것일까요? 그건 아닙니다. 실체는 없지만 작용은 있기 때문이지요.

【 Q 027 】 금강경을 독송하고 참선을 하니 몸이 많이 아픕니다. 어떻게 하면 좋을까요?

【 A 027 】 경전을 독송하거나 참선 수행을 하면 몸이 좋아지는 경우가 많습니다. 그런데 오히려 몸이 더 아파지는 경우도 있습니다. 이것은 쉽게 말하면 없는 업장이 새롭게 생겨난 것이 아니라 이미 있던 업장이 이제야 드러난 것이라고 할 수 있습니다.

이런 경우에는 먼저 참회와 발원을 통해서 자기의 업장을 녹이고 난 다음에 기도라든가 참선을 할 필요가 있습니다. 수행을 했는데 몸이 아프다고 해서 뭔가가 잘 못되어가고 있다고 생각할 필요는 없습니다. 그저 '내가 지니고 있던 업장이 드러나는 구나' 하고 생각하시면 됩니다. 의학적으로는 명현현상이라는 표현을 쓰는데, 이 또한 일종의 명현현상이라고 보시면 됩니다. 스스로의 과오를 참회하고 새로운 원을 세우면서 수행을 계속하시면 이런 현상이 없어지고 건강도 되찾게 됩니다.

【 Q 028 】 선종에서는 불립문자(不立文字)라는 말을 씁니다. 그렇다면 불교를 공부하는 데 있어서 문자나 언어는 전혀 필요가 없는 것인가요?

【 A 028 】 부처님의 법은 남에게 들을 수 있는 것이 아니라 스스로 터득해야 하는 것입니다. 선종에서 '불립문자', 곧 '문자를 세우지 않는다' 는 말을 쓰는 것도 기본적으로는 이런 까닭입니다. 하지만 『선문염송』에 보면 '선은 문자를 세우지 않지만, 문자를 떠나서는 진리를 전할 수 있는 방편이 없다' 고 하는 내용이 있습니다. 그러니 '불립문자' 라는 말도 일체의 문자적 표현, 언어적 표현을 배격하라는 의미보다는 문자나 언어에 따른 분별에 얽매이지 말라는 의미로 이해하시면 좋을 것 같습니다.

【 Q 029 】 참선할 때는 경전 공부를 하지 말아야 할까요?

【 A 029 】 참선 수행을 할 때에는 참선에만 전념하는 것이 좋습니다. 실제로 하안거 동안거 참선을 하기 위해 선방에 들어간 스님들은 책을 못 보게 합니다.

절에서는 학인들에게 강원에서 경전 공부할 때는 경전 공부야말로 최고의 수행방법이라는 마음으로 공부해야 되고, 선방에서 참선할 때는 참선이야말로 최고의 수행방법이라는 마음으로 공부해야 된다고 가르칩니다. 사람은 바로 지금 여기서 당면해 있는 일에 몰두하는 것이 제일 좋습니다.

【 Q 030 】 운전하고 다니면서도 참선을 할 수 있을까요?

【 A 030 】 택시 운전할 때는 운전할 뿐, 이것이 바로 참선입니다. 그런데 이게 잘 안 되고 흔들릴 때는 '이 마음이 어떤 것일까? 어떻게 생겼을까?' 하고 마음을 돌이켜 보고, 마음이 다시 안정되면 운전할 때는 운전할 뿐, 이렇게 죽 나가시면 됩니다. 자기 업에 종사하시는 분은 업에 전념할 수 있다면 그것이야말로 좋은 공부입니다. 중간중간에 경계에 부딪쳐서 마음에 탐진치가 일어나면 얼른 자기를 돌이켜보고 '이 욕심내는, 이 성질내는, 이 어리석은 마음이 어떤 걸까? 어떻게 생겼을까?' 하고 돌이키면 되겠습니다.

【 Q 031 】 참선이나 정근을 할 때 몸과 마음이 짜릿해지는 기분 좋은 순간이 있습니다. 어떤 경계들이 조금씩 와 닿는 경우도 있습니다. 어떻게 하면 좋을까요? 또 화두를 들 때 호흡을 함께 해도 될까요?

【 A 031 】 저도 법당에서 참배할 때나 또는 어떻게 하면 불법의 핵심을 쉽게 설명할 수 있을까 생각할 때 그런 경험을 자주 하곤 했습니다. 그런 경험이 있을 때는 '아, 이런 경계가 왔구나' 하고 넘어가면 됩니다. 그것을 붙들고 있을 필요는 없고 그저 공부가 조금씩 진전되고 있다는 표시로 생각하시면 됩니다.

참선할 때 이런저런 형상이 보이면 얼른 다시 자기 본마음 자리로 돌아와서 화두를 참구해야 됩니다. 형상을 쫓아다닌다든가 형상이 보이는 것을 추구한다든가 하시면 안 됩니다. 참선은 형상을 떠난 나의 본마음 참나 자리를 찾아가는 것이기 때문입니다.

참선할 때 화두가 순일하게 잘 잡히면 호흡에 신경 쓰지 않아도 됩니다. 하지만 화두가 순일하게 잡히지 않고 상기병이 온다든가 하는 경우에는 호흡과 함께 화두를 들어도 됩니다. 예를 들어 '이 뭣고' 화두를 들 때 호흡을 들이마시면서 '이' 하고, 내쉬면서 '뭣고' 를 하시는 분도 더러 계십니다.

【 Q 032 】 염불선은 하근기의 공부이고 참선은 상근기의 공부라는 말을 들었습니다.

【 A 032 】 중국의 임제 스님께서 '수처작주(隨處作主) 입처개진(立處皆眞)' 이라는 말씀을 하셨습니다. 가는 곳마다 주인이 되면 서는 곳마다 진리의 세계가 펼쳐진다는 뜻이지

요. 이 말에서도 알 수 있듯 참선은 철저하게 주인 노릇을 공부하는 것입니다.

그런데 참선과 달리 염불은 계속 하다 보면 자신도 모르게 부처님의 형상, 관세음보살님의 형상을 자기 나름대로 연상하면서 거기에 의존하게 되는 경우가 있습니다. 내가 주인이라는 마음이 좀 옅어지게 되는 것이지요. 염불선이 하근기의 공부라는 말은 아마도 그래서 나온 것 같습니다.

하지만 염불선은 하근기의 공부이고 참선은 상근기의 공부라는 말을 글자 그대로 해석하시면 안 됩니다. 상근기와 하근기는 따로 정해져 있는 것이 아니기 때문입니다. 염불을 하더라도 나의 주인은 나이고, 불보살님은 어디까지나 나를 도와주는 분일 뿐이라는 마음가짐을 가지면 그 사람은 상근기입니다. 반대로 참선을 하더라도 외부의 형상을 그리고, 거기에서 내 마음의 주인을 찾으면 그 사람이 바로 하근기입니다. 이것은 우등생과 열등생이 처음부터 정해져 있는 것이 아닌 것과 마찬가지입니다. 한때 열등생이었더라도 열심히 공부하다 보면 우등생이 되고, 한때 우등생이었더라도 공부를 안 하면 열등생이 되는 것이지요.

여러분들은 모두 다 본래 부처입니다. '나는 본래 부처가 아니고 중생일 뿐이다. 그러니 부처님께서 나를 건져 주시기를 바랄 뿐이다' 하고 스스로 생각한다면 그것은 중생지견(衆生知見)입니다. 스스로 그런 생각을 갖고 있는 한 아무리 노력해도 중생에서 벗어날 수 없습니다. 참선 공부는 '내가 비록 탐진치에 헐떡이고 있긴 하지만, 나는 본래 부처다' 하는 확신, 곧 불지견(佛知見)을 가지고 출발해야 합니다.

【 Q 033 】 화두를 들고 머릿속으로 계속 되뇌다 보면 제자리걸음만 하는 것 같아 답답합니다. 수행방법이 잘못된 것일까요?

【 A 033 】 화두를 머릿속으로 되뇌고 계신다고 하셨는데 혹시 화두를 머리로 들고 계시는 것은 아닌지요? 화두는 머리가 아니라 배로 들어야 합니다. 그렇지 않으면 말씀하신 대로 제자리걸음을 하게 되지요.

화두를 배로 드는 단계로 가기 위해 어떤 분들은 송(誦)화두, 염(念)화두, 간(看)화두 같은 단계를 설정하는 분들도 있긴 합니다. 하지만 정 안 되면 모를까 처음부터 그런 단계를 설정할 필요는 없습니다. 꾸준히 공부하시기 바랍니다.

【 Q 034 】 관세음보살님 주력을 하는데 잘 안 되어서 참선을 해보고 싶습니다.

【 A 034 】 관세음보살 주력이 잘 안 되면 마하반야바라밀을 염하시기 바랍니다. 마하반야바라밀을 계속 말하면서 자기가 하는 소리를 자기가 들으면 됩니다.

하지만 근기가 무르익은 듯하니 이제는 참선을 하시면 될 것 같습니다. 참선은 아는 것의 많고 적음과는 아무런 상관이 없습니다. 오히려 알음알이가 적은 사람이 참선을 더 잘 합니다. 참선하기에 좋은 분은 초보 불자 또는 스스로가 불교에 대해서 아는 게 많지 않다고 생각하는 분이라고 할 수 있습니다.

【 Q 035 】 조주(趙州) 무자(無字) 화두는 어떻게 드는 것이 좋을까요?

【 A 035 】 조주 무자 화두는 옛날부터 가장 많이 권장해 온 화두 가운데 하나이지요. 조주 스님에게 어떤 사람이 물었습니다.

"스님, 개에게도 불성(佛性)이 있습니까?"

조주 스님께서는 "없다(無)"라고 대답하셨습니다.

그런데 이상하지 않습니까? 분명히 부처님께서는 모든 중생에게 불성이 있다고 하셨는데 어째서 조주 스님께서는 없다고 하셨을까요? 바로 이것에 대해 '어째서?' 하고 파고들어 가는 것이 무자 화두를 드는 방법입니다. 그냥 '무—'라고 들기를 권장하는 분도 계시긴 합니다만, 선가에서 전통적으로 권장하는 방법은 '어째서 무라고 하셨을까? 어째서?' 하고 화두를 들어가는 방법입니다.

【 Q 036 】 참선을 하는데 30분만 가부좌를 해도 발이 저립니다.

【 A 036 】 가부좌를 하면 발이 저린 것이 정상입니다. 저도 처음에 참선할 때는 30분만 앉아 있으면 발이 저렸습니다. 다리가 호리호리하고 길쭉한 사람은 좀 낫지만 그렇지 않은 사람, 특히 다리가 오동통하고 짧은 사람은 앉아 있기가 쉽지 않지요. 그래서 스님들도 좌선하기 전에 미리 포행이라든가 요가같이 몸 푸는 동작을 많이 합니다. 골반과 관절을 미리 풀어주고 나서 좌선을 하고, 좌선을 하다가 다리가 아프면 다리를 바꾸기도 합니다. 결가부좌를 하면 좋지만 그게 어려우면 반가부좌를 하기도 하지요. 모든 것이 그렇듯 참선도 꾸준히 하다보면 조금씩 익숙해집니다. 나중에 가서 화두가 순일하게 잡히거나 삼매에 들어가면 허리가 있는지 없는지, 다리가

있는지 없는지 전혀 느껴지지 않는 상태가 옵니다. 그 정도 되면 공부가 슬슬 익어져서 재미가 붙게 되지요. 다만 그렇게 재미가 붙기 전까지는 지금과 같은 적응 과정이 필요합니다.

【 Q 037 】 시간이 부족한 사람은 잠을 잘 때나 기도를 할 때, 사경을 하면서도 참선할 수 있다고 들었습니다. 그런 참선은 어떤 방법으로 하는 것인지요? 시간을 초월한 삼매에 들어야 한다고 하는데 그것은 또 어떤 것인지요?

【 A 037 】 삼매는 한 마디로 말해서 '~뿐' 이 바로 삼매입니다. 바로 지금 여기에서 기도할 땐 기도할 뿐, 사경할 땐 사경할 뿐, 이것이 삼매입니다. 그것이야말로 시간을 초월한 것이고, 비로자나 부처님과 보현보살님의 삼매이며, 부처님의 자비광명으로 들어가는 세계입니다. 복잡하게 생각할 필요 없습니다.

【 Q 038 】 성철 큰스님의 법어집 『영원한 자유의 길』에 보면 "영겁불망을 죽어서나 아는 것이 아니라 숙면일여, 즉 잠이 아무리 깊이 들어도 절대 매하지 않고 여여불변할 때 그 때부터는 영겁불망이 되는 것이다"라는 말씀이 있습니다. 이에 대해서 설명해 주면 감사하겠습니다.

【 A 038 】 학창 시절에 연애를 해본 사람은 다 알지요. 앉으나 서나 당신 생각, 자나 깨나 당신 생각뿐입니다. 수업 시간에도 선생님 얼굴이 자꾸 님의 얼굴과 겹치고 칠판을 봐도 님의 얼굴, 이렇게 뭐를 해도 다 생각이 나고 잘 때에는 꿈에서도 또 만나지요. 이렇게 자나 깨나 뭔가를 생각하는 것이 바로 오매일여의 경지에 든 것입니다. 오매불망에서 한 단계 더 뛰어올라 깊은 잠에 들어서도 화두 참구가 되면 숙면일여의 경지에 든 것입니다. 숙면일여의 경지에서 다시 한 단계 더 뛰어올라 죽으나 사나 화두 참구가 되면 그것이 바로 영겁불망이 되겠습니다.

어떤 분들은 잠잘 때는 잠잘 뿐이 맞는 것 아니냐, 잠자면서 화두 참구하면 잠이 잘 안 오는 것 아니냐고 묻기도 하십니다. 하지만 24시간 내내 잠잘 뿐, 밥 먹을 뿐, 공부할 뿐, 일할 뿐이 되는 사람은 화두 참구할 필요가 없습니다. 그것이 가능하다면 이미 완전 해탈한 것이기 때문이지요.

《 2.2.2 》

【 Q 039 】 집에서 기도를 할 때 따로 정해진 순서가 있는지요?

【 A 039 】 어떤 정해진 순서가 꼭 있는 것은 아닙니다. 다만 제가 공부를 해보니까 참회, 발원, 기도, 참선, 행불의 순서로 하는 것이 좋더군요. 구체적으로 말한다면 참회로 자기 마음을 비우고, 발원으로 마음을 다시 채우고, 기도로 마음을 넓히고, 참선으로 마음을 없애고, 행불로 원을 세워서 다시 마음을 만드는 것입니다.

【 Q 040 】 일이 풀리지 않아 기도를 하고 싶은데 스님께 부탁을 해야 되는 것인지, 아니면 저 스스로 할 수 있는 것인지 잘 모르겠습니다.

【 A 040 】 기도는 본인이 하는 것이 제일 좋습니다. 배는 본인이 고픈데 어머니가, 아내가 밥을 먹는다고 본인의 배가 불러지는 것은 아니지 않습니까. 마찬가지로 기도 또한 대신 해 줄 수 없습니다. 아무리 부처님이 좋고 신이 위대하고, 또 아내가 아무리 가깝고 부모 자식 간이 아무리 가까워도 대신 밥 먹어 줄 수 없듯이 기도 또한 본인이 해야 합니다. 물론 차근차근하게 살펴보면 잔심부름 정도는 해 줄 수 있을 것입니다. 하지만 정말 중요한 것은 부처님도, 보살님도, 신도, 부모도, 자식도, 남편도, 아내도 대신해 줄 수가 없습니다.

내가 이러저러한 일이 잘 안 풀리는데 이러저러하게 좀 풀렸으면 좋겠다는 발원을 세워서 3·7일이면 3·7일 동안, 100일이면 100일 동안 정하셔서 기도를 하시면 됩니다.

다만 식당에 가면 밥 먹는 분위기가 더 나고 도서관에 가면 공부하는 분위기가 더 나는 것처럼, 기도의 입재와 회향은 절에서 하고 그 중간은 집에서 하는 방법도 있습니다.

【 Q 041 】 스님께서는 수요일을 기도의 날로 정해놓고 『금강경』을 독송하고 계신데 그 까닭을 알고 싶습니다.(참선 백문백답 시간 중 월요일은 참회, 화요일은 발원, 수요일은 기도, 목요일은 참선, 금요일은 행불의 주제로 진행한 바 있음)

【 A 041 】 쉽게 말하자면, 기도는 일심공부요, 참선은 무심공부이며, 행불은 발심공부라고 할 수 있습니다. 마음공부에도 단계가 있는 것이지요. 기도는 무엇보다도 오락가락하는 이 마음을 하나로 모으는 것이 중요합니다. 그래서 독경이나 염불 또는 다라니

지송 등을 통해서 한마음이 되는 연습을 하는 것입니다. 경전을 읽는 이와 경전을 듣는 이가 하나가 될 수 있다면, 그것이 곧 부처님과 하나가 되는 것이며, 기도가피의 지름길이라고 하는 것입니다. 특히 『금강경』은 사람들로 하여금 기나긴 무명의 꿈에서 벗어나도록 하는 내용이 중점적으로 설해져 있으며, 수지 독송하고 남을 위해 설해 주는 공덕에 대해서 어마어마하게 찬탄하고 있습니다. 따라서 『금강경』을 독송하는 것은 최상의 기도라고 말할 수 있지요.

【 Q 042 】 저는 3년 정도 『금강경』을 독송하고 있습니다. 어제 동네 가까운 절에 다녀왔는데 그 곳에선 『원각경』을 독송하고 있더군요. 같이 겸해서 독송해도 되는지요? 꾸준히 독송을 하려면 하루에 정해진 시간에 몇 독씩 해야 할까요? 저는 조그만 가게를 하고 있어서 시간을 정해 놓고 하지는 못하고 그냥 하루에 3독 정도 하고 있습니다. 일요일은 거의 못하는 편인데 도움 말씀 주셨으면 합니다.

【 A 042 】 동네 절에 가셨을 때에는 다른 분들과 함께 『원각경』을 독송하시더라도 혼자서 할 때는 한 가지 경을 정해 놓고, 즉 원래 독송하시던 『금강경』을 계속 독송하시는 것이 좋습니다.

독송하는 횟수는 꼭 정해 놓고 하기는 어려운 상황이니 형편에 따라서 하시면 됩니다. 『금강경』 독송회라는 단체의 경우에는 하루에 7독씩 하도록 권장하고 있습니다. 그래서 저도 한동안 7독씩 꾸준히 해봤습니다. 처음에는 한 3시간 걸리다가 나중에는 점점 빨라져서 2시간 정도 걸리더군요. 3독을 하신다고 하셨는데요, 꾸준히만 하신다면 3독도 괜찮습니다. 다만 『금강경』을 읽으실 때는 그냥 읽으실 것이 아니라 정말 『금강경』에서 부처님이 하신 말씀이 무엇인지, 우리가 실천해야 하는 것은 무엇인지 잘 생각해 보면서 읽으셔야 합니다. 아뇩다라삼먁삼보리를 얻기 위해서는 일체 중생을 제도하겠다는 마음을 내고, 머문 바 없이 베풀며, 나라든가 남이라든가 준다든가 받는다든가 하는 생각 없이 하라는 『금강경』의 가르침을 잊지 마시기 바랍니다. 저 같은 경우에는 『금강경』 7독을 할 때 항상 이 세 가지를 발원했습니다.

가능한 한 기도는 같은 시간에 같은 장소에서 같은 요령으로 하는 게 좋습니다. 떨어지는 물방울이 바위를 뚫는 것은 계속 같은 자리에 똑똑똑똑 떨어지기 때문입니다. 마찬가지로 우리가 기도하고 참선하는 것도 비록 물방울처럼 미약한 것이라 하더라도 같은 시간, 같은 장소, 같은 요령으로 반복하다 보면 마침내 물방울이 바위를 뚫는 것처럼 큰 경지를 이룰 수 있습니다.

【 Q 043 】 대승육정참회(大乘六情懺悔) 중 꿈 깨고 난 후에는 연을 여읜다고 들었습니다. 하지만 꿈을 깬 이가 이후 삶이 허망한 꿈인 줄 알고 살아갈지라도 현재 그 꿈속에 있으니, 돌덩이처럼 살아가지 않는 이상 어떻게 꿈속의 법칙에서 벗어날 수 있을까요?

【 A 043 】 『금강경』 사구게 중에 "응당 머문 바 없이 그 마음을 내라(應無所住 而生其心)."는 가르침이 있습니다. 발원을 세워서 열심히 살되 거기에 애착하지 않는 것이지요. 중도법(中道法)이라고 할 수 있는데, 이 중도법이야말로 열심히 살되 애착하지 않는 법을 가르쳐 줍니다. 일단 지금 이 순간을 열심히 살아야 됩니다. 바로 지금 여기에서의 나의 행위가 '나'라는 존재를 결정하기 때문입니다. 불교에서는 나라는 존재를 결정짓는 것은 다름 아닌 나 자신이라고 가르칩니다. 따라서 나 자신의 주인인 나는 나에 대한 모든 책임을 지고 열심히 살아야 합니다. 그리고 그 열심히 살아간다는 행위는 지금 이 순간으로 집중되어야 합니다. 바로 지금 이 순간을 떠난 영원은 없기 때문입니다.

하지만 일체 존재가 계속 생멸 변화해 가는 것과 마찬가지로, 열심히 살아가는 지금 이 순간에도 나의 몸과 마음은 계속 변화해 가고 있습니다. 따라서 우리는 어떤 한 순간에 머물러서는 안 됩니다. 만약 그렇게 되면 생멸하는 존재를 상주하는 존재로 보고자 하는 집착이 생겨납니다.

열심히 살기 위해 노력하되 집착은 하지 말라는 이야기는 일견 모순처럼 들리기도 합니다. 그냥 듣기에는 어려운 말 같지만 일단 터득을 하고 나면 쉬운 말입니다. 열심히 살되 애착하지 않으려면 어떻게 해야 할까요? 모든 것을 꿈속의 일로 알고, 삶을 소유자의 시선이 아닌 관리자의 시선으로 바라보는 것입니다. 내 몸뚱이, 내 소유의 가족, 내 소유의 재산, 내 소유의 집이라는 시선으로 보면 애착이 생깁니다. 일시적으로 관리를 맡은 몸뚱이, 관리를 맡은 마음, 관리하는 집, 관리하는 아내, 관리하는 남편, 관리하는 돈이라는 시선으로 살면 한결 애착이 쉽겠지요.

【 Q 044 】 스님, 『법화경』을 열심히 독송하면 도에 이를 수 있다는데 정말인가요? 저는 아무리 열심히 해도 안 되는데요?

【 A 044 】 간혹 『법화경』을 열심히 읽기는 읽는데 그 의미는 뭔지 모른 채 읽으면 좋다니까 무조건 읽는 분들이 더러 있습니다. 물론 읽지 않는 것보다는 읽는 것이 훨씬 더 좋긴 합니다. 하지만 그것만으로는 부족합니다. 『법화경』을 잘 읽는 것은 첫 번째 단계일 뿐이고, 『법화경』에서 부처님이 우리에게 가르치고자 하는 바가 무엇인지 파악하고 그 뜻을 새기는 다음 단계로 나아가야 합니다. 그리고 마지막으로는 그 가르침을 실천하는 단계에 이르러야 합니다. 도에 이르는 것은 단순히 읽기만 한다고 해서 되는 것이 아니라는 점을 명심하시기 바랍니다. 이른바, 믿고(信) 이해하고(解) 실행하여(行) 깨쳐나가는(證) 것입니다.

【 Q 045 】 주위 분들을 보면 후손이 좋지 않다고 해서 천도재를 하고 또 하더군요. 천도재는 어떤 의미가 있는 것인가요?

【 A 045 】 천도재(遷度齋)는 말 그대로 옮길 '천(遷)' 하고 건네줄 '도(度)'입니다. '천도'만 하면 옮겨서 건네준다는 의미가 되겠지요. 그러면 '재'는 무엇일까요? '재'는 몸과 마음을 가지런히 한다는 의미입니다. 천도재나 49재를 지내면 재를 그저 절에만 맡겨 놓고 스님들이 다 알아서 하겠거니 하고 형식적으로 절만 하고 가는 분들이 있습니다. 이것은 올바른 재라고 할 수 없습니다. 재를 지내는 기간만이라도 몸과 마음을 가지런히 하여 경전을 독송하거나 염불을 하거나 참선을 함으로써 그 공덕이 돌아가신 분에게 전해지는 데에 재의 진정한 의미가 있습니다.

언젠가 "사람은 죽으면 환생을 한다고 하는데 억울하게 세상을 떠난 사람들은 계속 떠돌아다니게 되는 건가요? 돌아가신 조상을 기리는 것은 좋은 풍속이라고 생각합니다만, 언제까지 영혼을 위로해 주어야 할까요?"라는 질문을 받은 적이 있는데 많은 분들이 궁금해하는 점인 것 같습니다.

조상은 우리의 뿌리입니다. 돌아가신 조상을 기림으로써 우리는 우리 자신의 뿌리에 대해서 다시 한 번 생각해 보면서 고마움을 느끼게 됩니다. 제사를 위해 후손들이 함께 모이다 보면 서로 얼굴도 보고 이야기할 수 있는 자리도 자연스럽게 마련됩니다. 그래서 제사는 좋은 풍속이라고 할 수 있습니다.

사후세계에 대해 의심하는 분들이 많은데, 삶의 세계가 있는 것처럼 죽음의 세계도 있는 것입니다. 사람이 죽는다고 했을 때 죽는 것은 몸뚱이일 뿐 마음까지 죽는 것은 아니기 때문입니다. 그래서 몸뚱이는 사라지더라도 마음은 남아서 그대로 가져가는 것입니다. 그런데 그 마음을 어떻게 가져가느냐 하는 것은 금생에 얼마나 마음을 닦았느냐에 달려 있습니다. 지금의 이 몸뚱이는 금생으로 끝나고, 다음 생에서는 내가 금생에 연습한 마음에 걸맞은 몸뚱이를 새로 갈아입기 때문입니다. 그러니 금생에서 하는 마음공부의 중요성은 이루 말할 수 없이 크다고 할 수 있지요.

따라서 사람이 죽으면 어떻게 되느냐에 대해서는 사람들의 생김새가 다양한 것만큼이나 다양한 케이스가 있다고 봐야 합니다. 사람들의 마음이 다 다르고 업장 또한 다르기 때문입니다. 그래서 49일이 지나면 환생을 한다고 하지만 반드시 천편일률적으로 그런 것은 아닙니다. 살아생전에 뚜렷한 공과가 있는 사람, 기도를 정말 잘한 사람, 또는 한 소식 한 사람들은 죽고 나서 49일을 기다릴 것도 없이 바로 극락세계로 가든가 해탈세계로 가게 됩니다.

아주 극악무도한 사람들 역시 49일까지 기다릴 것도 없습니다. 바로 지옥으로 떨어지는데, 산 채로 생지옥으로 가는 사람들도 있습니다. 49일을 다 채우고도 환생하지 않는 경우도 있습니다. 이승에 많은 애착을 가진 채로 돌아가신 사람들이나 돌발적인 사고로 세상을 뜬 사람들이 바로 그런 경우이지요.

유념해야 할 것은 천도재, 49재의 '재'에는 제사라는 의미가 있는 것이 아니라 몸과 마음을 가지런히 한다는 의미가 있다는 것입니다. 49일이라는 기간 동안만이라도 돌아가신 분의 공덕을 기리고, 다른 한편으로는 나의 몸과 마음을 돌이켜 보는 것입니다. 그리고는 그 공덕을 영가에게 회향하는 것입니다. 그렇다고 해서 49재가 꼭 돌아가신 분만을 위한 것은 아닙니다. 오히려 산사람들을 위한 것입니다. 『지장경』에서는 재를 지내는 공덕의 7분의 1은 죽은 사람에게 가지만, 7분의 6은 산 사람에게 돌아간다고 하였습니다.

돌아가신 부모님, 조상님을 위해서 어떻게 해드려야 하는지 궁금해 하시는 분들이 많습니다. 요즘 절에서 백중 천도재를 많이 하는데 함께 동참해서 하시면 됩니다. 특히 칠월 칠석부터 백중날까지 8박 9일 동안 오계(五戒)를 지키시면서 『금강경』을 독송한다든가 『지장경』을 독송한다든가 관세음보살 정진을 한다든가 하는 방법을 정해 열심히 수행하신 다음 그 공덕을 부모님께 회향하면 되겠습니다.

【 Q 046 】 채무관계로 고통스러워서 관세음보살님 기도를 하는데 꼭 이루어질 수 있을까요?

【 A 046 】 꾸준히 계속 하시면 성취가 됩니다. 조선을 개국한 태조 이성계도 나한 기도를 해서 대업을 이루었다고 하는 일화가 전해지지요. 기도는 집에서 시간을 정해 놓고 혼자서 할 수도 있지만, 가까운 절이나 인연 있는 절에 가서 최소한 일주일이라도 날을 잡아 기도하면서 도량의 기운이나 스님들의 도움을 받아도 좋습니다. 자신의 기도만으로는 해결이 어려운 경우도 있을 수 있으니까요.

하늘은 스스로 돕는 자를 돕는다고 했습니다. 무작정 기도에만 매달릴 것이 아니라, 스스로 채무변제를 위한 노력도 병행해야 합니다. 스스로 할 바를 다해 놓고 불보살님의 가피를 기다려야 합니다.

【 Q 047 】 음력 3월 1일부터 21일 기도를 시작했는데 마음이 한 자리에 머물러 있지 않습니다. "아니야!" 하고 마음을 잡아두면 또 달아버립니다. 어떻게 기도하면 되는지요?

【 A 047 】 마음은 머물러 있으면 오히려 안 됩니다. 마음이 머물러 있는 것은 예를 들어 어떤 대상에 애착하고 있거나, 혹은 누군가에게 화가 나서 그 사람에 대한 증오심을 키우고 있는 경우입니다.

그래서 『육조단경』에서는 "무념(無念)을 종(宗)으로 삼고, 무주(無住)를 근본으로 삼는다(無念爲宗 無住爲本)"라고 하는 것입니다. 마음은 원래 잡아 두려고 하면 절대 안 잡힙니다. 흐르는 강물처럼 마음이 그저 흘러가게 놔두십시오. 그리고는 다만 그것을 지켜보시면 됩니다. 그런 한편 항상 자신이 현재 하는 일에 집중하도록 해야 합니다. 예컨대 관세음보살을 염하든 다라니를 지송하든 자신이 염하는 소리를 듣는 데에 몰두하도록 하십시오.

【 Q 048 】 지관쌍수와 정혜쌍수에 대해 알고 싶습니다.

【 A 048 】 지관쌍수(止觀雙修)는 지(止)와 관(觀)을 쌍으로 닦는다. '지'는 그치는 것이고 '관'은 관찰하는 것이지요. 헐떡임을 그치고 관찰한다는 의미입니다.

정혜쌍수(定慧雙修)는 정(定)과 혜(慧)를 쌍으로 닦는다는 뜻입니다. '정'은 선정이고 '혜'는 지혜이지요. 참선 문중에서, 특히 『육조단경』에 보면 선정과 지혜가 둘이 아니라는 말이 나옵니다. 예를 들어 성냥으로 불을 켜면 주변이 확 밝아지는데,

이때 불이 켜지는 것과 주변이 밝아지는 것이 둘이 아닌 것과 같습니다. 또 흙탕물을 가만히 놔두면 흙이 가라앉아 바닥이 보이게 되는데, 이때 흙이 가라앉는 것과 바닥이 보이는 것이 둘이 아닌 것과 같습니다. 여러분이 화두 참구를 잘 하면 그것이 곧 정혜쌍수로 이어진다고 생각하면 됩니다.

【 Q 049 】 진공묘유가 무엇인지 궁금합니다.

【 A 049 】 진공묘유(眞空妙有)는 불법의 핵심이라고 할 수 있지요. 공사상이라고 하면 사람들은 흔히 허무주의나 '되는 대로 사는 것'을 생각하곤 합니다. 그러나 진공(眞空)은 묘유(妙有), 곧 참다운 공은 묘하게 존재하는 것입니다. 그것은 되는 대로 사는 것이 아니라 내가 나를 열심히 만들어 가는 자기 창조설을 의미합니다.

묘유는 착유(着有)와 상대되는 말입니다. 착유는 애착심으로 열심히 사는 것이고, 묘유는 열심히 살되 애착이 없는 것입니다. 어떻게 애착이 없이 열심히 살 수가 있을까요? 발원을 세우면 가능해집니다. 예컨대, '법륜을 굴리겠습니다.' 하는 발원을 세워서 여기에 사무치게 되면, 밥을 먹는 것도 법륜을 위해서, 잠을 자는 것도 법륜을 위해서, 돈을 버는 것도 법륜을 위해서, 일을 하는 것도 법륜을 위해서 하게 되는 것입니다. 발원을 세우기 전에는 모든 것이 '나'를 위해서였지만, 발원을 세우게 되면 모든 것이 원을 성취하기 위해서가 됩니다. '나'에 대한 애착이 쉬어가는 비결, 묘유를 사는 비결이 바로 여기에 있습니다.

진공묘유는 칼을 통해서도 설명될 수 있습니다. 선을 제대로 공부하려면 칼을 두 자루 쥐고 있어야 합니다. 첫 번째 칼은 살인도(殺人刀)입니다. 사람을 죽일 수 있는 칼이지요. 세상에 너무 애착이 많은 사람은 살인도로 애착을 끊어줘야 합니다. 두 번째 칼은 활인검(活人劍)입니다. 앞서의 살인도와는 반대로 사람을 살릴 수 있는 칼이지요. 세상을 되는 대로 무미건조하게 사는 사람은 활인검으로 깨워 줘야 합니다. 참다운 선지식이라면 왼손에는 살인도를, 오른손에는 활인검을 쥐고 그때그때 상대방의 근기에 따라 자유자재로 죽였다 살렸다 할 수 있어야 합니다. 살인도, 활인검이라는 말은 선에서 자주 쓰이는데, 이 또한 진공묘유를 표현한 것입니다.

【 Q 050 】 혼자서 불교 공부를 해 왔는데 요즈음 스님의 말씀 하나하나가 확인의 의미로 와 닿아 매우 기뻐하고 있습니다. 알면 알수록 공부가 더 잘 되는 듯합니다. 그런데 순간 순간 일어나는 마음의 변화는 다 알아차리지만, 그 동요는 어찌할 수가 없어 그냥 바라보고만 있습니다. 잠시 뒤에 사라질 동요라 하더라도 처음부터 생기지 않는 상태가 되어야 바른 공부인지요?

【 A 050 】 맞습니다. 처음부터 동요가 생기지 않는 상태가 되어야만 바른 공부입니다. 우리에게는 진흙 도장, 물 도장, 허공 도장의 세 가지 도장이 있다고 그랬습니다. 진흙에 도장을 찍으면 어떻게 되지요? 팍 새겨져서 오래오래 남습니다. 물은요? 물에다 도장을 찍으면 그 순간은 동요는 있지만 금세 다시 제 상태로 돌아오지요. 허공은요? 이것은 애초부터 찍으려야 찍을 수 없지요. 사연 보내 주신 분은 현재 물 도장 정도 되시는 것 같습니다. 여기서 한 걸음 더 나아가서 허공 도장을 만드시면 되겠습니다.

중생제도라는 것은 부처님이 중생들을 일일이 건져 주는 것이 아니고, 스스로 빠져 나올 수 있는 방법을 가르쳐 주는 것입니다. 『육조단경』에도 나오는 것처럼 일체 중생을 제도하겠다는 육조 혜능 스님의 서원 역시 일체 중생을 하나하나 건져 주겠다는 것이 아니고, 그들에게 스스로 나올 수 있는 가르침을 전해 주겠다는 것이었지요. 그것은 곧 역경계와 순경계에 휘둘리지 않고 스스로 자기 인생의 주인공이 되어서 앞길을 헤쳐 나갈 수 있는 힘과 지혜와 자비와 용기를 주는 것입니다. 물고기 한 마리를 주는 것보다 물고기 잡는 방법을 가르쳐 주라는 말이 있는데, 바로 이러한 경우를 말하는 것입니다. 중생들에게 그들이 본래 지니고 있는 불성을 확인시켜 주고, 그것을 유지하고 써 나가게끔 해 주면 그들은 스스로를 제도할 수 있습니다.

【 Q 051 】 스님, 다름이 아니라 업장 소멸하는 기도, 그러니까 참회 기도하는 방법을 알려 주셨으면 합니다. 저는 화가 나면 참지 못하고 사람들의 말에 잘 상처 받는 좀 예민한 성격이거든요. 전생에 어떤 업이 있어서 그런 것인가요? 이런 것들을 해결할 수 있는 수행법들을 가르쳐주세요. 스님 감사합니다.

【 A 051 】 화를 잘 내는 사람은 탐(貪)·진(瞋)·치(痴)의 삼독(三毒) 가운데 성내는 마음인 진(瞋)이 많은 사람입니다. 화를 잘 내는 것은 나쁘지만 뒤집어 보면 통찰력이 예리하기 때문에 그런 것일 수 있습니다. 만약 통찰력이 무딘 사람이라면 사리분별이 빨

리 빨리 안 되기 때문에 쉽게 화를 내지도 못하겠지요. 그래서 화를 잘 내는 사람이 마음을 전환시키면 오히려 깨달음이 빨리 오는 각행자(覺行者)가 됩니다.

어쨌든 화를 내는 것은 참회할 만한 행위입니다. 어떤 사람이 이유 없이 시비를 걸고 주먹을 휘두른다면 화가 나겠지요? 하지만 실은 이런 것도 참회해야 합니다. 시비를 건 상대방에게 참회하는 것이 아니라, 내 자성 자리에서 분노의 한 파도가 일어난 것을 스스로 참회해야 하는 것입니다.

화를 잘 내고 예민한 마음을 다스리기 위해서는 부처님에게 절을 하면서 이렇게 다짐해 보십시오. "부처님! 지금까지 툭하면 화를 잘 내고 사람들의 말에 쉽게 상처를 받곤 했습니다. 앞으로는 화를 내지 않고 사람들의 말에도 무덤덤해 지겠습니다." 남의 허물을 보며 비판하는 마음을 돌이켜 자신의 허물을 보고 비판해 보십시오. 스스로의 허물을 뉘우치면서 화를 내는 이 마음은 어떤 것일까? 어떻게 생겼을까? 이렇게 근본 화두를 참구해 보십시오.

【 Q 052 】 지난 6월 한 달 가까이 어머니를 모시며 지냈습니다. 양반 집에서 철저한 유교교육을 받으신 어머니는 가부장제에 순응하며 사는 것을 당연하게 배우셨지요. 하지만 어머니는 그렇게 평생을 살면서 화병이 깊어지고 우울증에 빠지셨습니다. 저는 맏이였지만 성장한 뒤부터는 멀리 떨어져 여유 없이 살아가느라 한 번도 마음 편히 딸 노릇을 못했지요.

그런 제가 최근에야 마음공부를 하면서 연로하신 부모님께 연민의 마음을 갖게 되었습니다. 그 분들을 한 존재로서 바라보게 되었습니다. 여전히 고정관념을 버리지 못하고 힘들게 사시는 부모님이 여생을 평안하게 보낼 수 있게 해드리려면 부처님 인연 짓는 길밖에 없다고 생각되어 드디어 실천에 나섰습니다. 먼저 편찮으신 어머니를 모시고 왔습니다. 일을 최대한 줄이고 어머니와 함께 예불에 참석하여 염불을 했습니다. 뚝 떨어져버린 기억력과 함께 의욕도 잃어버렸던 어머니가 다행히 스님을 뵙고 나서부터 기도에 열성을 보이게 되셨답니다. 마지막 7일간은 참회기도를 하면서 습관을 붙여드리려 노력하였습니다. 앉으나 서나 그저 "관세음보살"만 열심히 외우시라고 말씀드렸지만 아직 습(習)이 붙지 않은 상태에서 내려가셨기에 걱정이 됩니다. 제가 열심히 염불하는 것으로 어머니의 습 익히기에 도움이 될 수 있을까요?

【 A 052 】 본인이 아닌 주위의 다른 분이 염불하고 기도하고 축원해 주는 것이 본인에게 도움이 될 수 있겠느냐는 질문이시군요. 도움이 됩니다. 연(緣)을 성숙시켜 주기 때문이지요. 본인이 직접 닦는 것은 인(因)이고, 주위에서 도와주고 가피 내리는 것은 연(緣)이라고 했습니다. 이 세상일은 인만 가지고 하려고 해도 힘이 들고, 또 연만 가지고 하려고 해도 힘이 듭니다. 인과 연이 함께 무르익었을 때 세상일이 순탄하게 진행이 되는 법이지요.

부모님 생각을 많이 하시는데요, 나를 낳아주고 길러주신 부모님에게 감사의 마음을 갖고 효도하는 것은 근본 뿌리로 향하는 것이기 때문에 정말 커다란 복덕이 됩니다. 반면 자식에게 잘 하는 것은 애착의 연장이라서 별 복덕이 되지 않는다고 합니다. 자식에게 잘 하는 것은 축생들도 다 하는 일이기 때문이지요. 자식을 챙기는 것은 당연히 할 일을 하는 것이지 복이 되지 않습니다. 그러나 부모님에게 잘하고, 조상에게 감사히 여기는 것은 큰 복덕이 된다고 모든 선지식들께서 말씀하셨습니다.

【 Q 053 】 일상생활 속에서 관음정근을 하고 싶어서 집에 있을 때는 늘 테이프를 틀어 놓고 있습니다. 하지만 대부분 마치 배경 음악처럼 스님 혼자서 관세음보살을 부르고 있고, 저는 일 때문에 정근을 잊고 만답니다. 그런 저 자신을 발견할 때마다 실망감과 함께 다시 스님 목소리를 따라 정근을 하려고 하지만 결국 또 잊기를 반복하고 있습니다. 일상생활을 하면서 관세음보살을 염하는 것이 일할 때는 일할 뿐, 절할 때는 절할 뿐이라는 스님의 말씀과 모순이 되는 것은 아닌가 하는 것을 여쭙고 싶습니다.

【 A 053 】 일할 때는 일할 뿐, 절할 때는 절할 뿐, 이게 수행자의 삶입니다. 하지만 그게 항상 현실에서 잘 되느냐 하면 그렇지는 않지요. 살아가다 보면 잡념도 일어나고 번뇌망상도 일어나게 되는 법이니까요. 관세음보살 정근을 열심히 하는 것은 바로 이러한 것들을 떨치고 '~할 뿐'이 되게 하기 위해 연습하는 것입니다. 무아법(無我法)에 통달하고 나면 더 이상 수행을 할 필요가 없습니다. 밥 먹을 때는 밥 먹을 뿐, 잠 잘 때는 잠잘 뿐, 나아가 살아갈 때는 살아갈 뿐이고 죽을 때는 죽을 뿐까지 된다면 더 이상 관음 정근이나 화두 참구를 할 필요가 없어지겠지요. 하지만 아직 이러한 경지에 이르지 못한 상태라면 열심히 수행해나가야 하겠지요. 이른바 공부가 다 된 경지와 공부를 지어나가는 경지를 혼동해서는 안 됩니다.

【 Q 054 】 새벽예불이 하루를 열어주는 삶이 마냥 행복합니다. 지장보살님의 자상하신 모습을 뵙고, 육도중생이 성불할 수 있도록 도와주신다는 지장보살님께 귀의하며 절을 하노라면 어느새 땀과 함께 감로수 같은 시원한 바람이 제 몸을 휘감으며 벌써 가을을 알리는 것 같아요. 매미 소리는 목탁 소리에 장단 맞추는 것 같기도 하고요.

【 A 054 】 지장기도를 열심히 하시는 분 같습니다. 우리가 '자비(慈悲)'라고 할 때의 '자(慈)'는 내 뜻에 순종하는 사람을 어여뻐서 사랑해 주는 것이고, '비(悲)'는 내 뜻에 거역하는 사람을 가엾어서 사랑해 주는 것입니다. 생전의 악업으로 인해 지옥에 떨어진 중생들에게도 가엾은 마음을 품고, 그들을 모두 제도하겠다는 서원을 세운 보살님이야말로 진정한 자비의 화신이라고 할 수 있습니다. 다른 종교에서는 지옥에 떨어지면 그것으로 끝입니다. 구제될 기약이 전혀 없는 것이지요. 하지만 불교의 지옥은 그래도 행복할 수 있습니다. 지옥 중생마저도 전부 다 제도해 주겠다는 지장보살님이 계시기 때문이지요. 불교는 바로 이러한 점에서 다른 종교와 결정적으로 다르다고 말할 수 있겠습니다.

【 Q 055 】 그냥 절이 좋아서 10년, 그냥 부처님 공부한답시고 10년, 그렇게 세월만 보내다가 이젠 정말 절실히 공부가 하고 싶어 헤매다 참선 백문백답을 듣게 되었습니다. 간단명료하게 설명해 주시는 스님 말씀 너무도 감사합니다. 그 중에서도 특히 참회를 강조하는 부분에 정말 동감하였습니다. 그런데 막상 참회를 하려고 보니 어떻게 하는 것인지를 잘 모르겠네요. 참회진언 '옴 살바 못자모지 사다야 사바하'를 계속 외우면서, 또 때론 마음속으로 '관세음보살님 지은 죄를 참회합니다'라고 하면서도 무언가 흡족하지가 않습니다. 참회하는 방법을 구체적으로 알려 주시면 실천하겠습니다.

【 A 055 】 제가 직접 경험한 참회하는 방법을 말씀드리겠습니다. 예전에 출가하기 전 서울에 살 때 매일 아침 새벽마다 조계사 법당에 가서 참배를 하고 108참회를 했습니다. 원래는 아무 생각 없이 절만 108번씩 했는데, 어느 날부터 그냥 절만 할 게 아니라 참회를 한 번 제대로 해보자는 생각이 떠올랐어요. 그러면 참회를 어떻게 해야 될까? 생각해보니 참회라는 것은 내가 지은 업장에 대한 것인데, 업장이라는 것은 탐·진·치 삼독에서 나오는 것이니 결국은 이 삼독에 대해서 참회를 하면 되겠다는 생

각이 들었습니다. 그래서 한 번 절을 하고 기울인 상태에서 '부처님, 제가 지나친 욕심 부린 것들을 참회합니다' 하고 현재부터 과거로 거슬러 올라가면서 욕심 부린 것들을 생각나는 대로 참회했습니다. 욕심 부린 것에 대한 참회가 다 끝나면 현재부터 과거로 거슬러 올라가면서 성낸 것들을 참회했습니다. 다음에 세 번째로 어리석은 언행과 생각을 참회했습니다.

이러한 참회에서 정말 중요한 것은 자기가 욕심낸 것, 성낸 것, 어리석은 언행을 반드시 구체적으로 참회하는 것입니다. 부처님이 진짜 내 눈 앞에 계시다고 생각하면서 절을 하고 참회하는 것이지요. 막연하게 참회하면 막연하게 가피가 오고 구체적으로 참회하면 구체적으로 가피가 옵니다. 또한 참회는 무조건적으로 해야 합니다. 자기의 깜냥 안에서만 하는 조건부 참회는 의미가 없습니다. 내 그릇 안에서만 맴도는 조건부 참회를 해서는 내 그릇이 커질 리가 없기 때문입니다. 내가 누구와 싸워서 화를 냈다고 한다면 내가 아무리 옳고 잘 했다고 하더라도 어쨌든 화를 냈기에 참회를 해야 합니다. 참회는 상대방에게 하는 것이 아니라 내 자성(自性)에게 하는 것이기 때문입니다.

그런 식으로 일일이 참회를 하면서 절을 하니, 108배를 하는데 한 30~40분 걸렸습니다. 그렇게 한 2주 정도 매일 꾸준히 108배를 하면서 제 마음 속의 번뇌 업장들을 다 부처님께 맡겨 버렸습니다. 그랬더니 몸과 마음이 가벼워지기 시작하더군요. 얼마나 가벼운지 발이 땅에 닿지 않고 공중을 떠다니는 듯한 기분이었습니다. 뿐만 아니라 온 세상이 환하게 밝고 사람들은 다 예뻐 보이고 마음에는 환희심이 가득해지더군요. 여러분들도 하루 한 시간만 투자하여 한 2~3주 동안만 꾸준히 구체적이고, 또 무조건적인 참회를 해보시기를 권해 드립니다.

【 Q 056 】 저희 어머니는 매일 108배를 하고 싶어 하십니다. 절 수행을 하면 건강에 좋다는 이야기를 얼마 전에 TV에서 듣긴 했습니다만, 저희 어머니는 연세도 많으시고 관절도 약해서 절 수행을 말려야 하는 것은 아닌지 걱정이 됩니다.

【 A 056 】 절을 하는 것은 내 몸을 낮추는 것처럼 내 마음을 최대한 낮추는 연습을 하는 것입니다. 마음을 낮추다 보니 부수적으로 건강이 좋아지는 효과도 있긴 합니다. 하지만 그렇다고 해서 관절에 무리가 갈 정도로까지 절을 하실 필요는 없습니다. 일단 하시는 데까지 한번 해 보시라고 하고 대신 방석을 좀 두툼하게 깔아드리면 좋을

것 같습니다.

최근에 한 TV프로그램에서 절 수행의 효능에 대하여 객관적이고 과학적인 접근발표를 한 바 있습니다. 자세와 호흡을 제대로 한다면, 정신은 물론 육체건강에도 상당히 도움이 된다는 결론이었지요.

【 Q 057 】 108배는 잘 하는데 참선은 정신집중이 안 되서 잘 못합니다. 어떻게 해야 하나요?

【 A 057 】 요즈음 동적인 것은 잘해도 정적인 것은 잘 못하는 분들이 많습니다. 아마도 현대인의 생활이 동적이기 때문에 그런 것 같습니다. 예컨대 '마하반야바라밀'을 구념심행(口念心行) 해보시지요. 내가 내는 소리를 듣는 데에 몰두하면 정신집중이 될 것입니다.

【 Q 058 】 108배 할 때 자꾸 숫자를 놓칩니다. 놓치지 않는 비법이 있을까요? 그리고 3,000배를 하고 났는데도 시시비비만 보이고 얼굴에는 독기가 가득합니다.

【 A 058 】 108배를 할 때는 숫자에 신경 쓰면 안 됩니다. 그래서 보통 염주를 돌리면서 합니다. 108염주를 한 번 꼰 다음, 한 번 절할 때마다 한 알씩 돌려주십시오. 염주가 원위치로 돌아오면 108배를 다 한 것입니다.

한편 3,000배를 하고 나면 마음이 쉬어야 하는데 그렇지 않은 상태이신 것 같습니다. 절을 할 때 몸만 절을 하고 마음은 절을 하지 않았기 때문입니다. 몸만 앉았다 일어났다 하면서 횟수 채우기만 급급했지 마음속의 시비심, 독기는 그대로 갖고 계신 것이지요.

절을 한 번 할 때마다 '부처님, 저의 이 시비심, 이 독기를 다 부처님께 맡겨 드리겠습니다. 가져 가십시오' 하면서 3,000번을 맡겨보시면 좋을 것 같습니다. 저절로 마음이 쉬어질 것입니다.

【 Q 059 】 염주는 어떻게 사용하는지요?

【 A 059 】 염주에도 여러 가지가 있지요. 손목 염주도 있고 백팔 염주도 있고 천 주, 삼천 주도 있습니다. 염주는 염불이나 절을 할 때 염불이나 절에 집중할 수 있게 하기 위한

것입니다. 염불 한 번 할 때 염주를 한 알씩 돌리면 내가 몇 번 했는지 나중에 확인할 수 있겠지요. 또 108배를 할 때 횟수를 헤아려 가면서 절하면 숫자 세는 데에 정신이 팔려 참다운 절이 안 되고 참회도 안 됩니다. 이럴 때 염주를 하나씩 돌려가면서 절하면 108배를 간단하게 체크할 수 있겠지요.

【 Q 060 】 기도는 가피를 받을 수 있고 참선은 가피가 없다고 들었는데 이해가 되지 않습니다.

【 A 060 】 기도를 하면 가피(加被)를 받습니다. 기도라는 행위에는 기도를 하는 이와 기도를 받는 이, 곧 기도를 하는 나와 기도를 받는 불보살님으로 갈라지기 때문에 가피가 있습니다. 반면 참선은 나와 남이 갈라지지 않은 경지를 참구하는 것이기 때문에 가피가 있느니 없느니 하는 것 자체가 성립할 수 없습니다. 참선에 가피가 없다는 말은 이런 이유에서 나온 말입니다. 자수용삼매(自受用三昧)에 대해 앞서 말씀드린 적이 있습니다. 이 세상 모두가 나인데 가피를 줄 사람이 어디 있고 받을 사람이 어디 있겠습니까? 참선은 일체가 다 나이고 부처인 자리를 공부하는 것이기 때문에 가피를 주고 받고 하는 분별, 주관과 객관의 분별 자체가 없는 것이지요.

【 Q 061 】 지방에서 올라와 시험 준비를 하고 있는 수험생입니다. 몇 번의 실패를 거듭할수록 자신감을 잃고 자신을 사랑하는 마음조차 잃어버린 것 같습니다. 이렇게 공부할 수 있다는 여건에 감사드리면서도 쉬이 무너지는 다짐들은 어찌 해야 하는 걸까요? 마음이 무너져 버리면 관세음보살이라는 명호조차 나오질 않네요. 그래도 스님, 한 가닥 남은 희망의 끈을 놓지 않고 다시 일어나고자 한 가지 결심을 했습니다. 매일 매일 꾸준히 불교 공부, 마음 공부도 같이 하자고요~!! 어떻게 시작하는 것이 좋을까요?

【 A 061 】 어려운 때일수록 사실은 더욱 기도하고 정진을 해야 됩니다. 우리가 마음에 자신감을 잃어버리면 자신의 모든 것을 잃어버리게 되기 때문이지요. 수험생들의 경우에는 가급적 매일 같은 장소에서 같은 시간에 같은 요령으로 기도하는 것이 더 좋습니다. 가까운 데에 절이 있으면 매일 거기에 가서 하는 것도 좋고, 본인이 사는 곳에서라도 시간과 장소를 정해놓고 하십시오. 예를 들어서 관세음보살 보문품을 읽는다든가 또는 관세음보살을 염하면서 108배를 한다든가 또는 참선을 한다든가 이런 식으로 시간과 장소를 정해서 꾸준히 하면 좋겠습니다.

【 Q 062 】 저는 집중이 잘 안 되서 2, 30분 정도 다라니를 외거나 사경을 계속하기도 힘듭니다. 잠을 많이 잔 것 같은데도 늘 피곤합니다. 근기가 약해서일까요? 근기를 키우려면 어떻게 해야 할까요?

【 A 062 】 근기가 약한 것보다 지금 몸 상태가 별로 좋지 않은 것 같습니다. 사람마다 오장육부 가운데 건강한 장기가 있고 나름대로 약한 장기가 있다고 합니다. 약한 장기를 보강하시면서 몸을 잘 관리하시고 적당한 운동을 하셔야 합니다.

또 음식도 자기 체질에 맞는 것이 있고 안 맞는 것이 있다는 점에 유념하셔야 합니다. 남들한테 아무리 좋아도 나한테는 별로 안 좋은 음식이 있고 남들한테는 별로 효험이 없는데 내 몸에는 좋은 음식이 있습니다. 저도 이것저것 닥치는 대로, 주는 대로 먹고 살던 예전에는 그걸 잘 몰랐습니다. 그런데 선방에 다니다 보니 어떤 음식을 먹고 참선을 할 때에는 속이 부대끼고, 또 어떤 음식을 먹고 참선할 때에는 아주 편안하고 순일하다는 것을 알겠더군요. 자기 몸에 맞는 음식을 먹고 적당한 운동을 하면서 마음 공부를 계속하면 건강에 큰 도움이 될 것입니다.

【 Q 063 】 얼마 전부터 시간 날 때마다 열심히 청취하고 있습니다. 대학생이 이 시간에 듣기는 어렵지만 휴학 중이라 마음의 평화를 얻기 위해 열심히 청취하고 있습니다. 그런데 고민이 있습니다. 제가 요즘 마음이 불안하여 안정을 못 취하고 있습니다. 문득 불안한 마음이 떠오를 때는 어떻게 하면 좋을까요?

【 A 063 】 마음이 불안하고 아무 것도 손에 안 잡힐 때에는 기도를 하시면 좋습니다. 가능하다면 기도하시는 장소도 골라서 하시는 것이 좋겠지요. 시간이 없는 분들은 집에서 기도를 하실 수밖에 없겠지만, 시간이 좀 있는 분들은 유서 깊은 고찰에 가셔서 기도하시기를 권해 드립니다. 고찰에는 그 고찰을 오랫동안 지켜온 어떤 힘이 있습니다. 그런 곳에 가셔서 힘을 받아 며칠씩 머물면서 꾸준히 기도를 해 보시면 마음이 진정될 것입니다.

【 Q 064 】 저는 네덜란드에 유학 중인 유학생입니다. 저는 제 쌍둥이 언니와 함께 요 며칠 백일기도를 했어요. 아침에 108배와 저녁에 관세음보살 염불을 하고 있습니다. 계획대로라면 어제로 기도를 마쳤어야 했는데 조금 게을러서 내일 모레가 되어야 기도가 끝난답니다. 만약 장기간 기도를 하다가 며칠 빠트렸다면 그만큼 채워서 기도를 해야 하나요?

【 A 064 】 기도는 가급적 빠트리지 말아야 하는데 정말 피치 못할 일이 있어서 빠트리게 되었다면 그 수만큼 채워서 하면 좋지요. 내가 빠트렸는데 이거 괜찮을까 이런 마음이 들면 꼭 채워야 됩니다. 기도는 마음에서 비롯되는 것이니까 찜찜한 마음을 갖고 하면 안 되겠지요.

【 Q 065 】 광명진언을 한다는 분들도 많은데, 관세음보살진언과 어떻게 다르며 관음정근 대신 광명진언을 해도 되는지요?

【 A 065 】 광명진언은 밀교의 핵심진언입니다. 비로자나 부처님을 중심으로 해서 아촉불, 보생불, 아미타불, 불공성취여래 이런 분들께 부처님의 지혜의 상징인 광명, 즉 빛을 일체 중생과 나에게 속히 비춰 주시기를 기원하는 내용입니다. 짧은 진언으로 "옴 아모카 바이로차나 마하무드라 마니 파드마 즈바라 프라바를타야 훔"입니다.

그 뜻을 살펴보면, '옴 아모카'는 불공을 성취하신 분이시여, '바이로차나'는 비로자나 부처님이시여, '마하 무드라'는 큰 도장을 지니신 분이시여, '마니'는 마니 보석을 지니신 분이시여, '파드마'는 연꽃을 지니신 분이시여, '즈바라 프라바를타야'는 속히 광명을 비춰 주소서라는 뜻입니다. 즉 여러 부처님의 명호를 들고 부처님의 상징인 빛과 자비 광명을 모든 중생과 나에게 비춰 주시기를 기원하는 그런 내용이 되겠지요.

하지만 이런 모든 것들은 다 방편입니다. 중요한 것은 오직 마음뿐입니다. 진언을 외움에 있어서도 진언 그 자체가 갖는 문자적 효험보다 그 진언을 외는 이의 마음가짐이 더 중요하다고 할 수 있습니다.

【 Q 066 】 전생에 공부한 것이 금생에 영향을 미칠 수 있나요?

【 A 066 】 불교에서는 전생·금생·내생의 삼생에 걸치는 삼세인과라는 시각에서 매사를 이해

합니다. 삼생에 걸친 인과를 감안하지 않고 오직 금생만을 갖고 매사를 이해하려고 들면 해결되지 않는 문제가 많이 있지요.

공부 또한 삼세인과의 관점에서 볼 수 있습니다. '생이지지(生而知之)'라는 말 들어보셨지요? 태어나면서부터 안다는 뜻인데요. 사람들이 보통 천재라고 이야기하는 경우라고 할 수 있습니다. 이런 생이지지는 전생에서의 공부 때문에 가능한 것입니다. 스님들만 보더라도 어떤 스님은 출가한 지도 얼마 안 됐고 공부한 지도 얼마 안 됐는데도 소견이 열려서 잘 하는 분이 있는 반면, 수십 년이 지났는데도 꽉 막혀서 사는 분도 있습니다. 이러한 차이 또한 공부를 시작한 시점의 차이에서 비롯된다고 할 수 있습니다. 금생에서 공부를 시작한 사람은 아무래도 이미 전생에서 공부를 시작한 사람과는 공부의 수준에서 차이가 있겠지요.

지금 하고 있는 마음 공부가 진도가 빨리 안 나간다고 해서 초조해 하실 필요 없습니다. 마음 공부는 죽어서도 가지고 가는 공부이기 때문에 금생이 아닌 내생에서라도 반드시 도움이 됩니다.

【 Q 067 】 평소에 금강경 독송과 사경을 하고 있습니다. 기도 시간을 좀 더 보태어 자비도량참법을 하려고 책을 구입해 놓고 있습니다. 스님께 기도 입재를 받고서 시작하고 싶습니다.

【 A 067 】 기도 입재는 별 다른 것이 아닙니다. 부처님 전에 가서 절하시고 '부처님, 제가 이러이러한 사연으로 언제부터 언제까지 하루에 몇 시간씩 어떤 방법으로 기도하겠습니다. 제가 열심히 기도하는데 금번 기도는 이러이러한 서원을 가지고 하겠습니다. 지켜봐 주시고 도와주십시오.' 이렇게 하시면 그게 곧 입재가 되는 것입니다. 이렇게 하시고 100일이면 100일, 49일이면 49일, 3·7일이면 3·7일, 7일이면 7일 동안 시간을 정해서 하시면 됩니다. 예를 들어 하루에 한 시간씩 혹은 두 시간씩 기도하시거나, 또 내용을 정해서 하는 게 좋습니다. 평소 금강경 독송을 하신다면 『금강경』을 3독 혹은 7독을 정해 놓고 하시면 됩니다. 만일 입재하면서 7일 동안 자비도량참법을 하루에 한 번씩 하겠다고 서원했으면 그대로 지키시면 됩니다.

【 Q 068 】 언젠가 기도할 때 구걸하지 말고 발원하라고 하셨는데 좀 더 자세히 일러 주십시오.

【 A 068 】 자꾸 자꾸 '이것 주세요, 저것 주세요' 하면서 구걸하면 거지 마음을 연습하는 것입니다. '이렇게 하겠습니다, 저렇게 하겠습니다' 하면서 발원하면 주인 마음을 연습하는 것입니다. 거지 마음을 연습하면 거지가 되고 주인 마음을 연습하면 주인이 됩니다. 내가 주인 노릇을 할지 거지 노릇을 할지는 내가 어떤 마음을 많이 연습하는가에 달려 있습니다. 불교 공부는 철저히 주인 되는 공부입니다. 주인 마음을 연습하는 것, 굉장히 중요합니다.

【 Q 069 】 매일 백팔 참회문을 읽으며 기도를 하고 있습니다. 백팔참회문 중에 나오는 수많은 부처님의 명호가 궁금합니다.

【 A 069 】 부처님 명호는 굉장히 많습니다. 경전에 설명되어 있는데, 사실 이 세상 모든 것이 본래 다 부처님, 불보살의 화현입니다. 사연을 주신 조남영 님도 알고 보면 조남영 부처님이고, 월호도 알고 보면 월호 부처님입니다. 누구나 본래 부처임을 명심해야 합니다. 이를 알고 부처님 명호를 염하면 번뇌 업장이 소멸되고 마음이 밝아질 것입니다.

【 Q 070 】 산란심을 다스리기 위해 매일 30분씩 염불 참선을 하고 있습니다. 하지만 제가 하는 이 수행이 저한테 구체적으로 무슨 도움이 되는지 잘 모르겠습니다.

【 A 070 】 아마도 가부좌를 틀고 참선하는 마음가짐으로 염불하시는 것 같습니다. 이런 것을 염불선이라고도 하지요.

염불을 하면 불보살님의 가피를 입게 되고 또 마음에 산란심이 줄어들게 됩니다. 하지만 그냥 입으로만 염불해서는 안 됩니다. 그러면 어떻게 해야 할까요? 나무아미타불을 염불하든 관세음보살을 염불하든 자기가 염불하는 소리를 자기가 빠짐없이 들어야 됩니다. 그래야 거기에 몰입이 되어서 산만한 마음도 다스려지고 불보살님의 가피도 내려오고 일심 삼매도 금방 다가올 수 있습니다.

수행관이 완전히 정립되지 않은 상태에서는 수행의 효과에 대한 의문이 들 수 있습니다. 하지만 이러한 점에 유념하면서 수행을 하시다 보면 조금씩 수행의 효과를 느끼게 되실 것입니다.

【 Q 071 】 절 수련을 하면 어느 정도 마음의 평화를 얻을 수 있는지요?

【 A 071 】 '내가 이것을 할 수 있을까?' 하고 수행하면 진짜 '있을까?'로 끝납니다. 모든 수행방법이 그렇습니다. '내가 이것을 하면 마음이 편안해진다.' '부처님 제가 마음을 편안하게 갖겠습니다.' '부처님 제 마음이 편안해지고 있습니다.' 이렇게 생각하면서 절을 하면 실제로 마음이 편안해집니다. '절을 해서 편안함을 얻을 수 있나?' 하는 마음으로 수행하면 그냥 '얻을 수 있나?'로 끝납니다.

결국 어떤 방법을 택하느냐 보다 어떤 마음을 가지느냐가 수행에 있어서 더 중요하다고 할 수 있습니다. 절을 하든 참선을 하든 염불을 하든 먼저 마음가짐을 바르게 하시기 바랍니다.

【 Q 072 】 업장소멸 기도는 어떻게 합니까?

【 A 072 】 과거의 잘못을 진심으로 참회하고, '앞으로 다시는 그런 잘못을 짓지 않겠습니다,' '앞으로는 멋지게 새롭게 살아가겠습니다.' 하고 마음으로부터 발원을 세우는 것이야말로 가장 큰 업장소멸이 됩니다. '이 업장도 제 작품입니다. 앞으로는 몸가짐과 마음가짐을 바꾸겠습니다. 지켜봐 주시고 도와주십시오.' 이렇게 스스로 서원을 세우고 그 서원을 실천해 가는 것이 중요합니다.

【 Q 073 】 아직 불교 공부가 많이 부족한 초보 불자입니다. 스님 방송은 시작하시던 날부터 애청하고 있습니다. 그날이 돌아가신 저희 어머니 49재날이었는데, 나중에 방송을 통해 그날이 부처님 열반재일인 것도 알게 되었습니다. 참 마음이 찡했던 날이기에 잊지 못할 것 같아요. 사찰을 그저 관광지로만 알고 어쩌다 부처님께 삼배를 올리면 무조건 "해 주세요"라며 빌기만 했습니다. 불교 방송과의 만남은 인생의 큰 전환점이 되었습니다. 완전연소의 삶이 되도록 열심히 성실히 살겠습니다.

【 A 073 】 절에 가면 보통 불전함에다 천 원짜리든 만 원짜리든 집어넣고 여러 가지 소원을 빕니다. 가정이 평안하게 해 주시고, 남편 하는 일이 잘 되게 해 주시고, 애들 공부 잘하게 해 주시고, 건강하게 해 주시고… 이런 여러 가지 소원들이지요.

그래서 제가 국사암에 오는 불자들한테는 그렇게 소원만 빌지 말고 다음부터는 "부처님 용돈 쓰세요."라고 이야기하라고 합니다. 얼마나 기분 좋아요? 긴 말 없이 "용돈 쓰세요." 하고 딱 돌아서면 내가 오늘 부처님한테 용돈 드렸다는 생각에 기분이 뿌듯할 것입니다. 반대로 몇 푼 집어넣고 이거 해 달라 저거 해 달라 하면 돌아서서도 께름칙하겠지요. 부처님 입장에서 생각해도 '다른 사람들은 조금 집어넣고 이거 해 달라 저거 해 달라 아주 골치가 아파 죽겠는데, 이 사람은 참된 사람이다' 라고 생각하시지 않겠어요? 대견한 마음에 안 해 줄 일도 해 주실 겁니다.

【 Q 074 】 절을 하고 경전 사경을 해도 탐진치 삼독에서 벗어나지 못한 채 번뇌와 씨름하고 있습니다. 어찌 하면 바로 볼 수 있나요?

【 A 074 】 공부를 하다보면 오히려 번뇌가 더 치성해진다고 하지요. 하지만 이것은 없던 번뇌가 새로 생겨나는 것은 아니고 전에도 있었던 번뇌를 그제야 알아차리게 되는 것입니다. 옛 조사스님들의 말씀 가운데 "번뇌가 일어나는 것을 두려워하지 말고 번뇌를 알아차리지 못할까 두려워하라."는 말씀이 있습니다. 번뇌가 일어나면 바로 '지금 이런 번뇌가 일어났구나' 하고 알아차린 다음, 얼른 관세음보살을 염하거나 또는 '이 본마음이 어떻게 생겼는가' 하면서 화두를 참구하면 된다는 것이지요. 그렇게 번뇌를 자꾸 돌이키다 보면 마음이 서서히 밝아질 수 있습니다.

【 Q 075 】 사경과 독송을 몇 년간 계속 하고 있는데 집중이 안 되고 잡념이 일어납니다.

【 A 075 】 사경과 독송은 불교의 좋은 수행 방법입니다. 이것들을 열심히 하면 좋은 공덕이 있다고들 하지요.

우리가 무엇을 하든 처음부터 정신 집중이 잘 된다면 더 할 나위 없이 좋겠지요. 하지만 그런 것은 잘 없고, 이는 사경과 독송도 마찬가지입니다. 하지만 자꾸 해 보면서 그 맛을 들이다 보면 차츰 집중이 될 것입니다.

집중을 위한 조언 몇 가지를 말씀드려 볼까요? 사경을 할 때에는 이미 써진 글자 위에 글자만 덧입히는 식으로 하는 것보다는 백지에다 직접 글자를 쓰면서 하는 편이 더 집중이 잘 됩니다. 독송을 할 때에는 자기가 읽는 소리를 들으려고 하다 보면 점점 집중이 됩니다. 간단한 방법이지만 실천을 해 보시면 도움이 될 것입니다.

【 Q 076 】 1시간 기도하면 50분은 망상이 드는 것 같습니다. 어떻게 하면 좋을까요?

【 A 076 】 '나는 1시간 기도하면 10분은 제대로 기도한다' 라는 긍정적인 마음을 가져 보시면 좋을 것 같습니다. 사실 10분만 제대로 공부해도 훌륭합니다. 저도 처음 선방을 다닐 때에는 1시간 앉아 있으면 한 5분 정도만 화두를 잡았고 나머지 55분은 졸기 아니면 망상 떨기만 했습니다. 처음부터 무리한 욕심을 낼 것이 아니라, 10분 기도시간을 11분, 12분으로 늘려나가시면 되겠습니다.

【 Q 077 】 절에서 한문 천수경을 독송하다가 한글 천수경을 독송하니 신심이 안 납니다. 마음을 다스릴 수 있는 방법이 없을까요?

【 A 077 】 독송을 하기에는 사실 한글 경전보다 한문 경전이 좋습니다. 한문 경전은 독송하기 좋게 편집되어 있는 반면 한글 경전은 그렇지 않다 보니 독송할 때 운이 잘 안 맞는 경향이 있지요.

저도 국사암에서 금강경을 독송할 때 한문으로 하면 운은 잘 맞는데 뜻이 잘 안 들어오고, 한글로 하면 뜻은 잘 들어오는데 운이 잘 안 맞아서 신심이 안 나더군요. 그래서 고민 끝에 금강경을 넉자배기로 번역했습니다. "이와 같이, 난 들었다. 어느 때에 부처님은 사위국에 계시면서…" 이런 식으로 했더니 운도 맞고 뜻도 잘 들어와서 편하게 독송을 해오고 있습니다.

절에서 한글 경전을 독송하는 것은 초보자로 하여금 불교에 더욱 쉽게 다가가게 하기 위한 배려라고 생각하시면 될 것 같습니다. 다만 혼자서 할 때는 편하신 대로 한문 천수경으로 열심히 하시면 되겠구요. 제가 쓴 방법을 시도해 보실 수 있다면 그것도 좋을 것 같습니다.

【 Q 078 】 금강경과 천수경을 매일 독송하고 있습니다. 그런데 시간이 여의치 않을 경우에는 버스나 기차 안에서 읽을 경우도 있는데 이렇게 해도 되는지요?

【 A 078 】 불법과 부처님은 계시지 않은 곳이 없습니다. 가급적이면 같은 장소에서, 같은 시간에, 같은 요령으로 독송하는 게 좋지만 형편상 어려울 경우에는 언제 어디에서든 상관이 없습니다. 그것을 하고자 하는 마음가짐이 소중할 뿐입니다.

【 Q 079 】 손주를 가졌을 때 반야심경을 3개월 사경했습니다. 사경한 것을 어떻게 해야 될까요?

【 A 079 】 사경을 하게 되면 집중력도 늘고 잡념이 없어지는 공덕이 있습니다. 최근에 사경과 관련된 영험담을 하나 들었던 적이 있습니다. 어떤 불자님이 틈만 나면 금강경 사경을 하셨는데, 그 사경한 노트가 15박스나 되었다고 합니다. 이 분은 당신이 언제 돌아가실 지를 미리 아시고 가족에게 준비를 하게 하신 다음 돌아가셨다고 합니다. 장례를 치르고 나니 방에서 빛이 비쳤다고 하더군요.

사경한 것은 계속 모아서 가지고 있어도 되고 모아 둘 자리가 없으면 태워도 됩니다. 사경에 관한 조언을 하나 드린다면 백지 상태의 노트에 하는 것이 좋다는 말씀을 드리고 싶습니다. 그렇게 하는 편이 집중이 잘 되기 때문입니다. 글자가 미리 적혀진 공책에 덧쓰는 방법으로 사경하시는 분들도 많이 계시지요? 이 방법은 초보자에게는 도움이 많이 됩니다. 하지만 이렇게 할 경우 손으로는 글자를 쓰면서 머리로는 딴 생각을 하기 쉽습니다.

【 Q 080 】 어떻게 해야 행복해질 수 있을까요?

【 A 080 】 카르페 디엠(Carpe Diem)이라는 말을 들어 보셨는지요? '삶을 즐겨라', '현재에 충실하라' 는 의미의 라틴어입니다. 『죽은 시인의 사회』라는 영화의 키워드이기도 했지요. 행복으로 가는 길은 지금 이 순간을 충분히 즐기고 감사하는 데에서 비롯됩니다. 광덕 스님의 법문 가운데 아주 인상적인 구절이 있습니다. 바로 "인생을 아름답고 싱싱하게 장엄하는 최상의 음악이 무엇이냐고 묻는다면 그것은 감사라고 대답하겠다." 는 말씀입니다.

우리가 살아가면서 누군가에게 감사하는 마음을 갖는다는 것은 정말 중요합니다. 항상 감사하며, 멀리 있는 뭔가가 아니라 지금 이 순간을 누리고 만족하는 여러분이 된다면 더 이상 바랄 것이 무엇이 있겠습니까?

【 Q 081 】 시각장애인인데 기도를 하려고 하면 옆으로 뭔가가 지나가는 것 같습니다.

【 A 081 】 부처님의 10대 제자 중에서도 앞을 못 보는 분이 계셨습니다. 이 분은 육신의 눈은 멀었지만 마음의 눈을 떠서 천안제일, 아나율 존자가 되었지요. 천안통으로 하늘의 세계, 땅 속의 세계, 또 천신들까지도 다 볼 수 있는 능력을 얻게 된 것입니다.

육신의 눈이 안 보인다고 하더라도 마음의 눈은 뜰 수 있습니다. 기도를 할 때에는 마음의 초점을 부처님의 광명, 관세음보살님의 광명 쪽으로 맞추시기 바랍니다. 그렇게 마음이 불보살님 전을 향하게 기도하면 불보살님들이 보이고, 또 그분들이 지나다니시게 됩니다. 마음의 신통력을 얻게 되시기를 바랍니다.

【 Q 082 】 남편 때문에 화병이 생겼습니다. 어떻게 마음을 다스려야 할까요?

【 A 082 】 남편 때문에 화병이 생겼다고 생각하면 그 화병을 고쳐줄 수 있는 사람은 오직 남편뿐입니다. 내 마음의 열쇠를, 나의 행복과 불행의 열쇠를 그 사람이 갖고 있는 것이 되지요. 그래서 일단 생각을 고쳐야 됩니다. 남편 때문에 화병이 든 게 아니고 사실은 내 마음이 인(因)이 되고 남편은 연(緣)이 되어서 나의 화병이 생겼다고 생각해야만 그것을 고칠 수 있는 열쇠를 내가 쥐게 됩니다.

남편 때문에 화병에 걸렸다고 하셨는데, 물론 남편의 영향이 크긴 하겠지만 그 영향은 아무리 크다고 해도 간접적인 원인일 뿐입니다. 직접적 원인은 어디까지나 내 마음인 것이지요. 남편은 그저 거기에다 불을 질렀을 뿐입니다. 아무리 남이 내 마음에 불을 지르려고 해도 내 마음에 장작이 없다면, 불이 붙을 재료가 없다면 불은 일어나지 않습니다. 내게 불이 붙을 재료가 있었기 때문에 남편이든 자식이든 누구든 거기에 불을 지를 수가 있었던 것이지요. 일단 이렇게 인식을 바꾸시는 것이 먼저입니다. '화병이 들렸다고 하는데 과연 화병 든 이 마음이 어떤 것일까? 어떻게 생겼을까?' 하고 참구하시면 되겠습니다.

【 Q 083 】 깨달음을 구하는 것도 욕심이 아닌가요?

【 A 083 】 불교공부는 마음을 한 마음으로 몰아가는 일심, 그리고 그 마음을 넘어서는 무심, 마지막으로 발심의 단계를 거쳐 가면서 이루어집니다.

이 가운데 첫 번째 단계인 일심에 이르기 위해서는 발원을 세워야 합니다. 발원은 욕심과 어떻게 다른 것일까요? 욕심은 나 하나만을 위한 것인 반면, 발원은 우리 모두를 위한 큰 욕심이라고 할 수 있습니다. 자신의 깨달음을 구하는 대승보살이라면 '내가 깨달음을 얻겠다' 하는 욕심 대신 '일체 중생이 모두 깨달아 지이다' 하는 발원을 세워야 합니다. '부처님, 제가 빨리 깨닫고 나서 중생을 제도하겠습니다' 라고 한다면 벌써 거기에는 나라든가 남이라든가 준다든가 받는다든가 하는 생각이 깃들어 있기 때문에 깨달음의 세계에 들어서기가 어렵습니다.

따라서 깨달음에 대한 대승보살의 염원은 욕심이 아니라 발원이라고 할 수 있습니다.

【 Q 084 】 무심 공부를 어떻게 해나가야 되는지요?

【 A 084 】 일심, 무심이 따로 있는 게 아니라 화두를 들어가다 잘 잡히면 그게 무심이 됩니다. 좌선도 꾸준히 하다보면 화두와 하나가 되고, 좌선과 화두가 하나가 되면 몸과 마음이 정말 없어진 듯한 상쾌하면서도 무심한 체험이 오게 됩니다.

화두는 의심이 생명이라고 하지요. 의심이 없으면 무미건조해지기 쉽고, 반대로 의심이 확 붙으면 공부가 얼마 안 남은 것이라고 할 수 있습니다. 따라서 의심이 잘 붙을 수 있도록 선지식을 만나서 격발을 받든가 또는 의심이 탁 드는 화두를 잡는 것이 중요하지요. 의심이 잘 안 들면 이 마음이 어떤 걸까? 어떻게 생겼을까? 하고 계속 의심을 지어나가면 되겠습니다.

사실 무심 공부가 쉽지는 않습니다. 무심으로 가는 지름길이 있는데 바로 자기의 몸과 마음을 낮추는 하심(下心)입니다. 하심하는 방법 중에 제일 좋은 것이 절입니다. 절에 오면 삼배, 108배, 1,080배, 3,000배까지 시키는 이유가 바로 하심 공부를 익히기 위함입니다. 그런데 간혹 3,000배 실컷 잘 해 놓고 하심은 커녕 '내가 절을 많이 했네' 하는 상심(上心)을 하는 분들이 있는데, 절을 한 보람이 없어진 겁니다. 철저하게 하심하면 마음 공부할 준비가 된 것입니다. 그런 상태에서 화두를 들면 잘 잡히고 무심이 됩니다.

【 Q 085 】 절에서는 참회하며 눈물을 흘리지만 집에 오면 자식에게 집착하고 화내고 잔소리하는 엄마일 뿐입니다.

【 A 085 】 엄마가 자식 사랑하는 마음은 당연한 것이지요. 다만 애착심으로 사랑하는 게 아니라 진정한 자비심으로 사랑할 수 있도록 노력해야 합니다. 자식에게 애착하지 않는 것은 도를 깨치기 전에는 어려운 일입니다. 그러니 집착하지 않으려는 마음을 갖고 계신 것만 해도 대단하다고 할 수 있습니다.

불교는 중도를 가르칩니다. 이런 관점에서 보면 아이들도 무조건 잘 해 준다고 해서 잘 크는 것은 아니라고 할 수 있습니다. 요즘은 외동이 많아서 그런지 어려서부터 너무 아껴 주고 너무 사랑을 퍼부어 주는 경우가 많지요. 그러다 보니 버릇도 없고 자기 혼자서 홀로 서기를 하지 못하는 아이들이 많습니다. 난을 키우는 것도 마찬가지입니다. 물을 너무 많이 주면 뿌리가 썩어서 죽어버리고, 또 물을 너무 안 주면 말라서 죽어버립니다.

자녀교육에 있어서도 무조건 오냐오냐 하지 말고 잘못된 일을 했을 때는 엄하게 꾸짖어야 합니다. 그런데 아이들을 꾸짖을 때 차분히 이야기하지 않고, 무턱대고 성질부터 내면 아이들이 자신의 잘못을 받아들이기 어렵습니다. 그러니 그럴 때에는 일단 내 마음 속의 화부터 가라앉혀야 합니다.

화를 내는 것은 불과 같아서 힘들여 쌓은 공덕을 다 태워버립니다. 아이들한테 열 번 잘해 줬다 하더라도 한 번 화를 내면 그것으로 그 동안 잘 해 준 공덕이 다 타 없어지는 것이지요. 화가 날 때는 화내는 이 마음이 어떤 것일까? 어떻게 생겼을까? 하면서 마음을 다스려 보시기 바랍니다.

또한 살다 보면 속상할 때도 있고 자녀에게 잔소리를 해야 할 때도 있습니다. 다만 잔소리를 하더라도 정말 상대방을 위하는 마음으로 해야 합니다. 그냥 내 감정대로 함부로 하는 잔소리는 내 감정 풀이밖에 안 됩니다. 그런 잔소리는 상대방에게 약이 되기커녕 상대방의 속을 상하게 만들 뿐이지요. 내가 화나고 분하다고 해서 그 마음을 있는 그대로 표현해버리는 것은 나의 나쁜 마음을 남에게 전염시키는 것에 불과합니다.

어쨌든 자녀 교육도 적당한 선을 지켜야 합니다. 그렇다면 그 '적당히'는 어떤 정도를 말하는 것일까요? 그것은 참선 공부를 열심히 해야 알게 됩니다. 자기 마음이 일단 적당해져야 알게 되는 것이니까요. 참선 공부를 하면 그 자체로 세상에 기여하게 됩니다. 참선 공부를 해서 마음이 편안해지고, 마음이 푸근해지고, 마음이 너그러워지면 여러분 주변 사람에게도 그 마음이 저절로 전파되기 때문입니다. 여러분은 그저 가만히 있다 하더라도 여러분의 편안한 마음가짐은 가족에게, 또 주변사람에게 그대로 전달되는 것이지요.

【 Q 086 】 현실 속에서 인연에 속박되어 있어서 괴롭습니다.

【 A 086 】 인연을 묶어서 쓰시니까 거기에서 나오기 어려우신 것 같습니다. 인과 연은 나누어

서 생각해야 합니다. 인(因)은 직접적인 원인이고 연(緣)은 간접적인 원인입니다. 인은 나의 노력이고 연은 주변상황이라고 할 수 있는 것이지요. 따라서 주변상황을 뭉뚱그려서 인연이라고 생각하실 것이 아니라, 지금 나의 주변상황은 과거에 내가 지은 인(因)의 결과로서의 연(緣)임을 명확하게 알아야 됩니다. 과거에 내가 지은 인이 현재 연으로서 작용하고 있기 때문에 현재에 내가 인을 새롭게 짓는다면 미래의 연은 달라질 것입니다.

모든 것이 인과법(因果法)이고 인연법(因緣法)이라는 것만 터득해도 마음이 한결 편안해집니다. 이 모든 것은 신의 뜻대로 되는 것도 아니고 부처님 뜻대로 되는 것도 아닙니다. 또한 우연히 되는 것도 아니고 무슨 운명이 결정되어 있는 것도 아닙니다. 오직 인(因)과 연(緣)이 만나서 결과인 과(果)가 성취되는 인연법일 뿐입니다. 인(因)은 나의 마음가짐이고 나의 노력이며, 연(緣)은 주변 환경이고 불보살님의 가피입니다. 그러니까 인(因)을 열심히 가꾸어 나가면 과(果)가 변할 수 있는 것입니다. 그래서 운명은 내가 개척해 나갈 수 있다는 것이지요. 내가 개척해 나갈 수 있는 운명을 밖에다가 대고 바꾸어 달라고 구걸하면 안 됩니다.

예전에 어느 여자 분으로부터 결혼 생활이 순탄치 않은데, 만약 이것이 운명이라면 그것을 바꿀 수 있는가에 대한 질문을 받은 적이 있습니다. 한집에서 함께 살아야 하는 부부가 화목하지 않으면 참으로 힘들 것입니다. 우선 현재를 인정하고 존중해야 됩니다. 현재 내가 처한 상황은 내가 선택한 결과입니다. 무엇보다도 내가 과거에 직접 지은 인(因)으로 인해서 지금 이런 주변의 연(緣)을 만나게 된 것임을 수긍해야 됩니다.

과(果)는 인과 연이 만나서 생겨난 것입니다. 따라서 과를 바꾸고 싶다면 인이나 연을 바꾸어야 됩니다. 그런데 연은 나의 주변상황이기 때문에 사실 내가 바꾸기는 쉽지 않습니다. 그보다는 차라리 나의 마음, 곧 인을 바꾸는 게 더 쉽습니다. 자기의 마음가짐을 바꾸고, 또 삶의 방식과 태도를 바꾸면 그 결과인 과 또한 바뀌게 됩니다. 과가 바뀌는 데에도 자신이 원하는 방향이 있겠지요? 이것을 위해서는 원을 세우시면 됩니다. 예를 들어 긍정적인 방향으로 과가 바뀌기를 바란다면 '나는 앞으로 긍정적으로 살겠습니다' 하고 원을 세우고 그에 맞춰 살아가면 됩니다. 이것이야말로 운명을 바꾸는 길이라고 할 수 있습니다.

【 Q 087 】 마트에서 장사를 하는데 마음을 흔들어놓고 가는 사람이 있으면 미워하는 마음이 생겨납니다. 이 마음을 어떻게 다스려야 할까요?

【 A 087 】 장사하시는 분들은 마음 공부 하기에 제일 좋은 환경에 계신다고 할 수 있습니다. 수많은 사람들을 상대하면서 일어나는 여러 가지 일들을 마음 공부의 계기로 삼을 수 있기 때문입니다. 내 마음을 상하게 하는 손님이 있으면 '이 분은 내 마음 공부를 시켜주는 나의 선지식이구나. 고맙다' 하는 마음가짐으로 얼른 관세음보살을 염하든가 또는 '미워하는 이 마음이 어떤 것일까, 어떻게 생겼을까' 하면서 참선을 하시면 좋습니다.

선방에서 수행하는 것은 훈련이고 생활 속에서 실천하는 것은 실전입니다. 훈련 때 아무리 잘해도 실전에서 잘 못하면 애써 훈련했던 것이 아무 의미가 없겠지요. 평상시에 염불이나 참선을 하면서 연습해 두셨던 것을 이런 저런 손님들을 상대하시면서 점검해 보시면 되겠습니다. 역경계 순경계를 만나서도 여전히 화두를 챙기고 평상심을 유지할 수 있다면 공부가 상당히 익었다는 증거이지요.

【 Q 088 】 어떻게 하면 관세음보살님의 가피를 받을 수 있을까요?

【 A 088 】 '가피(加被)'는 더할 '가(加)'에 입을 '피(被)'입니다. 이것이 내가 내 마음의 주인이 되어 열심히 노력할 때 부처님께서도 더함을 입혀 준다는 의미로 해석할 수 있겠습니다. 불보살님의 가피는 체험해 보지 않은 사람은 모릅니다. 오대산에 가면 최고의 기도도량이라고 할 수 있는 적멸보궁이 있습니다. 예전에 대학원에 다닐 때 저는 뭔가 일이 막히거나 논문이 잘 안 써질 때면 이곳에 가서 기도를 드리곤 했습니다. 여기서 3일만 기도하고 나오면 저를 가로막고 있던 것들이 탁 트이곤 했습니다. 바로 답이 왔던 것이지요.

관세음보살님의 가피를 받고 싶으시다면 관세음보살님과 한 동네에서 노시면 됩니다. 완전히 다른 동네에서 놀면 뵙기가 힘들지요. 그럼 어떻게 해야 관세음보살님과 한 동네에서 놀 수 있을까요? 관세음보살님께서는 '내 이름을 부르는 이를 고통에서 건져 주리라' 하는 발원을 세우셨지요. 바로 이러한 발원을 세우시면 관세음보살님과 주파수가 맞게 되고, 그래서 관세음보살님과 한 동네에서 놀 수 있게 됩니다. 예를 들어 '나의 도움을 청하는 이를 내 힘이 닿는 한 최선을 다해 도와주리라,' '나의 도움을 청하는 이의 고통을 덜어 주리라' 하는 발원을 세우면 되겠지요.

이런 식으로 발원을 세우고 관세음보살을 염하시면 그 가피를 받으실 수 있습니다.

【 Q 089 】 어려서 혼자 미국에 와서 고등학교와 대학교를 마치고 지금은 일을 하고 있습니다. 스님 말씀처럼 정말 많은 외국인들이 수행하고 있습니다. 저하고 친한 친구도 그렇구요. 그런데 정작 저는 이리저리 변하는 마음 때문에 힘들어 하고 있습니다. 아직 일어나지도 않은 앞으로의 일에 얽매여 현재의 일을 소홀히 하고 있는 것 같습니다. 현재에 충실할 때 앞으로의 일도 충실해질 수 있을 텐데 말입니다. 아들이 하나뿐이라 그런지 어머니의 욕심이 과하실 때가 많습니다. 저를 반성하고 되돌아 봐야 하는데 제가 수양이 덜 되어 공연히 어머니 핑계를 댈 때가 많습니다. 방송 들으면서 스님께서 들려주시는 "자기 인생의 주인공이 되라는 말씀"이 힘이 됩니다.

【 A 089 】 자기 인생의 주인공이 되는 것, 정말 중요하지요. 누구든지 자기 인생에 대해서는 자기가 주인공입니다. 따라서 자기 인생은 주인공인 자기 자신이 스스로 갈무리해 나가야 합니다. 만약 어떤 사람이 자기 인생에 대해 주체적인 태도를 갖지 않고 이런저런 핑계만을 댄다면 그는 더 이상 자신의 인생의 주인공이 아니라 조연으로 떨어지게 됩니다. 주인공은 핑계를 대지 않는 법이기 때문이지요.

【 Q 090 】 스님의 말씀 중에 몸뚱이는 마음의 옷에 불과하다고 하셨는데 그래도 그 몸뚱이 없이 어떻게 수행을 하며 마음을 담을 수 있는지요? 수행의 주체도 결국 몸뚱이인데 하찮게 말씀을 하시는 건 아닌가 하는 생각이 들어서 몇 자 올립니다. 몸뚱이 한번 아프면 정말 힘들잖아요? 마음도 중요하지만 지금 마음과 함께 하고 있는 몸뚱이도 중요한 것 아닐까요?

【 A 090 】 지당하신 말씀입니다. 몸뚱이를 하찮게 여기면 반드시 그 과보를 받게 됩니다. 그래서 부처님께서는 수행에 있어서도 쾌락과 고행에 빠지지 않는 중도의 수행을 하라고 하셨습니다. 쾌락이나 고행에 빠지게 되면 반드시 몸뚱이가 상하기 때문입니다. 선방에 다니다 보면 너무 앞서가는 마음으로 수행을 했다가 몸을 버려서 고생하시는 스님들이 더러 계십니다. 위장병이라든가 관절염, 요통 같은 것은 기본이고 그보다 더 심한 병으로 고생하는 분들도 제법 계시지요.

이런 것들이 다 몸뚱이를 너무 함부로 썼기 때문입니다. 몸뚱이에 너무 집착해서 잘 먹이고 잘 입히는 데에만 골몰해서도 안 되겠지만, 그렇다고 함부로 다루어서도 안 됩니다. 이 세상에 이 몸뚱이를 받아 왔기 때문에 시효가 다 될 때까지는 이 몸을 잘 관리하는 것이 필요하지요.

하지만 그 관리 기간이 끝나면 또 미련 없이 벗어버려야 됩니다. 몸뚱이가 옷에 불과하다는 표현은 이런 의미에서 쓴 것이지, 몸뚱이가 하찮다는 의미는 아닙니다.

【 Q 091 】 취업이 안 될 때는 어떻게 하지요? 너무 답답하고 속상해요.

【 A 091 】 세상일이라는 것은 잘 될 때도 있지만 또 그렇지 않을 때도 있습니다. 세상일이 항상 잘 되기만 하면 사람이 타성에 젖을 수도 있고 공부가 안 되지요. 취업이 안 될 때, 세상일이 잘 안 될 때야말로 마음 공부의 적기라고 할 수 있습니다. 내가 지금까지 마음을 어떻게 써 왔나? 내가 지금까지 사람들에게 어떻게 대해 왔나? 내가 지금까지 나의 인생을 얼마나 준비를 해 왔나? 이런 것들을 되짚어 보면서 마음 공부를 하는 것이지요. 이렇게 스스로를 돌이켜 보며 좀 더 다른 사람들에게 베푸는 넉넉한 마음, 나의 일이 잘 되기를 바라는 것처럼 남의 일이 잘 되기를 바라는 마음을 내면 나의 주파수가 저절로 취업이 잘 되는 주파수로 바뀔 수 있습니다.

출가하기 전의 일인데, 저도 방생을 하고 나니까 갑자기 아르바이트 자리가 생겨서 좋아했던 일이 있습니다. 방생이라는 것이 생명을 풀어주는 좋은 일이기 때문에 저에게 그런 일이 있었던 게 아닌가 합니다. 취업이 안 되거나 일이 잘 안 풀린다고 해서 답답하고 속상하게만 생각할 필요가 없습니다. 오히려 그런 때일수록 심기일전해서 넉넉한 마음을 닦아 본다면 어느새 앞길이 열리게 될 것입니다.

【 Q 092 】 어려서는 기독교를 믿었고 결혼해서는 시댁이 가톨릭이어서 가톨릭을 믿었는데 요즘에는 불교에 관심이 갑니다. 종교를 바꾸어도 되는지요?

【 A 092 】 사실 이런 분들이 많습니다. 나이가 들면서 불교의 맛을 조금씩 느끼게 되기 때문이지요. 불교는 뚝배기 장맛 같다고 할 수 있습니다. 당장은 그 가르침이 다가오지 않을지 몰라도 가면 갈수록 깊이 있게 와 닿습니다.

특히 불교는 자신의 안에서 주인을 찾는다는 점에서 다른 종교와 결정적으로 다릅니다. 다른 종교는 주인을 자신의 밖에서 찾는 경우가 많지요. 물론 불교에서도 불보살님의 가피를 인정하긴 합니다만, 그 중심에는 자기에 대한 깊은 인식이 자리하고 있습니다.

어떤 종교를 선택할 것인가는 자기 신념의 문제라고 할 수 있습니다. 공부를 꾸준히 하시다 보면 가야 할 길이 저절로 보일 것입니다.

【 Q 093 】 저는 중풍환자이신 어머니를 모시고 살면서 제가 해 드릴 수 있는 것은 다 해드리고 있습니다. 그래서 남들은 저를 효녀라고 칭찬하고 있습니다. 하지만 가끔씩 어머니가 미워지는 마음이 생겨납니다. 이러면 안 된다고 생각하면서도 고치지를 못했는데 스님께서 한마디로 정답을 주셨습니다. "환자를 돌보는 것은 복 짓는 기회다. 안 되는 데에 주파수를 맞추지 말고 되는 데에 주파수를 맞추라. 되는 것부터 해보라."는 말씀이 바로 그것이었습니다.

【 A 093 】 긴 병에 효자 없다고 특히 중풍 환자이신 분들은 거동이 불편하시기 때문에 사실 옆에서 수발하기가 쉽지 않을 것입니다. 그래서 오래 간병하다 보면 간혹 짜증이 나기도 하고 미운 마음이 들기도 하실 겁니다. 하지만 참선 백문백답 공부하는 분들은 거기에서 한 생각 돌이켜서 생각해 보시기를 바랍니다.

간병을 부모자식 간이니 할 수 없이 해야 하는 것으로 생각할 것이 아니라, 복 짓는 찬스(?)로 생각하시면 좋습니다. 이 세상에는 여덟 가지 복전(福田)이 있는데, 그 중에서 가장 큰 복을 짓는 방법이 간병입니다. 부처님께서도 "나를 위하고 싶다면 병든 이를 간호하라."고 말씀하시면서 간병을 해 주는 공덕이야말로 여덟 가지 복전(福田) 중에서 가장 뛰어나다고 말씀하셨지요. 복 짓겠다고 밖으로 나가서 쫓아다닐 필요가 없습니다. 주변을 둘러 봐서 병든 분이 보이면 복 지을 찬스가 제 발로 걸어 들어온 줄 아시고 성심껏 간병해 주시면 되겠습니다.

또 자꾸 '미워하면 안 되는데, 안 되는데' 하고 생각하시면 진짜 안 됩니다. 본마음 자리는 절대 긍정의 자리이기 때문에 부정어를 처리하지 않습니다. '미워하면 안 되는데'에서 '안 되는데'는 처리를 안 하고 그냥 미움만 처리하게 됩니다. 그러니 계속 미워하게 되는 것이지요. 미운 구석이 아니라 이쁜 구석, 안 되는 일이 아니라 되는 일에 포커스를 맞춰 보십시오.

【 Q 094 】 부모님께 잘 해드리고 싶은데 이미 부모님은 돌아가셨습니다. 어떻게 해야 될까요? 또 집에서 유교식으로 제사를 지내고 있는데 불교식으로 여법하게 하려면 어떻게 해야 할까요? 집에서 모시는 제사는 영가에게 아무런 도움이 되지 못한다고 들었는데 사실인가요?

【 A 094 】 첫 번째 질문에 대해 말씀드리면, 『지장경』, 『관음경』, 『금강경』과 같은 경전을 독송하시고, 그러한 경전을 수지 독송한 공덕으로 우리 부모님께서 좋은 곳에 몸 받아 복 많이 지으시기를 발원하시면 좋겠습니다. 경전 독송의 공덕뿐만 아니라 참선 공부, 마음 공부의 공덕도 돌아가신 부모님께 돌릴 수 있습니다. 돌아가신 분께 공덕을 돌린다는 것이 잘 이해가 안 가실 분도 있을 것 같습니다. 하지만 우주는 한 뿌리이기 때문에 다 통하는 법입니다. 따라서 돌아가신 분이라도 공덕을 받을 수 있는 것이지요.

두 번째, 불교식으로 하는 제사라고 한다면 처음에 시작할 때 『천수경』 한 번 읽고, 그 다음에 삼보님을 청하고, 그 다음에 영가를 청해서 독경이나 염불을 해 드리고, 그 다음에 축원하고 해서 끝난다고 말씀드릴 수 있습니다. 자세한 의식 내용은 종단에서 나온 『통일법요집』을 보시면 잘 나와 있으니 참고하시면 좋을 것 같습니다. 또 집에서 모시는 제사는 영가에게 도움이 안 되는 것이냐고 물으셨군요. 그렇지 않습니다. 제대로 경전 독송 잘 하고 염불 잘 하면 분명히 도움이 됩니다. 다만 절에서 하게 되면 분위기도 있고, 또 전문가인 스님들이 독경이나 염불을 해 주시니까 더 좋다는 것뿐이지요. 집에서 제사를 지내시더라도 성심을 가지고 잘 하시면 되는 것이니 걱정하지 않으셔도 됩니다.

【 Q 095 】 제가 아이들에게 줄 수 있는 최고의 선물은 부처님의 가르침을 전해 주는 것이라 생각합니다.

【 A 095 】 맞습니다. 부처님의 가르침을 전해 주는 것은 아이들에게 줄 수 있는 최고의 선물이라고 해도 과언이 아닙니다. 여기에 더해서 부처님의 가르침대로 사는 부모님의 모습까지 보여 준다면 그야말로 완벽한 선물이라고 할 수 있습니다. 부모님이 아무리 훌륭한 부처님의 가르침을 전한다 하더라도 부모님 스스로 그 가르침을 제대로 실천하지 않는다면 아이들이 받아들일 리가 없기 때문입니다. 부모님부터 부처님의 가르침대로 사는 것, 그것이야말로 아이들에게 부처님의 가르침을 전해 주는 최

상의 방편이라고 할 수 있습니다.

부모가 부처님 말씀대로 살아가는 모범을 보여주면 자식은 저절로 교화가 됩니다. 자식은 대부분의 마음이 그 부모에게 가 있기 때문에, 부모가 따로 이야기를 안 해도 지금 엄마, 아빠의 마음 상태가 어떠한지 다 압니다. 그렇기 때문에 부모가 마음공부를 잘 해서 편하고 자비로운 마음을 가지면 그것이야말로 아이에게 최상의 부처님 말씀을 전해 주는 것이라고 할 수 있습니다.

【 Q 096 】 스님의 방송을 들으면 마음이 편합니다. 방송을 들을 때는 스님 말씀처럼 즐겁게 좌선을 할 수도 있겠다는 생각을 합니다. 하지만 막상 뒤돌아서서 좌선을 하려면 몸이 뒤틀리고, 다리도 아프고 힘이 듭니다. 어떻게 해야 하는지요?

【 A 096 】 『좌선의』에도 "좌선은 안락의 법문"이라고 나와 있습니다. 다시 말해서 좌선을 하고 있는 이 순간이 최상의 안락, 편안하고 즐거운 상태임을 즐겨야 됩니다. 죽어라 하고 억지로 뒤틀고 앉아서 하는 게 아니라 즐거운 좌선이 되어야 됩니다. 수단과 목적이 이원화되지 않은 불오염의 좌선, 즐거움의 좌선이 되어야 한다는 말입니다.

간화도 마찬가지입니다. 화두를 들고 있는 것 자체가 안락의 법문, 행복이 되어야 하는 거죠. 화두를 듦으로써 내가 깨달음을 얻어야 하는 수단과 목적이 이원화되어 있는 화두 참구는 잘못된 겁니다. 그것을 대오지심(待悟之心)이라고 합니다. 간화선의 종사들은 깨달음을 기대하는 마음을 가져서는 안 된다고 누누이 설명했습니다. 왜냐? 깨달음을 기대한다는 것은 바로 나 자신을 스스로 깨닫지 못한 중생이라고 묶어놓는 겁니다. 참선은 불지견(佛知見)을 여는 것이 제일 중요합니다. 몸과 마음은 아무리 망가졌다 하더라도 '나의 본마음 참나는 항상 여여하다, 진여의 성품은 청정하다' 라는 지견에 입각한 좌선이야말로 중생지견의 좌선이 아니라 불지견을 여는 좌선입니다. 그래서 화두를 챙기고 있는 이 순간 순간이 곧 성성적적의 중도인 상태를 즐기라는 겁니다. 참선을 즐기십시오. 우리가 운동도 즐겁게 해야 꾸준히 할 수 있는 것처럼 참선도 역시 즐겁게 해야 꾸준히 할 수 있습니다.

【 Q 097 】 왜 고통이 많은 사바세계를 마음 공부 하기에 가장 좋은 곳이라고 합니까?

【 A 097 】 맑은 날만 있는 곳이 있습니다. 그 곳이 어떤 줄 아십니까? 바로 사막이지요. 항상

맑기만 하면 좋을 것 같지만 실제로 그런 곳이 있다면 그 곳은 사막이 되는 것입니다. 사막은 살기에 좋지 않지만 흐린 날도 있고, 비오는 날도 있고, 맑은 날도 있는 우리 나라는 얼마나 살기 좋습니까? 날씨뿐만 아니라 인생사도 그렇습니다. 그저 좋은 일만 있는 곳보다는 좋은 일도 있고, 슬픈 일도 있고, 좀 짜증나는 일도 있는 곳이 살기 좋은 곳일 수 있습니다.

이렇게 보면 이 사바세계야말로 마음 공부 하기에 가장 좋은 곳입니다. 내 마음대로 되는 일과 안 되는 일이 있고, 좋은 일과 슬픈 일이 어우러져 있기 때문이지요.

【 Q 098 】 오늘 기초 교리 공부 중에 있었던 일입니다. 강사스님께서 강의를 하시는데 어떤 분이 매우 불손하고 공격적인 태도로 스님께 질문을 하시더군요. 순간 당황하셨는지 말씀을 잇지 못하시는 거예요. 그 광경을 보고 있자니 화가 올라오는데 참지 못하고 한 마디 했답니다. 스님께서 대처하실 수 있었을 텐데 그걸 못 참고 나선 것이 스님께 누를 끼친 것은 아닌지 후회가 되었고, 화가 많은 자신을 또 한 번 깨달았습니다. 스님은 스님 방식대로 그런 상황을 잘 이겨내실 것이고 그분은 자신의 행동이 공격적이라는 것을 모르는데 곁에 있는 저만 괜히 마음의 번뇌를 일으키고 만 것 같습니다. 밖으로 향하는 진심(瞋心)을 제 안으로 돌이켜 보고 자신을 먼저 닦으라고 하신 스님 말씀이 이제야 생각이 납니다.

【 A 098 】 화를 내는 것은 좋지 않습니다. 화를 자주 내게 되면 자기가 쌓아 온 공덕이 다 타 버린다고 하지요. 화를 잘 내는 성품은 내 마음에 안 드는 것을 밀쳐 내는 에너지입니다. 이것은 재물이든 사람이든 명예든 내 마음에 드는 것을 당겨 오려는 에너지인 욕심과는 또 다릅니다. 그래서 화는 불에 비유하고 욕심은 물에 비유합니다.

가만히 보면 머리가 좋고 판단이 빠른 분들이 워낙 머리 회전이 기민한 나머지 화를 잘 내는 경우가 많습니다. 이런 분들이 남의 허물을 보는 데서 자신의 허물을 보는 쪽으로 마음을 바꾸면 분발심이 강한 사람이 되어 남들보다 더 빨리 깨달음을 얻게 됩니다. 화를 잘 내시는 분들은 남의 허물을 보는 것을 나의 허물을 보는 쪽으로 돌이켜, 화를 내는 마음이 오히려 수행의 역동적인 에너지가 될 수 있도록 하셔야 합니다.

【 Q 099 】 스님의 방송을 들을 때나 책을 사서 읽을 때는 '그래 맞아, 이렇게 나를 내가 창조하면서 살아야 해' 하는 생각이 가득합니다. 하지만 일상에서는 쉽게 짜증이 납니다. 게다가 지난 5월부터는 우울증 비슷한 것이 와서 아주 혼이 나고 있습니다. 자꾸 옆에 있는 남편을 원망하게 되고, 주위 가족들을 불편하게 합니다. 요즘 정말 제 자신이 부끄러울 지경입니다. 남편과 아이들이 마음에 들지 않으니 늘 불만투성이입니다. 하지만 반대로 '나는 그들에게 마음에 드는 사람일까?'를 생각해보면 답은 아니지요. 이 마음을 어떻게 해야 될까요?

【 A 099 】 요즈음 보면 우울증을 앓고 있는 사람들이 많이 있는 것 같습니다. 사랑에 대한 갈구, 인정을 못 받는 데 대한 울분, 나보다 잘 나고 형편이 좋은 사람들을 보면 생겨나는 상대적 박탈감, 이런 것들로 인해 자신의 존재감을 상실하게 되는 경우가 많이 있겠지요.

하지만 모든 것이 나의 작품이라는 사실을 잊어서는 안 됩니다. 지금 옆에 있는 남편도 사실은 내 작품이고 아이들도 내 작품입니다. 내 작품이 마음에 안 들면 고쳐나가야겠지요. 그러면 무엇부터 고쳐야 할까요? 나부터 고쳐 나가야 됩니다. 인(因)인 내 마음부터 고쳐 나가야 연(緣)인 주변사람들이 바뀌게 됩니다. 직접원인인 내 마음을 놔두고 간접원인인 주변사람들만 고치려고 하면 고쳐지지 않습니다. 내 마음도 내가 못 닦는데 남의 마음까지 닦아 주려니까 될 리가 없지요. 그래서 남의 마음 닦아 주려고 하지 말고 내 마음을 닦아야 하는 것입니다. 그렇게 시간을 들여 꾸준히 하다 보면 뭔가가 바뀌기 시작할 것입니다.

【 Q 100 】 아침 밥상 앞. 같이 수저를 들며 남편이 제게 묻습니다.

남편 : 요즘 월호 스님 참선공부 듣고 있어?

아내 : 아니.

남편 : 어느 불자가 질문을 했는데, "요즘, 이유 없이 아픈데 왜 그런지 모르겠습니다."라고 했어. 그랬더니 스님이 뭐라셨게?

아내 : …….

남편 : 사람이 아픈 것은 세 가지 이유에서인데, 그 중 하나는 몸 관리를 잘 못해서이고, 다른 하나는 마음에서 오는 스트레스 병이고, 이도 저도 아니면 전생의 업장 때문이래.

좀더 자세히 알고 싶습니다.

【 A 100 】 그렇습니다. 병에도 여러 가지 원인이 있습니다. 몸 관리 잘못해서 오는 병이 있고, 또 마음 관리 잘못해서 오는 병이 있습니다. 그 다음 전생의 업장 때문에 오는 병이 있지요.

몸 관리를 잘못 해서 오는 병은 당연히 스스로 몸 관리를 잘 해 줘야 됩니다. 하루에 한두 시간 씩은 꼭 운동을 하시고 적당히 먹는 등 몸을 위해서 정성을 쓰셔야 됩니다. 그 다음에 마음 관리를 잘못해서 오는 병은 마음을 잘 닦아 줘야 됩니다. 마음을 새롭게 먹고 새롭게 써나가야 합니다. 마지막으로 과거의 업장 때문에 오는 병은 기도, 참회, 발원을 잘한다든가 또는 재(齋)를 잘 모신다든가 해서 고쳐야겠지요. 언젠가 재를 지내서 병이 나았다고 해서, 병에 걸릴 때마다 무조건 재부터 지내는 분들도 있는데 그런 것은 물론 잘못된 일입니다.

월호 스님의 참선 이야기 다섯 번째

그릇이론에. 의한.
불교수행체계.

잘났으면 잘난 대로 못났으면 못난 대로,
자신의 있는 그대로를 흠뻑 사랑하게 되는 것.
이것이야말로 진정한 참회를 통해 얻게 되는 귀중한 결실이다.
완전한 존재가 되기를 기다렸다가
자신을 사랑하려 한다면, 인생을 낭비하게 된다.
바로 지금 여기에 있는 그대로의 내 모습을 인정하고
사랑할 수 없다면, 언제 어디서 사랑할 수 있을까?

《 2.6.1 》

그릇이론에 의한 불교수행체계

머.리.말.

흔히 '저 사람은 그릇이 크다' 라든가 '그릇이 작다' 는 등의 표현을 쓴다. 사람의 마음을 그릇에 비유해서 쓰는 말이다. 마음 도량이 넉넉한 사람은 그릇이 크다 하고, 그렇지 못한 사람은 그릇이 작다고 비유한다.

정치인들이 자주 쓰는 말 가운데도 '마음을 비우겠습니다' 라는 표현이 있다. 마음을 비운다는 것, 이는 일체의 사심 없이 공명정대하게 매사에 임하겠다는 의미를 지닌다. 역시 마음을 하나의 그릇에 비유한 표현이라 간주할 수 있다. 불가에서도 이런 표현은 발견된다. 예컨대, 쌍계사 입구 일주문의 주련에는 다음과 같은 글이 적혀 있다.

"이 문 안에 들어서면 알음알이를 갖지 말라. 알음알이가 없는 빈 그릇에 큰 도가 충만하리라."

알음알이는 기존의 고정관념, 선입견 등을 말한다. 각자의 마음그릇에 고정관념이나 선입견이 그득하다면 진리가 들어설 자리가 없다. 마음그릇을 비워야만 참다운 도가 충만하게 되는 것이다.

이와 같이 해서, 「그릇이론」이라는 것은 일단 사람마다 저마다의 마음그릇이 있다고 가정하는 데서 출발한다. 그것은 일종의 자기 한계로서 스스로에 대한 스스로의 규정이다. 이제부터 마음 공부를 그릇에 비유하여 다음과 같이 다섯 단계로 살펴 보기로 한다.

하나, 그릇 비우기   참회(懺悔)를 통한 자기 정화
둘, 그릇 채우기   발원(發願)을 통한 자기 전환
셋, 그릇 키우기   기도(祈禱)를 통한 자기 확장
넷, 그릇 없애기   참선(參禪)을 통한 자기 확인
다섯, 그릇 만들기   행불(行佛)을 통한 자기 창조

하나, 그릇 비우기 :
참회를 통한 자기 정화

개요 _ 마음 공부의 첫걸음은 그릇 비우기이다. 예컨대, 그릇에 어떠한 물건이 이미 가득 채워져 있다면, 더 이상 아무 것도 담을 수 없다. 이처럼 내 마음 속에 이미 고정관념이 가득하다면, 아무리 좋은 가르침도 채울 수가 없다. 마음그릇을 비우는 것이야말로 자기 발전의 첫째단계인 것이다.

마음가짐 _ 그렇다면 어떻게 마음그릇을 비울 수가 있을까? 불가에서 전통적으로 마음그릇을 비우는 방법은 참회이다. 참회란 스스로의 잘못을 인정하고, 다시 그러한 과오를 되풀이하지 않겠다고 다짐하는 것이다. 그렇다고 해서 스스로를 죄인시하는 것은 아니다.

> 2조 혜가 대사에게 3조가 물었다.
> "제자는 몸에 풍병이 걸렸으니, 화상께서 참회시켜 주옵소서."
> 2조가 말했다.
> "죄를 가져 오너라. 참회시켜 주리라."
> 3조가 양구하다가 다시 말하였다.
> "죄를 찾아도 찾을 수 없습니다."
> 2조가 말하였다.
> "그대의 죄는 다 참회되었으니, 불법승에 의지해서 살라."

여기서의 풍병이란, 문둥병을 말한다. 문둥병에 걸린 3조 승찬 스님은 자신의 죄업이 막중하다고 생각하여, 2조 혜가 대사에게 참회를 요청한 것이었다. 하지만 혜가 대사의 답변은 의외였다. 죄를 가져오라고. 스스로 죄 많은 중생이라 생각하던 승찬 스님은 죄를 찾아보았다. 그러나 죄의 성품은 안팎이나 중간에도 찾을 수가 없었다. 결국 찾아 보아도 내놓을 죄가 없었으니, 더 이상 죄의식에 얽매여 지낼 필요가 없었다. 죄는 본래 없다. 죄의식이 있을 뿐. 그렇다면 죄의식은 어디서 온 것일까? 『천수경』에서는 다음과 같이 말하고 있다.

백겁 동안 쌓인 죄가 한 생각에 사라졌네.

마른 풀에 불붙듯이 깡그리 다 타버렸네.

죄에는 자성 없어 마음 따라 일어나니

마음 만약 소멸하면 죄업 또한 사라지네.

죄도 없고 마음 멸해 둘이 함께 공해지면

이것이 이름하여 진정한 참회라네.

결국 진정한 참회는 스스로 죄의식을 갖는 것이 아니다. 오히려 죄의식에서 벗어나게 되는 것이다. 아울러 자신의 마음속에 어떤 것들이 깃들어 있는지를 자각하게 되는 것이다.

방법 _ 이렇게 해서 한 생각에 단박 몸과 마음이 가벼워진다면 다행이지만, 그렇지 않다면 다시 참회방편을 의지하지 않을 수 없다. 이것은 번뇌의 실체를 임시나마 인정해 주고 충분히 해탈시켜 내 보내는 방법이다.

구체적으로 무엇을 어떻게 참회할 것인가? 참회는 자기 성품 속에서 죄의 반연을 없애는 것이다. 죄의 반연이란 삼독(三毒) 즉 탐욕과 성냄, 그리고 어리석음의 나쁜 인연을 가리킨다. 따라서 이러한 생각들을 하나씩 떠올려서 인정하고 내 보내도록 한다. 내 보내는 좋은 방법은 부처님께 맡기는 것이다.

구체적인 요령은, 바로 지금 이 순간부터 과거로 거슬러 올라가면서 욕심 부리고 성내고 어리석었던 일 등의 순서대로 참회한다. 부처님이 바로 앞에 계시다고 가정하고, 마치 할아버지와 대화하듯 "부처님, 이러저러하게 욕심을 냈습니다. 앞으로는 안 그러겠습니다." 하고 다짐한다.

이 때 중요한 관건은 '무조건적인 참회'여야 한다는 것이다. 조건부 참회는 의미가 없다. 고정관념을 버리는 것이 아니라, 고정관념 안에서 하는 참회가 되기 때문이다. 예컨대, 길을 걷다가 느닷없이 앞사람에게서 뺨을 얻어맞았다 하자. 그리고 화를 냈다면, 나에겐 아무런 잘못이 없다 손 치더라도 참회해야 한다. 상대방에게 참회하는 것이 아니라 스스로의 자성 상에 불 댕긴 것을 참회하는 것이다.

어리석음 가운데 가장 어리석은 것은 '나만 잘났다'는 생각이다. 남의 험담하는 것도 결국 '나 잘났다'는 생각이 밑바탕에 깔려 있다. 인과법을 철저히 믿지 않아 안달하거나 초조해하는 것도 어리석음이다.

결국 생각나는 것은 모두 참회거리라고 보는 것이 옳다. 잘못을 참회하는 것은 당연하겠지만 잘한 일까지도 모두 참회하라는 것은 무엇 때문일까? 그 잘잘못을 따지는 것 자체가 이미 분별심이다. 또한 잘했다는 사실이 자신의 기억 속에 존재함은 이미 자성 상에 파장을 일으켰다는 반증이다. 흰 구름이든 먹구름이든 하늘을 가리는 것은 마찬가지이다.

효능 이런 식으로 꾸준히 참회를 하다 보면 몸과 마음이 한없이 가벼워짐을 느끼게 된다. 마음그릇에 담겨 있던 온갖 분별의식이 비워지기 때문이다. 내 마음이 밝고 가벼워지니 세상이 온통 밝고 아름답게 보인다. 환희심이 솟아난다. 어떤 사람은, 참회하기 전에는 자신이 주위 사람들을 용서해 주어야 한다고 생각해 왔는데, 알고 보니 진정 용서받아야 할 사람은 자신이라는 것을 깨닫게 되었다고 한다.

이처럼 자신을 돌아보는 것이야말로 수행의 첫걸음이다. 자기를 돌아봄이 잘 안 된다면 그만큼 아상(我相)이 강한 것이다. 남의 눈 속의 티는 잘 보면서, 자기 눈 속의 대들보는 보지 못하는 것이다. 부처님께 있는 그대로의 자신을 드러내다 보면 비로소 진정한 자신에 눈뜨기 시작한다. 잘 났으면 잘난 대로 못났으면 못난 대로, 자신의 있는 그대로를 흠뻑 사랑하게 되는 것, 이것이야말로 진정한 참회를 통해 얻게 되는 귀중한 결실이다.

완전한 존재가 되기를 기다렸다가 자신을 사랑하려 한다면, 인생을 낭비하게 된다. 바로 지금 여기에서 '있는 그대로의 내 모습'을 인정하고 사랑할 수 없다면, 언제 어디서 '있는 그대로의 내 모습'을 사랑할 수 있을까?

둘, 그릇 채우기 :
발원을 통한 자기 전환

개요 _ 참회를 통하여 마음그릇이 비워진 후에는 발원이 필요하다. 일시적인 참회를 통하여 마음그릇이 잠시 비워졌다 해도, 오랜 세월의 습관적 기운이 아주 없어진 것은 아니다. 얼마 못 가 예전처럼 되돌아가기 쉽다. 그러므로 일시적으로 빈 그릇에 우선 발원을 채워 놓음으로써 삼독이 다시 들어설 여지를 주지 않게 되는 것이다.

마음가짐_ 발원이란 서원(誓願)을 발(發)하는 것이다. 말하자면, 새로운 삶의 목표를 설정하는 것이다. 기존의 탐·진·치로 그득했던 삶을 돌이켜서 새로운 삶의 패턴을 형성하는 것이다.

예컨대, 탐욕이란, 마음에 드는 것을 자신에게 당겨오는 에너지다. 오랜 세월 동안 익혀온 에너지 패턴이기 때문에 없애기가 쉽지 않다. 하지만 발원을 세워 초점을 바꾸어 주기는 비교적 쉽다. 다시 말해서 '나'만을 위한 욕심을 '중생' 모두를 위한 욕심으로 전환하는 것이다.

'기도의 가피를 입고자 하는 욕심' '불법을 깨치고자 하는 욕심' '일체 중생을 제도하고자 하는 욕심' 등이 그것이다. 이러한 경우는 더 이상 욕심이라 부르지 않는다. '서원'이라고 하게 되는 것이다.

성냄이란, 마음에 거슬리는 것을 밀쳐 내는 에너지다. 탐욕과는 또 다른 에너지 패턴이다. 성을 잘 내는 사람 가운데는 비교적 판단력이 뛰어난 사람이 많다. 순간적으로 상황을 판단하고 분석해서 사리에 맞지 않는다고 생각하니 벌컥 성을 내는 것이다. 머리 회전이 더딘 사람은 그 때 그 때 성을 내기도 쉽지 않다. 결국 성을 잘 내는 사람은 남의 허물을 잘 파악한다고 할 수 있다. 시선을 자신의 허물을 보는 쪽으로 돌이켜야 한다. 본래 허물이 많은 사람이 남의 허물을 잘 본다고 한다. 그러므로 남의 허물이 보이면 자신의 허물로 알면 된다. 스스로의 마음을 닦아나갈지언정 남의 마음 닦아 주려 안달해서는 안 되는 것이다.

어리석음이란, 지혜의 결핍이다. 에너지가 깜박 깜박하는 것이다. 공부가 잘 될 수가 없다. 어리석음 가운데 가장 어리석은 사람은 저만 잘 났다고 여기는 사람이다. 저 스스로가 최고라고 생각하는 사람은 아무도 가르칠 수 없다. 더 이상 발전의 여지가 없는 것이다.

또한 인과법을 100퍼센트 확신하지 않는 것이 어리석음이다. 잘한 일이 인정받지 못할까 안달하며, 잘못한 일을 피해 나갈 수 없을까 초조해 하는 것이다. 잘한 것은 잘한 대로, 잘못한 것은 잘못한 대로 덤덤히 받아넘길 수 있는 지혜, 이것은 인과법을 온전히 믿는 데서 오는 것이다.

한편 우둔한 이는 오히려 인내심이 강한 편이다. 오직 앞을 향하여 뚜벅뚜벅 걸어 나가는 황소처럼 옆을 돌아보지 않는다. 따라서 하나하나 장애를 없애 나가면서 통찰을 확립해 나가는 장점이 있다.

이처럼 발원은 존재의 속성인 탐·진·치를 부정하는 것이 아니다. 오히려 그러한 에너지 즉 끊임없는 향상성들을 공부의 방편으로 사용할 수 있도록 돌이키는 것이다.

방법 _ 그러면 발원은 실제로 어떻게 하는 것인가? 발원 가운데 가장 보편적인 것으로 사홍서원이 있다.

> 무량한 중생 다 제도하기를 서원합니다.
> 무량한 번뇌 다 끊기를 서원합니다.
> 무량한 법문 다 배우기를 서원합니다.
> 위없는 불도 이루기를 서원합니다.

여기서 무량한 중생을 다 제도한다는 것은, 자기 마음속의 중생을 각자 자기의 몸에 있는 자기의 성품으로 스스로 제도하는 것이다. 마음 속 중생이 원인이 되어서 바깥 중생이라는 결과로 되기 때문이다. 이처럼 자성의 중생을 제도하고, 번뇌를 끊고, 법문을 배워, 불도 이루기를 맹세함으로써 서원력이 생겨나게 된다. 원력보살이 되는 것이다.

또 다른 예로 관세음보살의 발원은 '내 이름을 부르는 이는 누구에게나 달려가 고통에서 건져 주리라' 하는 것이다. 지장보살의 발원은 '지옥중생이 모두 제도되고 나서야 부처가 되리라' 하는 것이다. 그러므로 관세음보살과 만나고 싶다면, '나에게 도움을 청하는 이가 있다면, 누구든 가서 힘껏 도와주리라' 고 발원하면 된다. 지장보살을 친견하고자 한다면, '특히 어렵고 고통 받는 이들을 위하여 일생을 바치리라' 하고 발원하면 된다.

이상과 같이 커다란 서원도 좋겠지만, 자신의 현재상황과 부합하는 발원도 무난하다. 예컨대, 깨달음을 구하는 마음이 간절하다면, '일체 중생이 모두 다 깨달아 지이다' 하고 발원한다. 병고에서 벗어나고자 한다면, '병고에서 신음하는 사람들을 위해서 살겠습니다' 하고 발원한다. 불안함에서 벗어나고자 한다면, '모든 사람들이 다 마음이 편안해 지이다' 하고 발원한다. 얼핏 생각하면 내가 먼저 깨닫고, 병고에서 벗어나고, 편안해 지고 나서 다른 사람들을 위하는 것이 순서이다. 하지만 실제로는 그렇지가 않다. 남들을 위하는 대승적 서원을 세우고 행함으로써 오히려 내가 먼저 깨닫고, 병고에서 벗어나며, 마음 편안해 지는 대승불교의 심심미묘한 이치가 깃들어 있는 것이다.

효능 _ 이처럼 탐·진·치 삼독을 수행의 삼요인 대신심·대분심·대의심으로 돌이킴으로써 업생(業生)에서 원생(願生)으로 전환하게 된다. 업생이란 이를테면 기존의 예금을 털어먹으며 사는 인생이며, 원생이란 새로 예금과 적금을 부어나가는 것이다. 업생이란 어디서 왔는지도 모르고 어디로 가는지도 모른 채, 그저 과거의 지은 바 업에 따라 이끌려 살다 가는 것이다. 원생이란, 스스로의 삶을 새롭게 갈무리해 나가는 것이다.

따라서, 발원의 형식은 '부처님, 이렇게 살도록 해 주십시오'가 아니라, '부처님, 이렇게 살도록 하겠습니다'가 되어야 한다. 아무리 화려한 미사여구를 늘어 놓는다 하더라도 '~해 주십시오'로 맺는다면 결국 구걸하는 것이 된다. 물론 스스로 감당하기 어려운 위기상황에서 잠시 구걸을 할 수는 있겠지만, 궁극적으로는 스스로가 발원의 주체가 되어야 하는 것이다.

예컨대 "저 사람을 미워하지 않게 해 주세요."라고 하는 것보다는 "저 사람을 미워하지 않겠습니다." 하는 것이 보다 주체적이라 할 수 있다. 막연히 "성공하게 해 주세요." 하는 것보다는 스스로 "나는 억세게 운이 좋은 사람이야."라고 하루에 1000번씩 100일만 계속하면 절대 성공할 수 있다고 하는 것이다.

■ 셋, 그릇 키우기 :
■ 기도에 의한 자기 확장

개요 _ 참회를 통해 비운 그릇에 발원을 세움으로써 자기 전환은 시작되었다. 이제는 보다 강력한 자기 확장을 체험할 순서이다. 마음그릇을 키우는 것이다. 작은 그릇에 안주해 있던 스스로를 과감히 바꾸어 커다란 그릇으로 대치해 나가는 것이다.

마음가짐 _ 기도라 하면 얼핏 외부의 불보살이나 신 등에게 소원성취를 비는 정도로 생각할 수 있다. 하지만 기도란 우주에너지와의 합일을 통한 자기와의 만남이다. 이론으로 설명하기 힘든 정신적 변화를 몸소 체험함으로써, 기존의 '작은 나'에 대한 그릇된 집착과 고정관념에서 벗어나게 되는 것이다. 그래서 강력한 우주에너지를 체험하고, '큰 나'에 접근해 가며 진리와 하나가 되어가는 것이다.

      기도는 간절한 마음이 앞서야 하겠지만, 이보다 더 좋은 것은 자기 부정이다. 즉 내 힘으로 어떻게 해 보겠다는 생각이 적을수록 기도는 오히려 잘 된다고 하는 것이다. "착한 사람도 염불하면 극락왕생할 수 있는데, 하물며 악한 사람이랴?"는 말이 있다. 얼핏 말이 바뀐 것 같다. 보통 생각하기에는 '악한 사람도 열심히 염불하면 극락에 갈 수 있다. 하물며 착한 사람이야 당연하지 않겠나' 하고 생각할 수 있다. 하지만 그렇지가 않다는 것이다. 본인이 그런 대로 착하다고 생각하는 사람은 무언가 자기가 닦은 공덕에 대한 애착이 있어서 염불에 전심으로 매달리지 않게 된다. 반면에, 스스로가 구제불능이라고 생각하는 사람이야말로 일단 이 길에 들어서게 되면 스스로에 대한 기대를 온전히 포기하고 오로지 부처님께 모든 것을 내맡김으로써 오히려 극락왕생이 빠르다.

오직 모든 것을 부처님께 맡겨버리는 것, 그것이 중요한 관건이다. 심지어 기도가 잘 되고 못 되고 하는 것까지도 부처님께 맡겨버릴 수 있다면, 이미 성취한 기도라 말할 수 있을 것이다.

다음으로 기도 성취를 위해서는 서로 정합이 되는 소원을 가져야 한다. 적멸보궁이나 영험한 도량에 가서 기도를 하면 한 가지 소원은 이루어진다고 하는 것도 이런 의미로 보아야 한다. 부처님이 왜 한 가지 소원만 들어주고 싶겠는가? 수백 수만 가지 모든 중생의 소원을 모조리 성취시키고자 하는 것이 부처님의 대자대비심이다. 다만 한 가지 소원을 들어준다고 하는 것은 정합이 되는 소원, 즉 앞뒤가 맞아떨어지는 소원을 가져야 한다는 것이다. 예컨대, 한편으로는 '부자들은 죄다 도둑놈이야' 하는 마음을 갖고 있으면서 다른 한편 '부자가 되게 해 주십시오' 하는 소원을 갖는다면 정합이 되지 않는다. 결국 '도둑놈이 되게 해 주십시오' 하는 것이나 다름없기 때문이다.

방법 _ 기도의 방법은 여러 가지가 있다. 염불, 독경, 주력 등등 무엇이든 상관없다. 자신에게 적합한 방법을 선택하여 꾸준히 해 나가는 데 묘미가 있다. 예컨대, 천수다라니를 하루에 108독 한다든가, 관세음보살이나 아미타불의 명호를 만 번씩 부른다거나, 『금강경』을 하루에 7독씩 한다거나 하는 등이다.

다라니 지송을 통해 삼매를 성취한 사례는 많다. 다라니 지송은 그 소리 자체에도 공덕이 깃들어 있겠지만, 무엇보다도 망상분별을 제거해 주는 힘이 있다. 어떠한 걱정이나 생각이 떠 오르든 간에 무조건 다라니를 지송함으로써 망상분별이 쉬어진다. 나아가 자신 가운데에 있는 지혜가 저절로 떠올라 마침내 어떠한 문제든 해결해 나갈 수 있게 된다.

경전 독송의 공덕은 말할 나위가 없다. 특히 대승경전에서는 저마다 수지 독송의 공덕이 자세히 설해져 있다. 『금강경』이나 『법화경』, 『능엄경』, 『화엄경』 등의 경전을 수지 독송하거나 설함으로써 마음이 열렸다거나 불보살님의 가피를 입은 경우는 비일비재하다.

염불을 통한 일념의 성취도 좋다. '나무아미타불'이라는 여섯 글자를 염하여 나감으로써 일념에 다다르는 것이다. 여기서 염(念)한다는 것은 스스로의 소리를 스스로가 듣는 것이다. 듣고 있는 순간이야말로 염불에 몰두하고 있는 순간이다. 딴 생각을 하게 되면 들을 수가 없다. 그러므로 '내가 못 들으면 아미타불도 못 듣는다'는 마음가짐으로 듣는 데 집중해야 한다. 이러한 염불을 통하여 불보살님의 가피를 얻는 것도 중요하겠지만, 궁극적으로는 자신의 마음을 일념으로 모아간다는 것이 중요하다. 그래서 마침내 일념에서 무념으로 나아가는 단초를 마련하게 되기 때문이다.

나아가 기도는 가능한 한 매일 '같은 장소에서 같은 시간에 같은 요령으로' 해 나가는 것이 좋다. 물방울이 바위를 뚫는 것은 지속적으로 같은 자리에 떨어지기 때문이다. 기도 또한 마찬가지이다.

효능 _ 기도는 정성이라고 한다. 그만큼 시간과 공력을 들여야 한다는 의미이다. 한편으로 시간 낭비라고 생각할 수도 있지만, 절대 그렇지가 않다. 이렇게 기도에 몰입하는 것만으로도 망상분별이 적어지는 것이다. 적어도 기도하는 시간만큼은 시비분별이 엷어진다고 할까. 하루에 몇 시간씩 기도하려면 남들과 수다를 떨 시간이 없다. 남의 험담할 기운도 없다. 마음이 기도에 가 있기 때문에 자연 시비분별거리가 줄어드는 것이다.

한편 기도를 한다고 해서 곧바로 그 자리에서 원하는 바가 성취되는 것은 아니다. 하지만 기도가 잘 되면 자신감이 충만하게 된다. 자신감이 붙게 되면 자신의 삶의 터전 곳곳에서 매사를 성취하기가 쉬워진다.

결국 기도를 통해서 성취하는 것은 개별적인 소원이나 발원 그 자체라기보다는, 그러한 소원이나 발원을 이룰 수 있다는 자신감 내지 자기확신이라고 할 수 있을 것이다. 이러한 신념이 형성되면 나머지는 그냥 성취되는 것이 아닐까? 자신감이 없기 때문에 원하는 일이 쉽게 되지 않는 것이다. 다시 말해서 분명히 된다는 그 신념은 억지로 '된다, 된다' 하고 되풀이해서 생기는 게 아니라, 자신의 마음속에서 한 치의 의심 없이 진정으로 받아들일 때 생기는 것이기 때문이다.

아울러 현실에 감사하는 마음을 갖게 된다. 통상적으로 감사해 보이는 일에만 감사하는 것이 아니라, 매사에 감사하는 것이다. 인간으로 태어난 것 자체가 감사한 일이다. 불법을 만난 것도 감사한 일이다. 점차 깨달음의 길로 나아가고 있는 것도 감사한 일이다. 설혹 왼쪽 발목을 다쳐서 거동이 불편하다 해도, 그나마 오른쪽 발목이 성하다는 것이 감사하다. 위장병이 있어 음식을 제대로 못 먹더라도, 덕분에 욕심이 줄어든 것에 대하여 감사하다.

　　이렇듯 매사에 감사한 마음을 먼저 연습해 나가면(상태), 넉넉하고 즐거운 마음으로 매사에 임하게 되고(행위), 결국 재산이나 사람 등이 저절로 모여들어 넉넉한 사람이 되는(소유) 이치를 경험하게 된다. 그래서 반드시 무언가를 소유해야만, 바라는 행위를 할 수가 있으며, 그제야 행복해질 수 있다는 통상적 사고방식의 틀을 벗어나게 되는 것이다.

　　이러한 기도 성취의 체험을 통해서 자기의 세계가 확장된다. 단지 눈에 보이고 귀에 들리는 것만이 전부가 아니라는 것을 알게 되는 것이다. 무한한 세계가 펼쳐져 있으며, 스스로에게 무한한 가능성이 있음을 확신하게 되는 효과가 있다.

■ 넷, 그릇 없애기 :
■ 참선을 통한 자기 확인

개요 _ 그릇을 아무리 키운다 해도 결국 그릇이 존재하는 한 안과 밖이 있다. 나와 남이 있고, 선과 악이 일어난다. 궁극적으로 진리를 체득하고자 한다면 시비분별이 쉬어야 하며, 이를 위해서는 일단 모든 알음알이를 쉬어줄 필요가 있다. 기존의 고정관념·알음알이를 모두 놓아버려야 한다. 이를 위해서는 일단 마음그릇이 완전히 부서져 버리는 체험이 필수적이다. 이런 의미에서 참선은 바로 그릇 없애기로 시작한다고 말할 수 있다.

마음가짐 _ 참선은 지금까지 다루어온 참회나 발원 그리고 기도 등과는 차이가 있다. 이런 것들이 다분히 외부지향적인 요소를 지니고 있는 반면에, 참선은 철저히 내부지향적이다. 다시 말해서 밖을 향해서 무언가를 갈구하는 것이 아니라, 스스로를 돌이켜 비춘다는 데 참선의 특징이 있는 것이다.

참선의 교과서는 다름 아닌 『육조단경(六祖壇經)』이다. 이 경에서는 참선수행의 지침을 잘 설명해 주고 있다. 그것은 바로 '문 안의 수행'과 '문 밖의 수행'을 구별할 줄 알아야 한다는 것이다.

'문 밖의 수행'은 몸을 닦고(修身) 마음을 닦는 것(修心)이다. 몸과 마음을 수련하거나, 기(氣)를 다스리는 등의 수행법. 이것은 참선수행의 방편은 될 수 있을지 몰라도, 궁극은 되지 못한다. 몸과 마음의 실체를 인정하고 닦아나가는 방법은 당연히 오랜 세월에 걸쳐 고도의 수행을 한 전문가들에게 유리할 것이다.

'문 안의 수행'은 자성을 보는 것(見性)이다. 몸이니 마음이니 하는 것은 본래 실체가 없는 것이다. 실체가 없는 것을 부여잡고 닦으려는 것은 궁극적으로 부질없다. 본성이 공함을 체득하는 것이야말로 궁극적이다. 그것은 뿌리를 보고 근본줄기를 다스리는 것이다. 이것은 언제 어디서나 누구에게나 열려 있다. 단박에 가능하다.

몸을 닦고 마음을 닦는 것은 잎사귀를 따고 가지를 찾는 것과 같다. 잎사귀를 따고 가지를 찾는 것은 당장에는 효험이 있어 보인다. 하지만 시간이 지나면 다시 제자리다. 뿌리를 뽑고 줄기를 다스려야 비로소 생사일대사가 해결되는 것이다. 이런 점에서 참선과 다른 명상법에 결정적 차이가 있다.

비유컨대, 다른 명상이 아날로그식이라면, 참선은 디지털식이다. 가령 5시라는 시간을 가리키기 위해서 반드시 3시와 4시를 거쳐야 하는 것이 아날로그식이다. 디지털식은 곧바로 5시를 나타내 줄 수 있다. 항상 바로 지금 여기에서 완전한 시간을 가리킬 수 있는 것이다.

방법 _ 참선의 방법이라고 하면 흔히 좌선의 자세를 연상한다. 가부좌를 틀고 앉아 있으면 참선하는 걸로 생각한다. 하지만 좌선은 참선의 한 가지 표현양식일 뿐이다. 진정으로 앉혀야 할 것은 몸이 아니라 마음이다. 그래서 육조 스님은 "좌(坐)라는 것은 밖으로 모든 경계(대상)에 대해 생각을 일으키지 않는 것이요, 선(禪)이라는 것은 안으로 본래 성품을 보아 어지럽지 않은 것"이라고 강조했다. 좌선의 의미를 새롭게 해석한 것이다.

이로 보건대, 진정으로 주저앉혀야 할 것은 몸뚱이가 아니라 시비분별심이다. 자기의 몸은 앉아서 움직이지 아니하나 입만 열면 곧 사람들의 옳고 그름을 말하는 사람이 있다면, 이는 미혹한 사람으로서 도와는 어긋나 등지는 것이다. 왜 그런가? 다투기 시작하면 자성이 생사에 떨어지기 때문이다.

　　그렇다고 해서 좌선을 하지 말라는 의미는 아니다. 다만 좌선을 하면서 진정으로 보아야 할 것은 나의 허물이요, 진정으로 보지 말아야 할 것은 세상과 사람들의 허물이라고 하는 것이다.

　　사실 참선의 목표이자 방법은 견성이다. 견성의 몇몇 사례를 살펴 알 수 있는 것은, 정작 몸뚱이 좌선이나 마음 닦음이 필수가 아니라는 점이다. 오히려 이러한 기존 관념은 견성의 장애요인으로 작용할 수 있다. 그렇다면 견성을 위해 정작 필요한 것은 무엇인가?

　　가장 중요한 것은 선지식과의 만남이다. 『육조단경』에서도 누누이 "스스로 깨치지 못하는 이는 모름지기 큰 선지식을 찾아서 지도를 받아 자성을 보라."고 권하고 있다. 최상승법이 바른 길을 곧게 가리키는 것임을 아는 것이 큰 선지식이며 큰 인연이다. 『금강경』이나 『육조단경』 또한 문자로 된 선지식이다. 그러므로 능히 자성을 깨치지 못하면 모름지기 선지식의 지도를 받아서 자성을 보아야 한다. 이와 같이 해서 자기 마음속의 선지식을 알면 곧 해탈을 얻는다. 하지만 밖의 선지식이 가르쳐 준다 하여도 스스로 깨치지 못하는 경우는 어떻게 해야 하는가?

"만약 자기의 마음이 삿되고 미혹하여 망념으로 전도되면 밖의 선지식이 가르쳐 준다 하여도 스스로 깨치지 못할 것이니, 마땅히 반야의 관조를 일으키라. 잠깐 사이에 망념이 다 없어질 것이니 이것이 곧 자기의 참 선지식이라, 한 번 깨침에 곧 부처를 아느니라."

여기서는 반야의 관조를 일으키라고 되어 있다. 그러면 잠깐 사이에 망념이 없어져 자기의 참 선지식이 드러난다고 하는 것이다. 망념이 사라지면 무념의 상태가 된다. 여기서의 무념이란, 목석처럼 아무 생각이 없는 것이 아니다. 모든 법을 보되 그 모든 법에 집착하지 않는 것이다. 모든 곳에 두루하되 그 모든 곳에 집착하지 않고 항상 자기의 성품을 깨끗이 하여 육진 속을 떠나지도 않고 물들지도 않아서 오고감에 자유로운 것이다.

이와 같은 무념을 찰나 간에 가능케 하는 반야의 관조를 어떻게 일으켜야 할까? 그것은 다름 아닌 성품에 초점을 맞추는 것이라 생각된다. 몸과 마음과 성품 가운데 근본이 되는 것은 성품이다. 성품은 다만 보면 되는 것이지, 닦을 것이 아니다. 본래 청정하기 때문이다. 그렇다면 수행은 필요 없는가? 남악회양 스님은 말한다.

"닦아 증득함은 없지 않으나, 오염될 수는 없습니다."

성품은 공한 것이므로, 오염될 수는 없다. 본래 오염되지 않았기에 닦을 것도 없는 것이다. 이러한 바탕 위에 닦는 것을 불오염수(不汚染修)라고 한다. 즉 오염된 것을 닦아서 청정하게 만들어 내는 수행이 아니라, 오염될 수 없는 것을 제대로 밝혀 내는 수행이다. 본래 성품을 보게 되는 것이다.

    그렇다면 닦을 것이 없는데, 무얼 닦는가? 요컨대, 세상은 허공에 나타난 헛꽃과 같다. 헛꽃은 실재하지 않는다. 본래 없는 것이지만 내 눈이 피로하니까, 있는 것으로 보일 뿐이다. 하지만 헛꽃이 실재한다고 보는 착시현상은 실재한다. 결국 착시현상을 쉬게 해 주어야 한다. 그러므로 '쉬는 것이 곧 깨달음'이라고 하는 것이다.

    여기서 쉰다는 것은, 몸뚱이 착과 마음의 분별을 쉰다는 것이다. 그러기 위해서 가장 좋은 방법은 이근원통법이다. 소리를 듣는 성품에 초점을 맞춤으로써 자연스럽게 몸과 마음이 쉬어지도록 하는 것이다. 이것은 소리를 듣는 성품을 돌이켜 듣는 것이다. 관찰자를 관찰하는 것이다. 소리에는 생멸이 있으나, 듣는 성품에는 생멸이 없다. 몸뚱이는 비록 자고 있더라도 듣는 성품은 혼침에 떨어지지 않는다. 꿈속에서도 보고 듣고 하는 것이다. 이렇게 불생불멸인 성품자리에 초점을 맞추어 수행하는 것이 이근원통법이다. 그 구체적인 요령은 다음과 같다.

    첫째, '마하반야바라밀'을 염한다.
    둘째, 그 소리를 듣는다.
    셋째, 소리를 듣는 성품을 돌이켜 듣는다.

듣는 성품을 돌이켜 듣는다는 것은, '이 성품이 어떤 건가? 어떻게 생겼을까?' 하고 챙겨 주는 것을 말한다. 일단은 소리를 듣는 데 집중하면서 때때로 챙겨 주도록 한다. 이렇게 성품 자리에 초점을 맞추다 보면 소리와 색깔 등의 바깥경계에 더 이상 초점을 맞추지 않게 된다. 그럼으로써 차츰 분별이 쉬어지고, 보리가 현전하게 되는 것이다. 이러한 수행은 단순히 깨달음을 얻기 위한 수행(因地修行)이 아니라, 바로 지금 여기에서 불생불멸인 성품과 하나되어가는 수행(果地修行)이라고 말할 수 있는 것이다.

효능 _ 참선은 다름 아닌 안심법문이다. 일시적이 아니라 궁극적으로 마음을 편안케 해 주는 효능이 있다. 선의 초조인 보리달마와 2조 혜가 사이에 다음과 같은 문답이 전한다.

> 달마 대사에게 혜가가 말했다.
> "저의 마음이 편안치 않으니 스님께서 편안하게 해 주소서."
> 대사가 대답하였다.
> "마음을 가져 오너라. 편안케 해 주리라."
> 혜가가 대답하였다.
> "마음을 찾아도 끝내 얻을 수 없습니다."
> 달마가 말하였다.
> "그대의 마음을 벌써 편안하게 해 주었느니라."

혜가는 이곳저곳으로 가르침을 구해 다녔지만 궁극적으로 불안한 마음을 달랠 수가 없었다. 모든 지식과 사상이 정작 마음을 편안케 하는 데는 쓸모가 없었던 것이다. 하지만 달마 대사의 "마음을 가져 오너라."는 한 마디에 마음의 실체가 없다는 것을 알게 된 것이다. 다만 불안하다고 생각해 왔을 뿐, 실제로 불안한 마음을 찾아낼 수가 없었던 것이다. "마음을 찾아도 끝내 얻을 수 없습니다."라고 하는 대답으로 마음이 이미 편안케 되어버린 것이다. 그래서 보리달마의 가르침을 '대승안심지법(大乘安心之法)'이라고 칭하고 있으며, 달마선의 주목되는 특색으로서 '안심'을 지적하고 있다.

이와 같은 안심은 일시적인 것이 아니라 궁극적인 것이며, 밖으로 무언가에 기댄 안심이 아니라, 스스로의 자성청정심에 입각한 안심이다. 또한 먼 훗날을 기약하는 안심이 아니라, 바로 지금 여기에서 이루어지는 안심인 것이다. 속박에서 벗어날 해탈법문을 구하는 4조 도신 스님에게 3조 승찬 선사가 물었다.

"누가 그대를 묶었는가?"
"아뇨, 아무도 묶지 않았습니다."
"그런데, 어찌 해탈을 구하는가?"

모든 번민은 자승자박일 뿐이다. 물론 외부와의 반연으로 일어나는 괴로움도 있겠지만, 궁극적으로 보자면 그 역시 스스로가 만들어낸 일이다. 고통은 스스로가 수용하는 만큼 받는 것이다. 따라서 바로 지금 여기에서 놓아버리면 된다. 몸뚱이, 재물, 명예 등에 대한 애착을 놓아버리면 그 자리에서 해탈이 가능해 진다고 하는 것이다.

이처럼 참선을 하면 행복해 진다. 바로 지금 여기에서 행복해 지는 것이다. 이를테면 기도는 바라는 것이 있어서 소원을 빌게 되고, 소원이 성취됨으로써 기쁨을 느끼겠지만, 참선은 이와는 다르다. 누군가에게 나의 행복을 빌고 원하는 것이 아니라, 스스로가 바로 지금 여기에서 행복해지는 것이다. 그러기 위해서는 조건이 없어야 한다. 행복의 조건이 많은 사람일수록 사실상 행복해 지기가 어렵다. 예컨대 가정의 평화와 경제적 풍요, 그리고 여러 가지 주변 상황이 자신의 뜻에 딱 맞아야 행복하다고 생각하는 이는 쉽게 행복을 성취할 수 없을 것이다. 바로 지금 여기에서 더 이상 바랄 것이 없고, 더 이상 할 일이 없고, 더 이상 될 것이 없음을 체험하는 것이 진정한 참선의 행복이다.

다섯, 그릇 만들기:
행불을 통한 자기 창조

개요_ 참회로부터 참선까지의 과정이 그릇을 비우고 채우고 키워서 결국 없애는 과정이라면, 행불은 다시 그릇을 만들어 나가는 과정이다. 여기서의 그릇은 일정한 형상에 집착하지 않는다는 점에서 앞서의 그릇과는 다른 의미를 지닌다. 사라졌던 그릇을 왜 다시 만드는가? 진공(眞空)은 묘유(妙有)이기 때문이다.

마음가짐_ 『금강경』에서의 "응당 머무는 바 없이 그 마음을 내라."고 하는 구절은 진공묘유 사상을 함축해 표현한다. 머무는 바 없음은 진공을, 그 마음을 낸다는 것은 묘유를 말하고 있다.
　불교에 따르면, 모든 존재는 변화한다. 그 속에 변화하지 않는 고정된 실체는 따로 없다. 꿈과 같고, 허깨비·물거품·그림자 그리고 이슬·번갯불과 같다. 시시각각으로 변화하고 있는 존재의 어느 순간을 잡아내어 '이것'이라고 말할 수 있을 것인가?

　　섬진강을 예로 들어보자. 섬진강은 시시각각으로 흘러가고 있다. 계절에 따라 다르고, 나날이 다르며, 아침저녁으로도 달라진다. 그런데, 어느 순간의 섬진강을 딱 잘라내어 '이것이 섬진강이다'라고 할 수 있을 것인가? 그 순간만을 섬진강이라고 규정한다면, 그 순간 이외의 섬진강은 섬진강이 아닌 것이 된다. 따라서 고정된 실체로서의 섬진강은 존재하지 않는다. 이름이 섬진강일 뿐이다.

　　그렇다면, 섬진강은 없는 것인가? 그것은 아니다. 섬진강은 분명히 존재한다. 고정된 실체로서 존재하는 것은 아니지만, 시시각각 변화하고 있는 현상으로서의 섬진강은 분명 존재한다. 존재하면서 분명히 작용하고 있는 것이다. 그 가운데 많은 물고기를 갈무리하고 있으며, 토사를 운반하면서 흘러내려 가고 있다. 이른바 찰나생멸(刹那生滅)하고 있는 것이다. 따라서 마치 흐르는 강물처럼 머무는 바 없이 작용을 일으켜야 한다고 하는 것이다.

　　그렇다면 머무는 바 없이 어떻게 이 마음을 낼 것인가? 이것은 『금강경』 서두에서 수보리의 질문에 대한 부처님의 답변에 잘 나타난다. 수보리는 부처님께 묻는다.

　　"위없이 높고 바른 깨달음(아뇩다라삼먁삼보리)을 얻고자 하는 이는 이 마음을 어떻게 머무르며, 어떻게 항복받아야 하겠습니까?"

부처님과 같은 최상의 깨달음을 얻고자 하면, 이 마음을 어떻게 머무르고 어떻게 항복받아야 하겠느냐는 질문이다. 수보리의 이와 같은 질문에 대해 부처님은 두 가지로 대답해 주신다.

먼저 '일체 중생을 제도하리라' 하고 마음먹어라.
그리고는 마음에 머무는 바 없이 베풀어라.

부처님의 답변은 의외로 간단하다. 이를테면, 죽어라고 용맹정진을 해야 한다든지, 계율을 철저히 지켜야 한다든지, 수많은 경전을 외워야 한다든지 하는 것이 아니다. 그냥 일체 중생을 제도하리라고 마음먹고, 머무는 바 없이 베풀면 된다는 것이다. 온전히 마음가짐의 문제에 집중하고 있음을 알 수 있다.

그러므로 일체 중생의 제도는 바로 지금 여기서 자성중생부터 이루어져야 할 것이다. 머무는 바 없이 베푼다는 것은 어떠한 대가도 바라지 않고 베푸는 것이다. 이 또한 바로 지금 여기서 가능한 것부터 실행하면 된다. 이러한 서원을 세워서 실천해 나가되, '나'라든가 '남'이라든가 '준다' 든가 '받는다'는 생각 없이 해야 한다. 왜 그런가? 이런 생각이 있으면 벌써 서원이 아닌 욕망이 되어버리기 때문이다. 욕망은 '나'라는 고정된 실체가 있다는 착각에 근원을 두고 있다. 하지만 '나'라는 고정된 실체는 없다. 따라서 '나의 것'도 있을 수 없다. 다만 시시각각 변화하고 있는 임시적 현상으로서의 '나'라는 이름이 있을 뿐!

그러므로 '나'는 소유할 수 있는 것이 아니다. 다만 관리해 줄 수 있을 뿐! 몸뚱이도, 마음도, 집도, 재산도, 가족도 마찬가지이다. 소유자가 아니라 관리자다. 관리를 맡은 이상 열심히 잘 관리해야 할 의무가 있다. 하지만 관리시효가 다하면 애착 없이 떠나야 하는 것이다. 마치 뱀이 껍질을 벗어던지듯이.

방법 _ 진공묘유에 입각해서 보자면, 결국 '목표를 세워 열심히 살되, 애착하지 말라'는 뜻으로 귀결된다. 이것이야말로 무아법에 통달한 참다운 보살의 행이며, 부처행의 기반이 되어 행불의 터전이 된다. 행불이란 수행불행(修行佛行)을 말한다. 부처의 행을 수행한다는 의미이다. 육조 스님으로부터, 불지견(佛知見)을 열면 『법화경』을 굴리고, 중생지견(衆生知見)을 열면 『법화경』에 굴림을 당하게 된다는 말씀을 듣고, 법달은 말한다.

"큰스님이시여, 실로 지금까지 법화경을 굴리지 못하였습니다. 칠년을 법화경에 굴리어 왔습니다. 지금부터는 법화경을 굴려서 생각 생각마다 부처님의 행을 수행하겠습니다(修行佛行)."

대사께서 말씀하셨다.

"부처의 행이 곧 부처이니라(佛行是佛)."

부처의 행이 곧 부처이다. 이것은 부처가 따로 있어 부처의 행을 하는 것이 아니라, 부처의 행을 하는 자가 곧 부처가 된다고 하는 것이다. 결국 '고정불변의 나'가 따로 있는 것이 아니므로, 바로 지금 여기서의 '나의 행위'가 그대로 '나'라고 하는 의미도 된다.

이야말로 일체가 모두 공함에도 불구하고, 일부러 마음을 내어 열심히 살아가야 할 이치가 담겨 있다. 공에 떨어져 허무주의에 빠져서는 안 되고, 참다운 공은 묘유라는 도리를 터득해야 한다.

마곡산의 보철 선사가 어느 때 부채를 부치고 있었다. 거기에 어떤 스님이 와서 물었다.
"바람의 본질은 변하지 않고, 두루 작용하지 않는 곳이 없거늘, 어째서 스님은 부채를 쓰고 있습니까?"
선사가 대답했다.
"자네는 바람의 본질이 변하지 않는다는 것은 알고 있지만, 그것이 두루 미치지 않는 곳이 없다는 말의 올바른 의미를 알지 못하는군."
"그렇다면 그것은 어떤 것입니까?"
선사는 묵묵히 부채를 부치고 있을 따름이었다.
그 스님은 깊이 감격하여 예배하였다.

진리를 안다는 것, 바르게 전하여진 가르침을 살린다고 하는 것은 이와 같다. "바람의 본질은 변하지 않기 때문에 부채를 부치지 않아도 좋다."고 한다면, 그것은 바람의 본질을 제대로 알지 못하는 것이다. 부채를 부치는 작용을 통해서 바람은 존재한다. 이러한 작용을 떠나서 본질이 따로 있는 것도 아니다.

요컨대 참회와 발원이 마음 공부를 위한 준비단계라면, 기도는 일심 공부

(一心工夫)이며, 참선은 무심 공부요, 행불은 발심 공부라고 말할 수 있다.

심원의마(心猿意馬)라는 말이 있다. 마음은 마치 원숭이처럼 오락가락하며 말처럼 치달린다는 의미이다. 예컨대 좌선을 하면서 자신의 마음을 들여다 보면 잠시도 가만히 있지를 못하고 과거에서 미래로 여기에서 저기로 왔다 갔다 하는 것을 알 수 있다. 따라서 기도는 이렇게 갈팡질팡하는 마음을 하나로 모으는 것에서 시작한다. 그것은 한 가지 주제를 정하여 거기에 몰두하는 것이다. 예컨대 '관세음보살'을 염(念)한다고 하자. 처음에는 앉거나 서서 염하고 듣는다. 거기서 익숙해 지면 오나가나 염한다. 좀 더 익숙해 지면 자나 깨나 염한다. 이렇게 해서 완전히 숙달이 되면 죽으나 사나 염할 수 있게 되는 것이다. 이를 간단히 표현하면 다음과 같다.

"앉으나 서나 관세음보살! 오나 가나 관세음보살! 자나 깨나 관세음보살! 죽으나 사나 관세음보살!"

다음으로 참선은 무심 공부(無心工夫)이다. '관세음보살'이나 '마하반야바라밀'을 계속 부르고 듣다 보면, 나중에는 부르는 이도 듣는 이도 모두 공(空)해져서 매사에 무심해 진다. 나라든가 남이라든가, 선이나 악, 좋고 싫은 상대적인 경지를 초월해서 언제 어디서 무엇을 하든 항상 무심하게 '바로 지금 여기에서 ~할 뿐!'인 상태가 되는 것이다. 이렇게 되면 무엇을 하든 걸림이 없게 되고, 걸림이 없으므로 두려움이 없게 되어 뒤바뀐 생각을 떠나서 필경에는 마음이 참으로 쉴 자리에 이르게 된다.

"바로 지금 여기에서 밥 먹을 땐 밥 먹을 뿐! 잠잘 땐 잠잘 뿐! 공부할 땐 공부할 뿐! 일할 땐 일할 뿐! 쉴 땐 쉴 뿐! 죽을 땐 죽을 뿐!"

마지막으로 행불은 발심 공부(發心工夫)이다. 마음이 푹 쉰 자리에서 일부러 한 마음 일으켜서 중생제도에 나서는 것이다. 여기서의 발심은 초보자의 발심과는 다르다. 예컨대 초보자의 발심이 무쇠에 해당한다면, 무심을 거친 이후의 발심은 강철과도 같다. 깨지기 쉬운 무쇠는 용광로의 불과 대장장이의 단련을 거쳐서 비로소 강력한 강철로 만들어진다. 초보자의 발심은 깨지기 쉬우며, 성취하기 어렵다.

하지만 일심 공부와 무심 공부를 거친 이후의 발심은 깨지지도 않으며 성취하기도 쉽다. 아니 성취 여부에 집착하지 않고 계속된다. 이른바 대발심인 것이다. 그 예로 관세음보살은 "누구든지 내 이름을 부른다면 달려가 고통에서 건져 주리라." 하였으며, 지장보살은 "지옥중생이 사라지지 않는 한 성불하지 않고 보살로 머물면서 지옥중생을 제도하리라." 하는 것이다. 이 정도까지는 아니더라도 다음과 같이 마음을 낼 수는 있다.

"나는 내가 창조한다." "내가 선택한다." "내 작품이다." "나는 억세게 재수 좋은 사람이다." "나는 성공한다." "일체 중생을 제도하리라." "머무는 바 없이 베풀리라." "나는 부처님의 제자다." "나는 복덕과 지혜를 두루 갖춘 사람이다."

이 정도 경지에 이르면 업(業)에 의해 이 세상에 다시 태어나지 않게 된다. 이른 바 원(願)에 의해 자유자재로 다시 태어날 수 있게 되는 것이다.

효능 _ 부처의 행을 수행한다는 것은, 다름 아닌 자신이 자신의 창조자임을 믿는 것이다. 그러기 위해서는 먼저 지금 이 모습이 바로 내 작품이라고 확신해야 한다. 이 모습이 내 작품이 아니고 신 혹은 타인의 작품이라고 생각한다면, 내 인생의 주인공은 신이나 타인이 된다. 내가 고칠 수가 없는 것이다. 내 작품이라고 인정해야 내가 고쳐나갈 수 있다.

우리는 인생이란 무대의 배우이자 연출자이기도 한 것이다. 이것은 단순히 내가 누구인지를 아는 데서 한 걸음 더 나아가, 자신이 '만들고 싶은 나'가 무엇인지를 아는 것이다. 자신에게 주어진 배역을 충실히 실행하되, 정 마음에 들지 않으면 바꿀 수도 있다. 자신을 만들어나가는 창조자의 삶을 사는 것이다.

창조자의 삶은 '~때문에'라고 핑계를 대는 것이 아니라, '~에도 불구하고' 열심히 살아가는 것이다. '당신 때문에' '너희들 때문에' '재산이 적기 때문에' '건강이 안 좋기 때문에' 불행하다고 생각하지 않는다. 이것은 남의 탓을 하는 것이다. 주인 된 마음이 아니다. '그럼에도 불구하고' '재산이 적어도 불구하고' '건강이 안 좋아도 불구하고' 감사할 줄 아는 것이다. 감사하는 마음이 감사할 일을 불러오며, 한탄하는 마음이 한탄할 일을 불러온다. 마음이 먼저이고 현실이 나중이기 때문이다.

또한 창조자는 머무는 바 없이 그 마음을 낸다. 언제나 머무르지 않는 삶을 살아간다. 지나간 과거에 연연하지 않는다. 닥쳐 올 미래의 일을 앞당겨 고민하지도 않는다. 다만 바로 지금 여기에서 스스로에게 충실한 삶을 살아갈 뿐이다.

나아가 창조자는 중생들과 더불어 생동하는 삶을 산다. 일체가 곧 '나'이고 '부처'이기 때문이다. 모든 존재는 그 근원인 자성에서 창조된 것이며, 따라서 우리 모두는 바로 '내 안의 나'요, '내 안의 남'인 것이다. 꿈속에서 '나'다 '남'이다 하지만, 꿈 깨어나면 모두가 내 속에서 일어났던 일인 것과 마찬가지이다. 항상 깨어있는 삶을 살되, 선악을 분별하는

판사의 입장이 아니라, 다만 관찰자의 입장에서 일체 중생을 자비의 눈길로 지켜 보게 된다.

맺.음.말.

"구슬이 서 말이라도 꿰어야 보배"라는 말이 있다. 한국불교에는 다양한 수행방법들이 공존하고 있다. 저마다 보석같이 귀한 가르침이지만, 때로는 서로가 부딪치기도 한다. 참선하는 이는 기도하는 이를 우습게 여기기도 하고, 독경하는 이는 참선하는 이를 이해하지 못하기도 한다. 또한 불교 입문자들은 문턱에서 갈피를 잡기 힘든 경우가 많다. 그러한 주요 원인은 수행 상에 체계가 서 있지 않았기 때문이다. 이를 해소하고자 필자의 수행 체험을 바탕으로 정리한 것이 「그릇이론」이다.

「그릇이론」은 일단 사람마다 저마다의 마음그릇이 있다고 가정하는 데서 출발한다. 그것은 일종의 자기 한계로서 스스로에 대한 스스로의 규정이다. 마음공부를 그릇에 비유하여 요약해서 표현하면 다음과 같다.

하나, 그릇 비우기   참회(懺悔)를 통한 자기 정화
둘, 그릇 채우기   발원(發願)을 통한 자기 전환
셋, 그릇 키우기   기도(祈禱)를 통한 자기 확장
넷, 그릇 없애기   참선(參禪)을 통한 자기 확인
다섯, 그릇 만들기   행불(行佛)을 통한 자기 창조

이러한 다섯 단계의 수행 가운데 참회와 발원은 본격적인 마음공부를 위한 준비단계라고 말할 수 있다. 또한 기도는 일심(一心) 공부이며, 참선은 무심(無心) 공부, 그리고 행불은 발심(發心) 공부에 해당된다. 마지막 단계인 행불이란 수행불행(修行佛行)을 말한다. 부처의 행을 수행한다는 것, 그것은 무심에 바탕을 둔 보살행, 즉 진공묘유(眞空妙有)를 뜻한다. 모든 존재는 변화한다. 그 안에 고정불변의 실체는 없다. 변화하는 현상으로 작용할 뿐! 그러므로 항상 바로 지금 여기에서 나의 행위가 나를 결정짓는다고 하는 것이다.

행 불
나는 내가 창조합니다.
지금 이 모습도 나의 작품일 뿐!
부처의 행,
그것은 머무르지 않는 삶이며,
바로 지금 여기에서 더불어 생동하는 삶입니다.

「그릇이론」은 결국 현재 한국불교에서 실행되고 있는 다양한 수행방법을 체계적으로 엮어낸 것이라고 말할 수 있다. 또한 구체적 프로그램을 실제로 행하여 효과를 보기도 했다. 앞으로 더욱 보강되어 많은 분들에게 안심을 주기를 바라마지 않는다.

참고문헌

『능엄경』
『금강반야바라밀경 오가해』
『법화경』
『천수경』
「참선곡」
혜심·각운 지음, 김월운 옮김, 『선문염송·염송설화』
퇴옹성철, 『돈황본 육조단경』
고봉화상 『선요』
김동화, 『선종사상사』
이동준, 「道元 선사의 좌선관」 (1986 동국대 석사학위논문)
이동준, 「고려 혜심의 간화선 연구」 (1992 동국대 박사학위논문)
월호, 「육조단경에서의 견성의 의미」 (백련불교논집 제9집, 1999)
월호, 「능엄경에서의 쉼의 의미」 (해인사 승가대학 수다라 열여섯 번째)

월호 스님과 함께하는 즐거운 참선
당신이 주인공 입니다

지은이	월호

2008년 3월 3일 초판 발행
2017년 8월 18일 초판 12쇄

발행인	박상근(至弘)
편집인	류지호
편집	김선경, 양동민, 이기선, 주성원
본문 사진	하지권
녹취봉사	하태안, 박순희, 손경자
기획·제작	김명환
전략기획	유권준, 김대현, 양민호
관리	윤애경

펴낸 곳	불광출판사
	03150 서울시 종로구 우정국로 45-13, 3층
대표전화	02) 420-3200
편집부	02) 420-3300
팩시밀리	02) 420-3400

출판등록 1979. 10. 10.(제300-2009-130호)

ⓒ 월호, 2008
ISBN 978-89-7479-545-0. 03220
값 16,000원

잘못된 책은 구입하신 서점에서 바꾸어 드립니다.
독자의 의견을 기다립니다. www.bulkwang.co.kr
불광출판사는 (주)불광미디어의 단행본 브랜드입니다..

불광출판사는 '불서(佛書)와의 만남이 부처님과의 만남'이라는 신념으로 책을 펴냅니다.
부처님의 빛으로 우리에게 본래 깃든 부처의 씨앗을 싹틔우는 책을 출판, 개개인의 성장을 돕고
이웃을 밝히고 사회를 밝혀 모두가 행복한 세상을 일구는 주춧돌이 되고자 합니다.